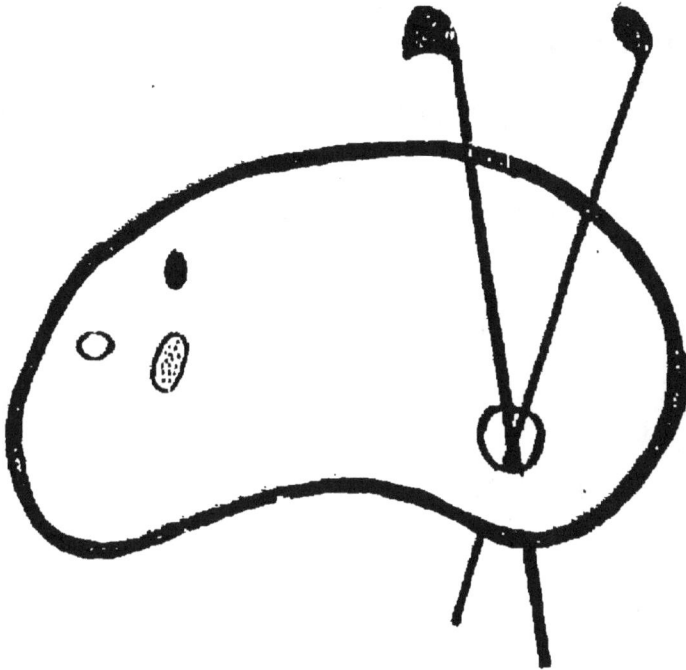

DEBUT D'UNE SERIE DE DOCUMENTS
EN COULEUR

NOTES PRATIQUES

SUR LES

FONCTIONS ET ORDONNANCES

DES PRÉSIDENTS DE TRIBUNAUX CIVILS

ET

LA CHAMBRE DU CONSEIL

PAR

FERNAND BUTEAU

DOCTEUR EN DROIT

PRÉSIDENT DU TRIBUNAL CIVIL DE CHATEAUROUX

———

PARIS

LIBRAIRIE DE LA SOCIÉTÉ DU RECUEIL GÉNÉRAL DES LOIS ET DES ARRÊTS

ET DU JOURNAL DU PALAIS

Ancienne Mon L. LAROSE ET FORCEL

22, RUE SOUFFLOT, 22

L. LAROSE, DIRECTEUR DE LA LIBRAIRIE

1897

RECUEIL GÉNÉRAL DES LOIS & DES ARRÊTS & JOURNAL DU PALAIS

RÉPERTOIRE GÉNÉRAL

ALPHABÉTIQUE

DU DROIT FRANÇAIS

Contenant

SUR TOUTES LES MATIÈRES DE LA SCIENCE & DE LA PRATIQUE JURIDIQUES

L'Exposé de la Législation, l'Analyse critique de la Doctrine et les Solutions de la Jurisprudence

PUBLIÉ PAR MM.

A. CARPENTIER

AGRÉGÉ DES FACULTÉS DE DROIT
AVOCAT A LA COUR DE PARIS

G. FRÈREJOUAN DU SAINT

DOCTEUR EN DROIT, ANCIEN MAGISTRAT
AVOCAT A LA COUR DE PARIS

Sous la Direction

JUSQU'EN 1891, DE **ED. FUZIER-HERMAN**, ANCIEN MAGISTRAT

Et avec la collaboration des

Rédacteurs du *Recueil Général des Lois et des Arrêts* **et du** *Journal du Palais* **et d'un grand nombre de Professeurs, Magistrats, Avocats, etc.**

PRIX :

Pour les Souscripteurs à l'ouvrage complet, le volume . . . **20 fr.**
Pour les non Souscripteurs, le volume se vend séparément . . . **25 fr.**

EN VENTE : *Tomes I à XV, XXII, XXI* — *Tomes XVI et XXII*
sous presse

L'ouvrage formera environ **36 volumes** qui paraîtront à raison de deux par an, et si avec un plus grand nombre, tout ce qui excèderait 36 volumes et la Table serait livré *gratuitement* aux souscripteurs.

Un spécimen est envoyé *franco* à toute personne qui en fera la demande.

Châteauroux. — Typographie et Lithographie P. MELLTZHILM

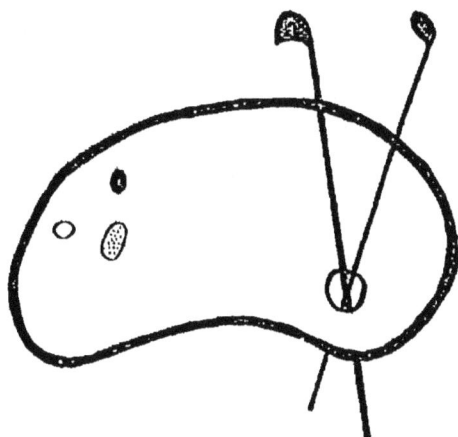

FIN D'UNE SÉRIE DE DOCUMENTS
EN COULEUR

DES ORDONNANCES

DU PRÉSIDENT

ET

DE LA CHAMBRE DU CONSEIL

NOTES PRATIQUES

SUR LES

FONCTIONS ET ORDONNANCES

DES PRÉSIDENTS DE TRIBUNAUX CIVILS

ET

LA CHAMBRE DU CONSEIL

PAR

FERNAND BUTEAU

DOCTEUR EN DROIT

PRÉSIDENT DU TRIBUNAL CIVIL DE CHATEAUROUX

PARIS

LIBRAIRIE DE LA SOCIÉTÉ DU RECUEIL GÉNÉRAL DES LOIS ET DES ARRÊTS

ET DU JOURNAL DU PALAIS

ANCIENNE Mon L. LAROSE ET FORCEL

22, RUE SOUFFLOT, 22

L. LAROSE, DIRECTEUR DE LA LIBRAIRIE

1897

Châteauroux. — Typographie et Lithographie P. MELTZHEIM

DIVISION DE L'OUVRAGE

Les matières de l'ouvrage sont traitées sous la forme d'un répertoire alphabétique et sont réparties sous les titres suivants :

Absence : scellés, inventaire, notaire commis ; — Actes de l'état-civil ; — Adultère ; — Aliments ; — Arbitrage ; — Assignation à bref délai ; — Assises ; — Assistance judiciaire ; — Assurance contre l'incendie ; — Audiences, police, outrages, délits, crimes ; — Audience civile ; — Audience correctionnelle ; — Autorisation de femme mariée ; — Brevets d'inventions ; — Commissions ; — Commissions rogatoires ; — Communications de pièces ; — Crédit foncier ; — Déconfiture, séquestre ; — Délivrance de grosses, expéditions ou copies d'actes ; — Dispenses relatives au mariage ; — Divorce et séparation de corps ; — Domaine de l'État, contrainte ; — Dommages aux champs, dommages permanents, procédure d'expertises successives ; — Élections sénatoriales ; — Engrais, fraudes dans les ventes ; — Enregistrement, poursuites et instances ; — Expertise ; — Expropriation pour cause d'utilité publique ; — Faillite ; — Funérailles, loi sur la liberté des funérailles ; — Huissiers ; — Interdiction, conseil judiciaire, aliénés ; — Jour férié, acte de juridiction ; — Lycées, prix de pension, poursuite ; — Marques de fabrique et de commerce ; — Médecins experts ; — Minorité et tutelle ; — Notaires ; — Ordres et contributions ; — Organisation intérieure ; — Pièces à conviction ; — Prisons, maisons d'arrêt et de justice ; — Privilèges et hypothèques ; — Puissance paternelle ; — Recours contre les ordonnances sur requête ; — Récusation de juge de paix ; — Référé ; — Saisie-arrêt ; —

Saisie brandon ; — *Saisie conservatoire* ; — *Saisie exécution* ; — *Saisie foraine* ; — *Saisie gagerie* ; — *Saisie immobilière* ; — *Saisie revendication* ; — *Scellés, inventaire* ; — *Séparation de biens* ; — *Serment judiciaire* ; — *Statistique civile* ; — *Successions* ; — *Taxes* ; — *Testament* ; — *Titres au porteur, perte*.

Chaque titre, suivant l'importance des matières traitées, est divisé, s'il y a lieu, en plusieurs sous-titres, figurés sous des chiffres romains : chaque sous-titre est, si son étendue le comporte, divisé en paragraphes.

On s'est attaché plutôt aux questions controversées dans la pratique journalière qu'aux résumés de textes législatifs.

L'ouvrage, est de plus, divisé en numéros, auxquels se réfèrent les renvois et les tables.

Il est muni de trois tables :

Une table analytique reproduisant les sommaires des articles ;

Une table alphabétique par ordre de matières et de questions traitées : c'est la table principale.

Enfin une table de référence des textes législatifs.

La combinaison de ces tables doit rendre aussi rapides que posssible les recherches, soit à la chambre du conseil, soit à l'audience.

A la suite du mot *Audience correctionnelle*, on a placé (n° 144) pour le service de cette audience, le texte des articles du Code pénal et des lois spéciales le plus fréquemment appliqués.

ABSENCE, SCELLÉS, INVENTAIRE
NOTAIRE COMMIS

I. — Questions discutées

1. — Aux termes de l'article 113 du Code civil, le tribunal, à la requête de la partie la plus diligente, commet un notaire pour représenter les présumés absents dans les inventaires, comptes, partages et liquidations dans lesquels ils sont intéressés.

Cet article a paru en contradiction avec l'article 136 du même Code, qui porte que, s'il s'ouvre une succession à laquelle soit appelé un individu dont l'existence n'est pas reconnue, elle sera dévolue exclusivement à ceux avec lesquels il aurait eu le droit de concourir ou à ceux qui l'auraient recueilli à son défaut.

L'article 113 en effet, dit-on, suppose une personne présumée absente, c'est-à-dire dont l'existence est incertaine; mais puisque, suivant l'article 136, elle n'a aucun droit à la succession ouverte, comment admettre qu'on soit soumis à la nécessité de la faire représenter ?

Enfin quelle différence y a-t-il entre le cas de l'article 113, où un notaire est désigné par le tribunal, et celui des articles 928 et 931 du Code de procédure civile, où un notaire est nommé par le président ?

II. — Conciliation entre l'article 113 du Code civil et les articles 928 et 931 du Code de procédure civile.

2. — D'abord la différence entre l'article 113 et les articles 928 et 931 est certaine. Dans le premier cas, il s'agit de présomption d'absence, alors qu'il y a incertitude sur l'existence de la personne. Dans le cas des articles du Code de procédure civile, il s'agit simplement, dans l'article 928, de personnes non présentes, lorsque les scellés sont levés d'urgence ; dans l'article 931, de la représentation des intéressés domiciliés hors de la distance légale. Dans aucun de ces deux cas, on ne suppose nécessairement la présomption d'absence, quoiqu'elle puisse cependant exister.

III. — Conciliation entre les articles 113 et 136 du Code civil

3. — Ceci posé, voici la théorie qui paraît la plus conforme aux textes.

Première hypothèse. — Une succession a été ouverte au profit du présumé absent avant sa disparition. L'article 136 doit être écarté.

Deux sortes de mesures peuvent être sollicitées :

1° Articles 928 et 931. — Le présumé absent étant a *fortiori* un non présent, il y a lieu de faire commettre par le président, dans le cas de chacun de ces articles, un notaire dont la mission sera restreinte à assister à la levée des scellés et à la confection de l'inventaire.

2° Art. 113. — Le Tribunal désignera ensuite un notaire

pour représenter l'absent dans toutes les opérations
ultérieures, compris le partage et la liquidation.

4. — *Deuxième hypothèse.* — La succession est ouverte
après la disparition.

1° Représentation à la levée des scellés et à l'in 9-
taire, art. 928 et 931. Suivant Chauveau et Glandaz
(remarque sur la formule 942), le droit de l'absent n'étant
pas établi, il n'y aurait pas à faire désigner par le
président de notaire pour le représenter. Dans tous les
cas, il semble qu'il n'y aurait pas inconvénient à le faire,
et comme, le plus souvent, il y a incertitude même sur
le fait de l'absence, il semble qu'en pratique la désignation est toujours demandée.

2° Représentation aux opérations de partage (art. 113).
Ici s'applique l'article 136 : l'existence de l'absent étant
incertaine à l'époque de l'ouverture de la succession, il
ne sera pas représenté à ces opérations. Elles ont lieu
en l'absence de tout représentant de ses droits.

Voir Demolombe, tome II, n° 42.

IV. Lois spéciales aux Militaires

5. — Il importe de mentionner pour mémoire les lois
des 13 janvier 1817 et 9 août 1871, spéciales à la déclaration d'absence des militaires ayant disparu dans les
guerres qui ont précédé. La loi de 1871 remet en vigueur
les dispositions de la loi de 1817 qui modifiait celles du
Code civil à raison de la qualité des personnes disparues.

ACTES DE L'ÉTAT CIVIL

I. — Cote et paraphe des registres

1. — L'article 41 du Code civil exige que les registres de l'état civil, soient cotés par première et dernière, travail qui se fait au greffe, et paraphés sur chaque feuille par le président du tribunal ou le juge qui le remplacera. D'ordinaire, le travail est partagé entre les juges et juges suppléants du tribunal : le président se réserve les registres de la commune, chef-lieu du tribunal.

II. — Rectification des actes de l'Etat civil

§ 1. — Principes de la matière. — 7. — La rectification, dans le sens des articles 99 et suivants du Code civil, suppose qu'il s'agit simplement d'une erreur matérielle à réparer, erreur ou omission. Ainsi le nom de l'une des parties dénommées à l'acte, ou les prénoms, ont été dénaturés, mal orthographiés ; par suite d'erreur, un nom a été substitué à un autre, et il est constant que l'erreur est purement matérielle. Ainsi dans un acte de naissance, au nom de la mère, on a substitué le nom de l'aïeule. Ou bien encore l'acte n'a pas été inscrit sur les registres, il est nécessaire de le rétablir, il y a eu omission.

8. — Si la demande sort de ces termes, il n'y a plus lieu à rectification.

Voici une première espèce. Un individu était dans son acte de naissance, dénommé François, dit Demay, il demande la rectification en ce sens que son nom sera Demay ; or il était prouvé que le père, enfant naturel, avait été inscrit sous le nom de François, qui était bien son véritable nom et celui de son fils. En réalité, il y avait lieu à demande en changement de nom, demande de la compétence de l'autorité administrative.

« Considérant, porte le jugement, que si les tribunaux « civils sont compétents pour rectifier l'acte qui men- « tionne d'une façon erronée le nom patronymique, ils « sont incompétents pour ordonner la rectification du « nom qui, en vertu de la filiation et des actes produits, « appartient à une personne ; que les tribunaux n'ont en « conséquence qu'à rechercher quel est le nom exact de « l'individu et s'il a été exactement inscrit aux actes ; que, « sans doute les actes ne pouvant être produits au-delà « d'une certaine époque, la possession conforme aux « actes produits, peut être prise en considération comme « présomption que le nom porté l'est légitimement ; mais « que cette possession toute seule, si elle est contraire « aux actes, ne peut donner le droit de porter un nom « qui n'est pas le nom véritable ».

Autre espèce. Dans la rédaction de l'acte de naissance d'un enfant naturel, au lieu de le porter comme enfant naturel né de la fille X, on l'a mentionné comme enfant né du légitime mariage des époux X, qui sont en réalité les père et mère de la fille-mère. Il ne s'agit, il est vrai, que d'une erreur matérielle ; mais l'action tend réellement à modifier la filiation de l'enfant et sa qualité d'en-

fant naturel ; il faut procéder par voie d'action en récla-
mation d'état, et non de rectification.

Il n'y a pas davantage lieu à rectification lorsqu'il
s'agit d'ajouter un titre nobiliaire ; la particule de peut
au contraire, faire partie du nom.

La voie de la rectification serait à suivre, s'il s'agissait de rectifier un nom qui a été modifié par décret.

Tels sont, d'une façon générale, les principes de la
matière.

§ 2. — Modes de preuves. — 9. — S'il s'agit de faire
rectifier le nom patronymique, le seul mode de preuve
est la production des actes anciens, en ajoutant cette
observation importante, trop souvent oubliée, c'est que
le seul acte probant par lui-même, est l'acte de naissance : les autres actes, de mariage ou de décès, viennent appuyer les mentions des actes de naissance ; mais
seul l'acte de naissance est attributif du nom : les autres
ne font que le rappeler. C'est donc l'acte de naissance
le plus ancien parmi les actes produits qui détermine
le nom véritable.

10. — Lorsqu'il s'agit de prénoms ou de l'établissement d'un acte omis, le seul mode de preuve, c'est la
preuve testimoniale, à laquelle on peut ajouter telle
preuve accessoire, telle que la production de l'acte de
baptême. Le plus souvent, lorsque la requête est présentée par le Parquet, s'agissant d'indigents, le Ministère public, pour éviter le transport des témoins, les
fait entendre officieusement par le juge de paix qui en
dresse procès-verbal, et le tribunal statue au vu de cette
pièce.

11. — L'article 70 du Code civil permet de suppléer
à la production de l'acte de naissance de l'un des futurs
époux par un acte de notoriété dressé par le juge de

paix et homologué par le tribunal. L'acte de naissance faisant défaut, on a l'usage, dans un certain nombre de tribunaux, au lieu d'homologuer l'acte de notoriété qui ne servirait que pour le mariage, et laisserait le futur époux sans acte de naissance, de le considérer comme une simple pièce produite à titre de preuve, et d'ordonner, au vu de cette preuve, le rétablissement de l'acte de naissance. Les avoués étant avertis de cet usage présentent la requête dans ce sens ; on évite ainsi une rectification ultérieure ayant pour objet de rétablir l'acte de naissance.

§ 3. — **Forme de la demande**. — **12**. — Les articles 855 et suivants du Code de procédure civile y sont relatifs. La demande est présentée par requête. On s'est demandé si le jugement devait être rendu à la chambre du conseil ou en audience publique. La pratique, à cet égard, est très variable. Le principe, en la matière des jugements sur requête, est celui-ci : s'il s'agit de décisions en matière contentieuse, le jugement est rendu en audience publique : sinon en chambre du conseil. Dans l'espèce, la question n'est pas contentieuse : il n'y a donc pas à procéder en audience publique. En fait, dans certains tribunaux, on a admis une pratique qui, sans être absolument rationnelle, est régulière : on procède en chambre du conseil, s'il n'y a pas de témoins : dans le cas contraire, pour éviter l'introduction des témoins à la chambre du conseil qui, de sa nature, est plus spécialement le lieu réservé aux délibérations des magistrats, on procède à l'instruction et au jugement à l'audience publique.

§ 4. — **Compétence**. — **13**. — En principe la compétence appartient au tribunal dans le ressort duquel les actes ont été dressés. Si la rectification s'applique à plusieurs actes dressés dans des arrondissements différents, il faut admettre que la partie intéressée n'est pas tenue de s'adresser à plusieurs tribunaux; l'un peut ordonner la rectification de tous les actes à raison de la connexité.

Mais, à cet égard, une double réserve doit être faite.

D'abord il faut admettre que la compétence appartient exclusivement au tribunal dans le ressort duquel se trouve l'acte principal, celui dont la rectification est le point de départ de celle des autres. Le défaut d'application de cette règle pourrait amener la partie à qui un tribunal refuse la rectification, à saisir un autre tribunal de la même demande, d'où la possibilité de violer le principe de la chose jugée.

La seconde observation, c'est que le principe de la compétence résultant de la connexité n'est applicable que s'il s'agit d'une erreur identique commise dans les divers actes, autrement il ne serait plus exact de dire qu'il y ait connexité.

14. — Suivant une décision, cette conséquence utile du principe de la connexité ne pourrait plus être admise depuis la loi du 8 juin 1893, modificative de l'article 99 ; alors que l'article ancien portait qu'il serait statué *par le tribunal compétent*, la disposition nouvelle est ainsi conçue : « par le tribunal du lieu où l'acte a été reçu « et au greffe duquel le registre est ou doit être « déposé. »

Cette interprétation doit être écartée dans un intérêt d'économie et le texte nouveau n'y fait pas obstacle. Que porte le nouvel article ? Que le tribunal compétent est celui de l'arrondissement où l'acte a été reçu ; ce principe n'a jamais été contesté. Mais l'article 99 repousse-t-il l'application du principe général de la connexité qui fait exception à la compétence ordinaire ? Évidemment non. La loi nouvelle s'est bornée à expliquer le terme vague de *tribunal compétent*. Elle ne peut pas avoir une portée plus grande.

§ 5. Rétablissement total ou partiel d'un registre.

— **15**. — Le rétablissement a lieu au moyen du double non détruit ou détérioré. Le tribunal est saisi par un réquisitoire du Parquet. Voici une formule de jugement rendu dans un cas de ce genre. Un acte avait été presque entièrement détruit par une tache d'encre, le dispositif du jugement porte : « Le tribunal ordonne : 1° qu'il sera, « par le greffier de ce tribunal, sur une feuille de papier « timbré, au droit d'un franc vingt centimes, préalable- « ment coté et paraphé par le président du tribunal, « procédé à la transcription littérale de l'acte de ma- « riage....., pour la partie seulement maculée sur le « feuillet n°..... du registre des mariages de l'année....., « de la commune de....., sur le deuxième double non ma- « culé ; — 2° qu'en tête dudit feuillet additionnel, il sera « préalablement dressé par le président du tribunal, « conjointement avec le procureur de la République, un « procès-verbal énonçant, avec la relation du présent « jugement, la destination dudit feuillet ; — 3° que l'acte « sus-mentionné, pour la partie dont la copie aura été « faite, sera certifié conforme et signé par le greffier ; « — 4° que cet acte ainsi reconstitué sera in fine revêtu « du visa du procureur de la République constatant la « vérification par lui faite de la transcription opérée ; — « 5° que ce feuillet ainsi rétabli sera transmis au maire « de la commune de..... lequel sera tenu, sous sa respon- « sabilité, de le faire insérer et relier dans le registre « maculé des mariages de l'année..... en face le feuillet « n°.... ; — Dit que toutes expéditions ou extraits dudit « acte, faisant foi comme s'ils avaient été tirés sur le « double resté intact, pourront en être délivrés par tous « officiers de l'état-civil ou greffiers, à charge de men-

« tionner dans lesdits extraits ou expéditions qu'ils sont
« tirés sur le registre reconstitué en exécution du pré-
« sent jugement, pour remplacer la première minute
« partiellement altérée ».

Le procès-verbal dont il est parlé sous le n° 2 peut
être ainsi rédigé : « Nous, président du tribunal civil
« de... et procureur de la République, constatons que la
« présente feuille est destinée conformément au juge-
« ment du tribunal civil de... en date du... et en exécu-
« tion de ce jugement à recevoir la copie collationnée de
« partie de l'acte de mariage des époux.... en date du...
« dressé à la mairie de la commune de..., et détruit à la
« suite d'un accident. Fait à... le... et avons signé ».

On procède de même s'il y a eu perte de totalité ou partie notable d'un registre.

ADULTÈRE, DIVORCE
SÉPARATION DE CORPS

**Si le président a qualité pour ordonner la consta-
tation. — 16.** — De Belleyme (tome 1er page 314), indique la formule d'une ordonnance à l'effet de faire cons-
ter le flagrant délit d'adultère, en vue d'une action en
séparation de corps. Il pose la question de savoir si ce
mode de constation est licite. Dans le sens de la négative,
c'est une constatation extrajudiciaire ; en sens opposé,
il y a urgence et ce moyen est préférable à la plainte
correctionnelle. C'est dans ce dernier sens qu'il paraît
se prononcer, ainsi que Bertin (ordonn. sur req.
n°s 613 et 614).

Cependant un doute sérieux peut exister sur la régularité d'une semblable ordonnance.

L'adultère peut être considéré, soit au point de vue pénal, soit au point de vue du divorce et de la séparation de corps.

Au premier point de vue, le président est sans action ; elle n'appartient qu'au juge d'instruction ou au Parquet.

Au second point de vue, il s'agit d'un mode d'instruction de l'action en divorce ou en séparation. A quel titre le président pourrait-il intervenir, mettre le commissaire de police en mouvement, l'autoriser à pénétrer dans un domicile privé, après l'heure légale, et la nuit, suivant la formule de l'ordonnance ? Pourrait-il, au même titre, faire constater des sévices, des injures ? Peut-il ainsi mettre la force publique en mouvement pour la sauvegarde d'intérêts qui sont demeurés purement privés ? On ne saurait en trouver la raison, ni s'appuyer sur un texte de loi. Malgré l'autorité des deux auteurs cités, il ne paraît donc pas que cette procédure puisse être employée.

ALIMENTS

De la solidarité dans la condamnation. — Des dépens. — 17. — La loi pose le principe de l'obligation alimentaire ; c'est aux tribunaux qu'il appartient de formuler sous une forme concrète, cette obligation théorique. Ils doivent donc en déterminer le chiffre et les modalités ; il en résulte évidemment qu'ils pourraient établir la solidarité totale ou partielle. Il sera rare que les circonstances de fait soient telles qu'elles autorisent la création de l'obligation solidaire entre tous les débiteurs; d'ordinaire la solidarité ne sera établie qu'entre deux époux débiteurs de la pension ; il parait même difficile qu'il en soit alors autrement.

18. — Quant aux dépens, il conviendra de les faire supporter aux défendeurs dans les mêmes proportions et sous les mêmes modalités que les condamnations principales. Si les défendeurs étaient très pauvres, le demandeur ayant obtenu l'assistance judiciaire, on pourrait compenser les dépens à raison de la parenté; les défendeurs n'auraient ainsi à supporter que leurs frais personnels.

ARBITRAGE

I. — Désignation du tiers arbitre

19. — L'article 1017 du Code de procédure civile porte qu'en cas de partage, les arbitres autorisés à nommer un tiers arbitre seront tenus de le faire par la décision qui prononce le partage. S'ils ne peuvent en convenir, ils le déclareront sur le procès-verbal et le tiers arbitre sera nommé par le président du tribunal qui doit ordonner l'exécution de la décision arbitrale. Il sera, à cet effet, présenté requête par la partie la plus diligente.

L'article 1017 ne prévoit que le cas où les arbitres avaient reçu la mission de désigner un tiers arbitre. S'ils n'ont pas ce pouvoir et s'il y a partage, il n'y a pas à recourir au président ; car, aux termes de l'art. 1012, le compromis finit par le partage, si les arbitres n'ont pas le pouvoir de prendre un tiers arbitre.

II. — Ordonnance d'exequatur

§ 1er. — **Compétence**. — **20**. — Les sentences arbitrales ne peuvent prendre le caractère de titre exécutoire que si elles sont revêtues de l'ordonnance d'exequatur. Cette ordonnance émane, soit du président du tribunal civil, soit du premier président de la Cour d'appel, s'il avait été compromis sur l'appel d'un jugement : dans ce cas, c'est au greffe de la Cour que la sentence serait déposée.

L'article 1020 du Code de procédure civile règle ces divers points. Le président compétent est celui dans le ressort duquel le jugement arbitral a été rendu. Cette disposition paraît de rigueur.

§ 2. — **Rôle du Président**. — **21**. — Quel est le rôle du président qui rend l'ordonnance d'exequatur ? Il est évident qu'il n'a pas à se préoccuper du fond même de la décision, car il se substituerait aux arbitres. Sa seule mission, c'est de s'assurer si la pièce qui lui est remise est bien une sentence arbitrale, et si elle ne contient rien de contraire à l'ordre public ou aux bonnes mœurs. Il n'a pas à se préoccuper des nullités que peut renfermer la sentence ; car il n'a pas qualité pour apprécier ces nullités et les juger. En dehors de cette appréciation générale, sa seule préoccupation doit être sa compétence personnelle.

§ 3. — **Mode de recours**. — **22**. — La partie à qui l'ordonnance fait grief, soit en elle-même, à raison de la compétence, soit à raison d'un vice de la sentence, a le droit de se pourvoir contre les deux actes qui n'en font plus qu'un seul. L'opinion la plus générale est que la partie doit faire opposition devant le tribunal. L'article 1021 porte, dans le même sens, que la connaissance de l'exécution appartient au tribunal dont le président a rendu l'ordonnance.

§ **4. — Forme. — 23.** — Le même article indique que l'ordonnance est inscrite au bas ou en marge de la minute de la sentence, sans qu'il soit besoin de communiquer au ministère public. Elle porte la signature du président et du greffier et elle est expédiée avec la sentence.

ASSIGNATION A BREF DÉLAI

I. — Dispense de conciliation et abréviation de délais, 24 à 27.

II. — Assignation à jour fixe, 28.

III. — Exception pour les demandes en partage et licitation, 29.

IV. — Significations la nuit et un jour de fête légale, 30.

Dispense de conciliation et abréviation de délais

24. — L'article 72 du Code de procédure civile fixe à huitaine, le délai ordinaire des ajournements pour ceux qui sont domiciliés en France. Il donne cependant au président le pouvoir de permettre d'assigner à bref délai en cas d'urgence.

Il faut ajouter à cette disposition celle de l'article 1037 qui porte défense de faire les significations avant et après certaines heures du jour, non plus que les jours de fête légale. Il fait réserve de la permission du juge au cas où il y aurait péril en la demeure.

La requête à fin d'assignation à bref délai peut demander deux choses, la dispense du préliminaire de conciliation et l'abréviation du délai de huitaine, ou seulement la première, le délai de huitaine étant maintenu.

25. — A Paris, on ne procède jamais autrement que par requête tendant tout au moins à la dispense de conciliation. La conciliation est abolie de fait. Cet usage peut se justifier dans une certaine mesure ; si la tentative de conciliation avait lieu, les parties seraient le plus souvent représentées par des mandataires et la conciliation serait alors plus difficile.

En province, et surtout à la campagne, il n'en est pas ainsi ; les parties viennent à la conciliation et, si le juge de paix a une certaine autorité, il arrive souvent à les concilier. La statistique civile contient chaque année le chiffre considérable des affaires qui sont arrangées avant toute procédure, au grand avantage des parties.

26. — Avant tout le président doit donc se préoccuper de la question de savoir s'il répondra la requête affirmativement. D'après les termes de la loi, il doit rechercher s'il y a urgence : c'est là l'un des éléments de sa décision. Le plus souvent l'urgence n'est pas justifiée : mais les faits allégués, les pourparlers antérieurs démontrent clairement que toute conciliation est impossible ! l'autorisation doit alors être accordée ; il est inutile de faire, sans résultat, les frais de la tentative de conciliation. Dans les autres cas, lorsque l'urgence n'apparaît pas, et que toute chance de conciliation n'est pas perdue, la requête doit être rejetée.

27. — Le délai ordinaire fixé par l'ordonnance est de trois jours ; il est prudent de ne pas autoriser l'assignation à un délai moindre. Dans tous les cas, s'il y a extrême urgence, il paraît indispensable de laisser au défendeur un délai minimum d'un jour franc, pour préparer sa comparution et sa défense.

S'il y a lieu à augmentation du délai à raison des distances, il sera utile d'ajouter : « outre le délai sup- « plémentaire à raison de la distance. »

II. — Assignation à jour fixe

28. — En général, il faudra éviter de permettre d'assigner pour l'audience de tel jour ; car l'exploit pourrait n'être signifié que la veille ; on pourrait alors, tout au moins, insérer dans l'ordonnance l'obligation d'un délai franc d'un ou plusieurs jours.

Il est arrivé que, pour des affaires d'une extrême urgence, on a demandé au président l'autorisation d'assigner pour un jour rapproché ou pour une audience exceptionnelle qui serait tenue ce même jour, si ce n'est pas un jour d'audience. C'est un cas d'une grande rareté, mais qui s'est présenté.

III. — Exception pour les demandes en partage et licitation

29. — Le président devra, à moins de causes d'une gravité exceptionnelle, s'abstenir de dispenser de conciliation pour les demandes en partage. D'après l'article 967 du Code de procédure civile, la priorité de la poursuite appartient en effet à celui des demandeurs qui aura, le premier, fait viser l'original de son exploit par le greffier ; la question de savoir si le visa de l'exploit de citation en conciliation vaut en ce sens, est controversée ; il pourrait donc arriver qu'un avoué obtienne la priorité de la poursuite grâce à l'autorisation d'assigner à bref délai. Telle est la raison pour laquelle il est préférable, dans ce cas, de laisser les parties suivre la procédure de conciliation.

IV. — Signification la nuit et un jour de fête légale

30. — Une controverse s'est élevée depuis longtemps sur le sens exact de l'article 1037. Le président peut-il autoriser une signification en dehors de l'heure légale et aussi les jours de fêtes légales ; ou, au contraire, la loi l'autorise-t-elle seulement à faire exception au repos du jour de fête légale, mais non pas à l'obligation de respecter les heures de nuit ?

On a fait remarquer, dans le sens de cette dernière opinion, que l'art. 1037 prohibe d'abord la signification la nuit ; que, par une seconde disposition, il la prohibe les jours de fête, si ce n'est en vertu de permission du juge, cette exception ne s'appliquant, par le contexte de la phrase, qu'à la seconde disposition, et non à la première.

On a appuyé cette interprétation littérale sur un motif de raison. On comprend qu'à la rigueur, on soit amené à ne pas suspendre une procédure urgente un jour férié. Tout autre est le repos de la nuit ; il semble qu'il y ait là, dans le respect des heures de repos, une question d'humanité, et que la loi ait voulu qu'aucune exception ne pût y être apportée.

Ce sont là deux motifs assez puissants pour faire admettre la seconde interprétation, quoique souvent des requêtes soient présentées en ce sens.

Voir aussi au mot *Jour férié, acte de juridiction* (n° 251).

ASSISES

I. — Attributions des présidents de tribunaux civils en général : Liste du Jury.

31. — Ces attributions se bornent à la formation de la liste annuelle du jury ; elles sont réglées par la loi du 21 novembre 1872. Les articles 11 et suivants de cette loi fixent la composition de la commission et la date de sa réunion. Une question que la loi ne tranche pas, c'est celle du mode de convocation des membres de la commission. Pour les juges de paix, le président du tribunal ayant avec eux la franchise postale, la convocation se fait directement. Pour les conseillers généraux, au contraire, cette franchise n'existe pas. Le moyen le plus simple pour y suppléer paraît le suivant. Si le conseiller général est maire d'une commune de l'arrondissement,

il suffit de lui transmettre la convocation, sous enveloppe adressée au maire de la commune, la franchise
postale étant donnée aux présidents des tribunaux avec
les maires de l'arrondissement. Si le conseiller général
n'est pas maire dans l'arrondissement, la lettre est
envoyée au maire de son domicile dans l'arrondissement,
avec prière au maire de la lui faire remettre. Si le conseiller général était domicilié dans un autre arrondissement, la lettre lui serait transmise par l'intermédiaire
soit du président, soit du procureur de la République de
son arrondissement.

32.— Il sera utile que les lettres adressées aux conseillers généraux leur fassent connaître qu'en cas d'empêchement, ils doivent transmettre la convocation au conseiller
d'arrondissement appelé à les remplacer, suivant les
indications de l'article 11 de la loi de 1872.

88. — Le conseiller général devrait être convoqué
même si son élection était attaquée. Si elle était annulée,
ou s'il était décédé, c'est le conseiller d'arrondissement
qui serait convoqué.

84. — La loi de 1872 ne fixe pas de délai pour la convocation ; elle doit être faite assez longtemps avant la
réunion pour que la brièveté du délai ne puisse être
considérée comme une entrave au droit de la personne
appelée à siéger dans la commission.

35. — Un travail préliminaire doit être fait par le
président sur les listes préparatoires, afin d'y noter
toutes les personnes qui y ont été portées indûment ;
pour cet objet, il doit parcourir ces listes en vue des incapacités et incompatibilités édictées par les articles 1er et
suivants de la loi de 1872. Il faut rechercher notamment
celles qui pourraient se dispenser, aux termes de l'article 5 : pour celles-ci, la loi n'édicte pas une incapacité,

mais une simple faculté de se faire dispenser. Dans certains arrondissements spécialement, on porte sur la liste des septuagénaires; c'est un mauvais usage; car, le plus souvent, ces personnes profitent de la dispense et la radiation de leur nom diminue d'autant la liste des jurés de la session et, par conséquent, la faculté de récusation donnée aux accusés.

L'examen le plus important a pour objet l'âge initial de 30 ans, au défaut duquel il y aurait nullité de la décision de la Cour d'assises; et les condamnations entraînant l'incapacité, ce qui amènerait la même conséquence. Pour constater celles-ci, il serait nécessaire de se procurer le bulletin n° 2 du casier judiciaire de chaque juré. En fait, ce serait donner aux greffes un travail inutile : la plupart des noms sont connus, beaucoup figurent depuis longtemps sur les listes du jury : toute recherche serait superflue. Pour ceux qui sont nés dans l'arrondissement, elle se fait facilement, dans le doute, au vu du bulletin n° 1. Pour les personnes nées en dehors de l'arrondissement, si leur situation ou leurs fonctions ne garantissent pas leur état, le président se renseignera au tribunal d'origine. D'ordinaire les lettres demandent, non pas un bulletin n° 2, mais une simple note sur la lettre à retourner, soit note négative, soit indication de la condamnation. Les présidents de tribunaux n'ont pas, en principe, la franchise postale entre eux, bien qu'en pratique ils l'aient souvent prise ; à titre exceptionnel, elle leur a été accordée pour le service du jury, mais en inscrivant sur l'enveloppe les mots : « Service du jury ». Ce sera le cas de se servir de cette franchise pour obtenir les renseignements relatifs au casier judiciaire : c'est le mode normal de procéder.

36. — La liste doit être adressée avant le 1er décembre

au greffe de la Cour ou du tribunal chef-lieu d'assises. Souvent elle est adressée au premier président ou au président du chef-lieu d'assises.

37. — La loi de 1872 n'exige pas et ne pouvait exiger la présence à la réunion de tous les membres qui la composent ; le travail serait donc régulier quel que fût le nombre des absents.

38. — Au surplus il a toujours été reconnu, avant comme après la loi de 1872, que la confection de la liste annuelle était une formalité purement administrative, et que les irrégularités qu'elle pourrait présenter ne sauraient entraîner la nullité de la décision.

39. — La loi de 1872 n'organise pas le mode de travail de la commission ; ce travail est long et ne peut être complété qu'après la réunion de la commission. Dans la pratique, le président est assisté d'un commis-greffi : qui prend note des noms choisis, prépare les feuilles et les fait signer aux membres présents, sauf à compléter plus tard le travail.

II. — Attributions spéciales du président du tribunal chef-lieu d'assises, au lieu où il n'y a pas de Cour d'appel.

§ 1ᵉʳ. — Liste des jurés suppléants et formation de la liste générale. — 40. — Ces attributions qui résultent soit de la loi de 1872, soit du Code d'instruction criminelle, ont une importance particulière.

La première par ordre de date est la confection de la liste des jurés suppléants pris parmi les jurés de la ville où se tiennent les assises. La liste préparatoire pour le canton du chef-lieu d'assises contenant, comme toutes les autres, un nombre de noms double du contingent du canton, elle pourra fournir une partie des noms des jurés suppléants ; mais, le plus souvent, cette liste sera insuffisante. Il sera donc utile de faire préparer d'avance, par les soins de juge de paix, une liste d'électeurs de la ville qui servira, pendant quelques années, à alimenter la liste des jurés suppléants ; on aura en soin de ne faire figurer dans cette liste générale que des noms soumis à un examen préalable au point de vue de la capacité ; à défaut de la confection de cette liste, on s'exposerait à faire figurer des incapables sur la liste des jurés suppléants.

41. — La seconde partie du travail du président du chef-lieu est déterminé par l'article 16 de la loi de 1872 : Il consiste dans la refonte en une seul liste des différentes listes d'arrondissement ; c'est, à proprement parler, la liste du jury.

Par une erreur évidente, le même article impose au président du chef-lieu l'obligation de dresser la liste spéciale des jurés suppléants. Comme elle a déjà été établie par la commission du chef-lieu et comme elle est unique, cette obligation consiste à recopier la liste. Ce travail imposé par la loi est, on le voit, d'une inutilité absolue.

§ 2. — Publication de l'ordonnance du premier président. — 42. — Aux termes de l'article 88 du décret du 6 juillet 1810, l'ordonnance du premier président nommant les assesseurs et fixant le jour de l'ouverture des assises, doit être publiée dans les trois jours de sa réception, à l'audience publique du tribunal chef-lieu d'assises, sur la réquisition du Parquet. Mention de cette publication est faite sur l'affiche lue à l'audience par le greffier ; ce procès-verbal demeure au greffe.

§ 3. — Liste de session. — 43. — D'ordinaire le procureur de la République, en même temps qu'il requiert la publication de l'ordonnance, requiert qu'il soit procédé au tirage de la liste de session. Rien cependant n'oblige à procéder simultanément à ces deux opérations : chacune d'elles, en effet, est sujette à des prescriptions différentes.

Aux termes de l'article 18 de la loi de 1872, le tirage de la liste de session doit avoir lieu aux moins dix jours avant l'ouverture de la session ; d'autre part, l'art. 389 du Code d'instruction criminelle prescrit de faire la notification aux jurés huit jours au moins avant celui où la liste doit servir. En tenant compte du travail à faire, soit au greffe, soit à la préfecture, le délai de dix jours serait insuffisant pour assurer la notification dans la huitaine. Aussi, en fait, le tirage au sort a-t-il lieu beaucoup plus de dix jours avant l'ouverture de la session ; on est même tombé dans l'excès contraire, et un délai trop prolongé a pu laisser les jurés exposés à des sollicitations intéressées. Aussi, plusieurs circulaires rapportées par Nouguier (n° 591), ont-elles fixé le délai à un intervalle d'un mois à quinze jours avant la session. Si l'ordonnance est publiée dans ce délai, les deux opérations peuvent, sans inconvénient, être faites simultanément. Si la publication est faite à une époque antérieure, le tirage du jury sera retardé.

Il peut enfin arriver que le texte de l'ordonnance parvienne tardivement au chef-lieu du tribunal. Dans ce cas, il sera prudent de procéder, au préalable, au tirage de la liste de session, et, en prévision de l'hypothèse où la session s'ouvrirait dès les premiers jours du mois, c'est-à-dire environ trois semaines avant ; on évitera ainsi les conséquences d'un retard qui ne permettrait pas de faire la notification dans le délai légal. Plus tard, lorsque l'ordonnance sera lue et publiée, il en sera dressé un procès-verbal spécial qui sera transmis au parquet comme le procès-verbal du tirage au sort.

44. — Avant de procéder au tirage au sort, le président du tribunal d'assises replace dans l'urne, conformément à l'arrêt de la Cour d'assises de la précédente session, les noms des jurés excusés. Si les noms de jurés ayant rempli ces fonctions pendant l'année courante ou l'année précédente viennent à être tirés, ils seront de suite remplacés.

Une difficulté s'est élevée en pratique, à propos de ces deux prescriptions. Que devrait-on décider relativement aux jurés de la précédente session qui ont reçu la notification, mais ont été ensuite avisés de ne pas se rendre, aucune affaire n'étant inscrite ?

Voici la solution qui paraît devoir être adoptée. Les jurés ne sont pas dispensés, parce qu'en réalité ils n'ont pas fait le service. Leurs noms cependant ne doivent pas être remis dans l'urne, parce qu'aucun texte, aucun arrêt n'autorise le président à le faire. Cette décision paraît contradictoire : elle l'est en apparence : c'est la loi qui a créé cette contradiction. Cette solution est la seule légale.

Il semble inutile d'insister sur l'opération matérielle du tirage au sort des trente-six jurés titulaires et des quatre jurés suppléants.

45. — Il a été fait plus haut allusion au cas où la session n'a pas lieu, en raison de l'absence d'affaires. En prévision d'affaires survenant au dernier moment, la notification aux jurés a cependant été faite. Il sera nécessaire de les aviser de n'avoir pas à se rendre. Cet avis leur sera donné par la voie de la préfecture, comme la notification. Le Parquet pourra, en outre, les faire prévenir par les juges de paix ou les maires. Il faut prévoir toute erreur : car le juré qui se rendrait au chef-lieu ne pourrait être taxé, la session n'ayant pas lieu.

46. — On pourrait contester qu'il en soit de la formation de la liste de session comme de l'établissement de la liste générale, qui ne comporte pas de nullités ; aussi est-il nécessaire d'indiquer la manière de procéder, au cas où une irrégularité se manifesterait en temps utile pour y remédier.

Dans ce cas, il suffirait d'annuler par un jugement le tirage irrégulier et de procéder ensuite régulièrement. Voici, à titre de précédent, le texte d'un jugement du tribunal de Châteauroux du 17 novembre 1892 : « Le tri- « bunal, vu les réquisitions de M. le Procureur de la « République ; considérant qu'aux termes d'un arrêt de « la Cour d'assises de l'Indre en date du..., il a été « ordonné que les bulletins contenant les noms des « sieurs... excusés, seraient transmis au président du « tribunal civil et réintégrés par ce magistrat dans l'urne « des jurés ordinaires ; — que, par suite d'une erreur, « cette transmission n'ayant pas été faite, il a été pro- « cédé, à la date du 8 du présent mois, au tirage au sort « des jurés pour la quatrième session des assises de « l'année présente, sans que les bulletins portant les « noms desdits jurés aient été, au préalable, replacés dans « l'urne ; — Considérant qu'il est de jurisprudence cons- « tante que les irrégularités ou erreurs qui ont été com- « mises dans le tirage, lequel ne constitue d'ailleurs « qu'un acte d'administration judiciaire, et non de « juridiction, peuvent être réparées sur les réquisitions « du ministère public et par décision de la juridiction « devant laquelle le tirage a eu lieu ; qu'à cette juridic- « tion il appartient d'annuler le tirage irrégulier et « d'ordonner qu'il sera procédé, après la rectification « des erreurs ou omissions, à un nouveau tirage ; « Par ces motifs annule le tirage du jury auquel il a été « procédé le 8 du présent mois, les bulletins portant « les noms des sieurs..., excusés à la session précé-

« dente, n'ayant pas été transmis au président du
« tribunal civil et n'ayant pas en conséquence été
« réintégrés dans l'urne : — Ordonne, en conséquence,
« qu'il sera procédé de nouveau au tirage des jurés
« ordinaires et des jurés complémentaires, après que
« le président du tribunal aura réintégré dans l'urne
« les bulletins portant les noms des sieurs..., ainsi
« que tous les bulletins extraits des urnes lors du tirage
« du 8 novembre courant. »

On peut consulter en ce sens Nouguier (T. 1er n° 618)
et l'arrêt cité par lui, ainsi que les arrêts suivants, qui
se réfèrent à la question de nullité : Cass. crim., 27 février
1857 : Dalloz, 57. 1. 110 ; — Cass. crim., 29 novembre
1866 : Dall., 67. 5. 111 ; — Cass. crim., 28 décembre 1877 :
Dall., 78. 1. 400.

§ **4**. — **Interrogatoire de l'accusé**. — **47**. — Les
attributions dont il vient d'être fait mention appartiennent aux présidents des tribunaux civils chefs-lieux
d'assises, autres que ceux où siège une Cour d'appel, en
leur qualité même de présidents de ces tribunaux. Celles
dont il va être parlé leur appartiennent comme substi-
tuant les présidents d'assises ou en vertu d'une délégation présumée émanant d'eux.

Le premier acte auquel le président procède en cette
qualité est l'interrogatoire de l'accusé. Aux termes des
articles 293 du Code d'instruction criminelle et 91 du
décret du 6 juillet 1810, il doit y être procédé dans les
vingt-quatre heures après la remise des pièces au greffe
et l'arrivée de l'accusé dans la maison de justice. Ces
dispositions en chargent le président du tribunal civil, à
défaut du président des assises ou d'un juge délégué
par lui ; dans la pratique, cette délégation n'a jamais lieu.

L'interrogatoire lui-même, à la différence de ce délai,
est prescrit à peine de nullité.

48. — En principe l'interrogatoire ne peut être fait avant la signification à l'accusé de l'arrêt de renvoi ; le contraire a cependant été jugé, pourvu que le délai de cinq jours avant la comparution s'écoule entre la signification et cette comparution ; mais il sera prudent de procéder autrement. De toute façon, l'interrogatoire doit, à peine de nullité, avoir lieu au moins cinq jours francs avant la comparution, de façon à laisser entier à l'accusé le délai pour se pourvoir contre l'arrêt de renvoi. Le président devra donc veiller strictement à l'observation de ce délai. Si, par suite de circonstances exceptionnelles, il était outrepassé, il serait nécessaire que l'accusé consentît à l'abréviation du délai ; mais ce consentement devrait être formel et constaté par écrit. Rolland de Villargues, art. 293, inst. crim., n°° 31 et suivants.

49. — Il est procédé à l'interrogatoire, soit par le président, soit par le juge commis par lui ou le remplaçant en cas d'empêchement. On s'est demandé si le juge d'instruction, qui ne peut faire partie de la Cour d'assises, pourrait cependant être commis pour l'interrogatoire. L'affirmative est certaine : l'article 257 lui interdit seulement de participer aux débats et au jugement. (Cass. crim., 17 juin 1853 : Sirey, 1854, 1. 160 ; — Nouguier, n° 234.

50. — L'interrogatoire a un triple but.

D'abord l'accusé est interpellé de dire s'il a à faire des déclarations nouvelles ; s'il répond affirmativement elles sont consignées : aussi, dans cette éventualité, est-il utile que le président ait une connaissance sommaire de l'affaire.

Dans certains cas même, cet interrogatoire de pure forme devient un véritable interrogatoire de fond. Il en est ainsi au cas où un contumax est arrêté ou se représente volontairement ; s'il s'agit d'un crime présentant quelque complication tel, par exemple, que le faux, l'interrogatoire devra nécessairement contenir tous les moyens de l'accusation et de la défense.

51. — Suivant l'article 294 du Code d'instruction criminelle, l'accusé sera interpellé de déclarer le choix qu'il aura fait d'un conseil pour l'aider dans sa défense : sinon, le magistrat lui en désignera un sur-le-champ, à peine de nullité de tout ce qui suivra.

Si la réponse de l'accusé était douteuse, il y aurait lieu de faire une désignation éventuelle.

Le ministère de l'avocat est forcé. Si cependant il se trouvait empêché, le président devrait, aussitôt averti, après appréciation de la légitimité de l'empêchement, en commettre un autre. Il ferait cette désignation sous forme d'un nouvel interrogatoire, ou d'une ordonnance (voir la formule n° 56).

L'article 295 contient des indications sur les défenseurs qui peuvent être désignés.

En pratique, le gardien chef de la maison d'arrêt fait prévenir de suite l'avocat commis. Il pourra être utile aussi que le président avertisse le bâtonnier de la désignation faite; celui-ci, en cas d'absence, pourra prévenir le magistrat. Il est bon d'ailleurs que le président se renseigne d'avance, s'il est possible, sur les empêchements que peut avoir l'avocat. Dans une compagnie judiciaire bien ordonnée, tout se passe avec convenance et égards, dans les relations entre la magistrature et le barreau.

Il arrive souvent que l'avocat commis veuille remettre, pour des raisons personnelles, la défense à un confrère. Il est convenable et utile que, dans ce cas, il fasse approuver oralement cette substitution par le magistrat. La mission de celui-ci, pour la désignation du défenseur d'office, est souvent délicate; elle exige une connaissance suffisante tout à la fois, de la gravité plus ou moins grande de l'affaire, de la nature du talent, des forces mêmes de l'avocat commis : il doit assurer à l'accusé une défense convenable et, pour dégager sa responsabilité, il doit avoir à apprécier la convenance du choix de l'avocat substitué.

52. — Enfin le magistrat, aux termes de l'article 296, avertit l'accusé qu'il a cinq jours pour se pourvoir contre l'arrêt de renvoi. Il sera bon de faire cet avertissement dans les termes de l'article 296 et d'en expliquer ensuite le sens à l'accusé.

53. — Le même article contient ce qui a trait au procès-verbal d'interrogatoire.

§ 5. — Ordonnance de contumace. — 54. — L'article 465 du Code d'instruction criminelle, confie au président du tribunal civil, en l'absence du président des assises, la mission de rendre l'ordonnance de déchéance, sorte de mise en demeure adressée à l'accusé en fuite. Les articles 465 et 467 fixent le délai et les autres formalités de l'ordonnance.

§ 6. — Présidence de la Cour d'assises. — 55. — Enfin aux termes de l'article 463 du même code, si, depuis la notification faite au jurés en exécution de l'article 389, le président de la Cour d'assises, dans un chef-lieu autre que celui de la résidence de la Cour d'appel, se trouve dans l'impossibilité de remplir ses fonctions, il est remplacé par le président du tribunal civil. Même si l'empêchement se produit dans cette période, la jurisprudence admet qu'il pourra être remplacé par le ministre ou le premier président.

En ce qui a trait aux fonctions du président du tribunal remplaçant le président des assises, on ne peut que s'en référer aux formulaires spéciaux de la Cour d'assises ;

cette matière ne peut rentrer dans le cadre du présent ouvrage.

III. Formules

**§ 1er — Commission d'avocat en cas d'empêche-
ment de l'avocat commis. — 56.** — « Nous... assisté
« du greffier ; vu l'interrogatoire de l'accusé... en date
« du..., au cours duquel, sur la demande de l'accusé,
« Me X... avocat a été par nous commis : — Considérant
« que Me X... nous a fait savoir que, pour des raisons de
« force majeure, il ne pouvait se charger de la défense ;

« Vu l'article 294 du Code d'instruction criminelle, et
« considérant qu'il nous appartient de commettre un
« autre défenseur en présence du refus (ou de l'empê-
« chement) de l'avocat par nous précédemment commis ;

« Commettons Me .... pour assister dans sa défense
« l'accusé....;

« Fait à..., le... ; et avons signé avec le greffier nous
« assistant. »

On peut procéder par voie d'interrogatoire nouveau :
par exemple, si l'avocat choisi par l'accusé ne pouvait le
défendre ; alors l'accusé déclare le fait et le président
fait une désignation d'office à la suite de cette déclaration. Le procès-verbal est alors signé par l'accusé comme
tout interrogatoire.

§ 2. — Ordonnance de contumace. — 57. — « Nous...;
« vu l'arrêt de la chambre des mises en accusation de la
« Cour d'appel de....., en date du....: qui renvoie devant
« la Cour d'assises de...., le nommé X..., âgé de..., né
« à...., profession de...., domicilié à ..., actuellement en
« fuite, sous l'accusation d'avoir.... ;

« Vu l'ordonnance de prise de corps rendue le...., contre
« ledit X... ;

« Vu la notification qui a été faite de l'arrêt de la
« chambre d'accusation au domicile de l'accusé, par
« exploit de l'huissier.... en date du.... ;

« Attendu que X... ne s'est pas présenté dans les dix
« jours de la notification de l'arrêt à son domicile ;

« Vu les articles 465 et 467 du Code d'instruction criminelle :

« Ordonnons que l'accusé X... sera tenu de se repré-
« senter dans un nouveau délai de dix jours, sinon qu'il
« sera déclaré rebelle à la loi, qu'il sera suspendu de
« l'exercice de ses droits de citoyen ; que ses biens
« seront sequestrés pendant l'instruction de sa contu-
« mace, que toute action en justice lui sera interdite
« pendant le même temps, qu'il sera procédé contre lui
« et que toute personne est tenue d'indiquer le lieu où
« il se trouve.

« Fait à...., le.... Signature du président) ».

ASSISTANCE JUDICIAIRE

I. — Désignation des membres et renouvellement. — 58 à 60.

II. — Commission des avocats, avoués et huissiers. — 61 à 63.

III. — Communication des causes au ministère public. — 64.

**IV. — Jugement par défaut : huissier d'un autre arrondis-
sement.** — 65

**V. — Assistance judiciaire en matière criminelle et cor-
rectionnelle.** — 66 à 69.

    § 1er. Matière criminelle, 66.
    § 2. Matière correctionnelle, 67.
    § 3. Droit du président de faire citer des témoins, 68.
    § 4. Avance de taxe aux témoins. — Renvoi, 69.

I. — Désignation des membres et renouvellement

58. — L'article 2 de la loi du 22 janvier 1851 règle la composition du bureau d'assistance judiciaire près les tribunaux civils : un agent de l'administration de l'enregistrement et des domaines, un délégué du préfet, et enfin trois membres pris parmi les anciens magistrats, avocats ou anciens avocats, avoués ou anciens avoués, notaires ou anciens notaires.

59. — Ces trois derniers membres sont nommés par le tribunal civil dans les arrondissements où il y a moins de quinze avocats inscrits au tableau.

Cette désignation se fait d'ordinaire le jour de la rentrée. Il est bon, croyons-nous, qu'elle se fasse suivant un certain roulement. Ce mode de procéder a l'avantage de ne pas laisser la charge aux mêmes personnes, de faire contribuer plus de personnes à cette œuvre auxiliaire de la justice et enfin de pouvoir, à la faveur de ce roulement, en faire sortir, sans éclat, des membres que le tribunal croirait devoir en écarter. On pourrait donc, en principe, choisir deux avocats et un avoué : le renouvellement se ferait chaque année par tiers ; chaque membre ferait ainsi le service trois ans et pourrait être désigné de nouveau l'année qui suivrait sa sortie.

L'article 7 pose le principe du renouvellement du bureau.

60. — Les articles 8 à 12 règlent tout ce qui a trait à la demande d'assistance judiciaire, à la compétence du bureau et à la forme de la décision.

II. — Commission des avocats, avoués et huissiers

61. — L'article 13 porte que, trois jours après l'admission à l'assistance, le président du bureau envoie, par l'intermédiaire du Parquet, un extrait de la décision au président de la Cour ou du tribunal ou au juge de paix. En ce qui concerne spécialement les affaires qui doivent être portées devant le tribunal civil, le président invite le bâtonnier de l'ordre des avocats, le président de la chambre des avoués et le syndic des huissiers à désigner l'avocat, l'avoué et l'huissier qui prêteront leur ministère à l'assisté.

S'il n'existe pas de bâtonnier, ou s'il n'y a pas de chambre de discipline des avoués, la désignation est faite par le président du tribunal.

62. — En fait, il arrive souvent qu'un assisté judiciairement vient se plaindre aux magistrats que son action n'est pas introduite, bien que l'assistance lui ait été accordée; il ignore d'ailleurs quel est l'avoué qui a été commis. Pour éviter cet inconvénient, il est bon d'avertir le syndic des huissiers qui fait la dernière commission, de rapporter au greffe la feuille contenant l'invitation du président et les commissions. Le greffier inscrira sur le registre de l'assistance judiciaire le nom de l'avoué ; c'est lui qui demeurera chargé du dossier et c'est alors chez lui qu'on pourra le retrouver, après avoir fait la vérification sur le registre du greffe.

63. — Les articles 14 à 20 sont relatifs aux effets de l'assistance.

III. — Communication des causes au ministère public

64. — Suivant l'article 15, le ministère public doit être entendu dans toutes les affaires dans lesquelles l'une des parties a été admise au bénéfice de l'assistance judiciaire.

IV. — Jugement par défaut : huissier d'un autre arrondissement

65. — Une partie a obtenu l'assistance judiciaire. Un jugement par défaut est rendu et il y a lieu de commettre, pour le signifier, un huissier dans un autre arrondissement. Strictement il n'appartient pas au tribunal de commettre l'huissier qui se trouverait soumis aux obligations de la loi de 1854. Le tribunal doit se borner à dire que le jugement sera signifié à la partie défaillante par un huissier qui sera commis conformément aux dispositions de la loi de 1851. En fait, la copie à signifier sera remise par l'avoué au Parquet, qui la transmettra au Parquet de l'huissier à commettre ; le président de ce tribunal le fera commettre par le syndic des huissiers de son arrondissement. La commission sera alors régulière.

V. — Assistance judiciaire en matière criminelle et correctionnelle

§ 1ᵉʳ — **Matière criminelle.** — **66.** — Les articles 28 à 30 traitent de l'assistance judiciaire en matière criminelle et correctionnelle.

La défense de l'accusé est assurée par la disposition de l'article 294 du Code d'instruction criminelle. Cette matière est traitée au mot *Assises*, n° 51.

§ 2. — **Matière correctionnelle.** — **67.** — Article 29 : « Les présidents des tribunaux correctionnels désigne- « ront un défenseur d'office aux prévenus poursuivis à

« la requête du ministère public ou détenus préventi-
« vement, lorsqu'ils en feront la demande, et que leur
« indigence sera constatée, soit par les pièces désignées
« dans l'article 10, soit par tous autres documents. »

La loi laisse au président le soin d'apprécier l'indigence, et, en fait, il suffit que la demande soit faite pour
que le président commette un avocat d'office.

Le prévenu peut également s'adresser au bâtonnier
qui, suivant les usages anciens et constants du barreau,
lui commet un défenseur.

§ 3. — **Droit du président de faire citer des
témoins. — 68.** — L'article 30 donne en outre aux présidents des Cours d'assises et des tribunaux correctionnels le droit d'ordonner l'assignation des témoins
qui leur seront indiqués par l'accusé ou le prévenu indigent, s'ils jugent utile la déclaration de ces témoins.
Ils pourront aussi ordonner d'office toutes productions
et vérifications de pièces. Ces mesures sont exécutées
à la requête du Parquet.

§ 4. — **Avance de taxe aux témoins. — 69.** — On
traite au mot *Audience correctionnelle* (n° 143 *in fine*) de
l'avance de taxe faite au témoin sans ressources qui
doit se déplacer.

ASSURANCE CONTRE L'INCENDIE

I. — **Controverse sur le sens de la loi du 19 février 1889.
— 69 (a).**

II. **Nomination de tiers-experts : renvoi. — 69 (b).**

I. — Controverse sur le sens de la loi du 19 février 1889

69 (a). — Quel est exactement le sens et la portée de la loi du 19 février 1889 ? Contient-elle seulement une délégation de l'indemnité d'assurance au profit des créanciers privilégiés et hypothécaire, ou transporte-t-elle sur l'indemnité les droits réels de ces créanciers ? Les créanciers peuvent-ils procéder par voie de saisie-arrêt, ou ne doivent-ils pas plutôt suivre la procédure d'ordre ? Ces questions sont à peu près nouvelles. On reproduit ci-dessous des extraits d'un jugement de Châteauroux du 5 mars 1895, reproduit dans le journal *le Droit* du 9 mai 1895, et dans lequel ces questions importantes sont discutées.

« Considérant qu'aux termes d'un acte reçu, Lemoyne « de Forges, notaire à Argenton, le 6 décembre 1883, les « consorts Gallien ont vendu à la femme Duris des « immeubles comprenant notamment une maison sise au « Menoux, moyennant le prix total de 1600 francs paya- « ble dans un délai de dix ans ; — que le 15 décembre 1888, « le sieur Duris a assuré contre l'incendie à la Compagnie « l'*Urbaine*, ladite maison pour une valeur de 3,000 fr. ; « — que le 20 octobre 1893, l'immeuble fut incendié ; « que l'indemnité fut fixée à la somme de 1.998 francs ; « que, suivant exploit du 3 novembre 1893, les consorts « Gallien firent pratiquer une saisie-arrêt entre les mains « du représentant de la Compagnie l'*Urbaine*, pour « garantie de la somme principale de mille francs « restant due sur le prix de vente de 1883 ; que les sai- « sissants expliquaient que leur créance était garantie, « par le privilège du vendeur conservé par l'inscription « d'office ; — que la procédure de saisie-arrêt ayant été « suivie conformément aux dispositions du Code de pro- « cédure civile, les consorts Gallien saisissants obtin-

« rent, à la date du 12 février 1894, un jugement contra-
« dictoire à l'égard de la Compagnie l'Urbaine, par
« défaut contre Duris, aux termes duquel le tribunal
« validait la saisie-arrêt et ordonnait en conséquence le
« paiement de la somme saisie-arrêtée, jusqu'à due
« concurrence, entre les mains des saisissants ; — que
« Duris, agissant tant en son nom personnel que comme
« tuteur de ses enfants mineurs a fait opposition au dit
« jugement ; — qu'il prétend que les consorts Gallien
« ne devaient pas procéder par voie de saisie-arrêt,
« mais par voie d'ordre ; qu'en conséquence, ils doivent
« être déclarés mal fondés en leur demande en validité
« de saisie-arrêt…. :

« Considérant que les parties sont en désaccord sur le
« sens de la loi du 19 février 1889 ; qu'il importe d'en
« déterminer le but, le sens et les conséquences ;

« Considérant que le but de la loi de 1889 ressort à la
« fois de la jurisprudence antérieure et des travaux pré-
« paratoires ; qu'elle a eu pour objet de sauvegarder les
« droits des créanciers privilégiés et hypothécaires, au
« cas d'incendie d'un immeuble assuré ; que les disposi-
« tions relatives aux assurances contre la grêle ou les
« autres risques, n'ont qu'un caractère évidemment
« accessoire et secondaire ; — qu'on a discuté sur la
« question de savoir si la loi de 1889 contient une délé-
« gation légale de l'indemnité au profit des créanciers
« privilégiés et hypothécaires, ou si, au contraire, elle
« se borne à transférer sur la dite indemnité, les droits
« réels des créanciers ; — que cette controverse n'a pas
« seulement un intérêt doctrinal ; que les conséquences
« pourront être différentes pour la question en litige,
« suivant qu'on la résoudra en un sens ou en l'autre ; —
« que la première opinion s'appuie sur les termes mêmes
« de l'article 2, « sans qu'il y ait besoin de délégation
« expresse ; » que cependant l'opinion contraire paraît

« plus exacte ; — que, tout d'abord, la loi répondait aux
« controverses antérieures sur la question de savoir si
« l'indemnité était, comme le prix, représentative de l'im-
« meuble ; — qu'en outre, il a été déclaré à plusieurs
« reprises dans la discussion de la loi, que l'indemnité
« serait considérée comme représentative de l'objet sinis-
« tré, au même titre que le prix ; — que, sans doute, la
« loi a employé à tort l'expression de *délégation* con-
« tredite par les déclarations réitérées des législateurs ;
« que ses dispositions mêmes excluent cette interpréta-
« tion ; qu'en effet, la délégation constitue un transport
« de la créance avec ou sans novation ; que la loi en
« validant, dans sa disposition finale les paiements faits
« de bonne foi, avant opposition, paraît bien exclure
• la délégation, c'est-à-dire la cession aux créanciers
« privilégiés et hypothécaires, de la créance du sinistré
« contre la compagnie d'assurances : que cette disposi-
« tion s'explique, au contraire, dans l'opinion adverse,
« la créance du sinistré n'étant que le gage, et non la
« propriété des créanciers ;

  « Considérant que la conséquence de cette solution
« est qu'en principe, l'indemnité doit être attribuée, non
« par voie de distribution par contribution qui suppose
« une répartition au marc-le-franc, mais par voie d'ordre
« impliquant une série de droits ayant préférence les
« uns à l'encontre des autres ; — que le Code de procé-
« dure civile ayant réglé ce genre de répartition, il
« semble donc évident que la loi de 1889, assimilant
« l'indemnité d'assurance au prix de vente, a implicite-
« ment, mais nécessairement, renvoyé à la procédure
« d'ordre pour sa répartition ; — qu'en principe, la voie
« de la saisie-arrêt est donc inapplicable ;

  « Qu'on a cependant objecté la disposition de la loi de
« 1889 donnant aux créanciers privilégiés et hypothé-
« caires le droit de former opposition ; qu'une opposition

« serait une saisie-arrêt, le Code de procédure lui-
« même parlant des « saisies-arrêts ou oppositions »;
« que la loi autoriserait donc elle-même ce mode de
« procéder.

   « Considérant que la doctrine paraît, et avec raison,
« se fixer en ce sens que l'opposition prévue par la loi de
« 1889, n'est qu'un avertissement à l'assureur débiteur,
« une dénonciation du droit des créanciers privilégiés ;
« qu'on admet qu'elle pourrait être faite par lettre
« et même verbalement ; — que cette conséquence résulte
« implicitement de la disposition du même article 2 qui
« annule, au profit des créanciers privilégiés hypothé-
« caires, les paiements qui, même en l'absence d'oppo-
« sition, auraient été faits de mauvaise foi, c'est-à-dire
« avec la connaissance, par l'assureur, de l'existence de
« charges hypothécaires sur l'immeuble ; que tout
« avertissement, sous quelque forme qu'il soit fait, consti-
« tuant l'assureur de mauvaise foi, il en résulte néces-
« sairement que l'opposition dont parle la loi n'est
« qu'une simple dénonciation ; que c'est pour ce motif
« que la loi l'a qualifiée d'opposition, expression au sens
« moins strict que celle de saisie-arrêt, et qu'elle n'a pas
« renvoyé aux dispositions du Code de procédure civile
« sur la saisie-arrêt ;

   « Considérant au surplus qui si l'on tient compte de
« l'état actuel des esprits sur la simplification de la
« procédure en général, et spécialement de la saisie-
« arrêt, il serait invraisemblable que les législateurs de
« 1889 aient eu l'intention de s'en référer à une procé-
« dure aussi compliquée ;

   « Considérant enfin que l'existence présumée de
« charges hypothécaires sur l'immeuble, exclut néces-
« sairement l'usage de la saisie-arrêt ; qu'en effet, la
« procédure de saisie-arrêt ne met en cause que le sai-
« sissant, la partie saisie et le tiers-saisi ; qu'elle a

« comme conclusion le jugement de validité qui attribue
« la somme saisie-arrêtée au saisissant ; mais qu'elle
« ne laisse aucune place au droit des créanciers privilégiés
« et hypothécaires ; — que le jugement de validité étant
« rendu et la somme payée entre les mains du saisissant,
« tels créanciers inscrits, avertis tardivement de l'incendie,
« pourront intervenir contre l'assureur et lui demander
« compte de l'indemnité, en excipant du bénéfice de la
« loi de 1889 ; que, sans doute, l'assureur pourra exciper
« de sa bonne foi ; que, la mauvaise foi ne se présumant
« pas, ce sera au créancier à faire preuve contre l'assu-
« reur ; mais qu'il importe de remarquer que la mau-
« vaise foi, c'est la simple connaissance de l'existence
« de droits réels sur l'immeuble : — que, soit l'assureur
« obligé de payer une seconde fois ; soit le créancier exclu
« par la bonne foi de la compagnie, sera victime de la
« procédure de saisie-arrêt indûment suivie ; — que tel
« n'est certainement ni le but, ni l'esprit de la loi de
« 1889 qui a voulu assurer le droit des créanciers privi-
« légiés et hypothécaires, sans exposer les compagnies
« d'assurance à tomber dans un piège ;

« Considérant qu'on objecte que la saisie-arrêt est
« ouverte à tous et que chaque créancier a le droit d'en
« user ; que ce principe est exact ; mais qu'il pourra
« arriver que cette procédure soit certainement frustra-
« toire ; — que si la procédure de saisie-arrêt est suivie,
« comme dans l'espèce, par un créancier privilégié ou
« hypothécaire, il pourra se faire que, ni l'assureur, ni la
« partie saisie ne soulève d'objection : auquel cas les tri-
« bunaux ne pourront y suppléer ; — que si, au contraire, les
« parties, et spécialement la compagnie d'assurances, par
« prudence et dans la crainte que des créanciers inscrits
« et ignorés ne viennent plus tard contester sa bonne foi,
« soulèvent la question et demandent qu'il soit procédé
« par voie d'ordre, les tribunaux seront tenus de faire

« droit à leur demande et de reconnaître à l'indemnité
« le caractère d'un prix d'immeuble soumis obligatoire-
« ment à la distribution par voie d'ordre ; — que, sans
« doute encore, des créanciers chirographaires pour-
« ront procéder par voie de saisie-arrêt, sauf à l'assu-
« reur à provoquer pour sa sécurité, l'ouverture d'un
« ordre, la saisie-arrêt étant alors le seul moyen pour
« le créancier d'empêcher que ses droits ne soient mé-
« connus dans le règlement de l'ordre ;

« Considérant que, dans l'espèce, les consorts Gal-
« lien excipent d'un privilège de vendeur; qu'il a été
« articulé qu'il existait d'autres créanciers inscrits sur
« la maison du Menoux ; qu'il n'est pas douteux qu'ils
« devaient procéder par voie d'ordre ; — que vaine-
« ment ils se prévalent d'un droit privilégié, préférable
« à tous autres ; qu'en effet il peut être contesté dans
« son existence ou dans son chiffre ; — que les consorts
« Gallien ont donc mal procédé... ;

« ... Par ces motifs, le tribunal, statuant en matière
« sommaire et en premier resort ; en la forme, reçoit le
« sieur Duris ès-qualités opposant au jugement par
« défaut du 12 février 1894 ; au fond infirme ; déclare
« les consorts Gallien mal fondés en leur demande en
« validité de saisie-arrêt ; les renvoie à se pourvoir par
« voie de procédure d'ordre ; les condamne aux
« dépens. »

Consulter à ce sujet, tribunal de Brive, 18 décembre
1889 (Dalloz, 1893, 2, 53 ; — Sirey, 1890, 2, 174 ; — et les
notes des arrêtistes ; Toulouse, 27 mai 1890 (Dall., 1893,
2, 54 ; les travaux préparatoires de la loi de 1889 (Dall.,
1889, 4, 31 .

II. — Nomination de tiers-expert

69. *B.* — Voir n° 235.

AUDIENCE, POLICE, OUTRAGES, DÉLITS, CRIMES

I. — Principe du droit de police de l'audience

70. — Les dispositions législatives relatives à cette matière sont nombreuses ; elles font même quelquefois double emploi ; il est donc assez difficile de les résumer dans un ordre méthodique. Le mieux paraît de les examiner brièvement, en allant des plus légères infractions aux plus graves.

Tout d'abord l'article 88 du Code de procédure civile pose le principe que les magistrats ont la police de l'audience ou de toute réunion où ils exercent leurs fonctions. Ceux qui assisteront aux audiences se tiendront découverts dans le respect et le silence ; tout ce que le président ordonnera pour le maintien de l'ordre sera exécuté ponctuellement et à l'instant.

L'article 87 avait posé le principe de la publicité des audiences civiles, en admettant toutefois le droit des tribunaux de prononcer le huis-clos, mais à charge d'en rendre compte au procureur général.

II. — Simples troubles : Art. 89, proc. civ.; 504. Instr. crim.; 10. Proc. civ.; Formules d'incarcération.

71. — Voici le texte de l'article 89 : « Si un ou plu- « sieurs individus, quels qu'ils soient, interrompent le « silence, donnent des signes d'approbation ou d'impro- « bation, soit à la défense des parties, soit aux discours « des juges ou du ministère public, soit aux interpella- « tions, avertissements ou ordres des président, juge- « commissaire, ou procureur de la République, soit aux « jugements ou ordonnances, causent ou excitent du « tumulte de quelque manière que ce soit, et si, après « l'avertissement de l'huissier, ils ne rentrent pas dans « l'ordre sur-le-champ, il leur sera enjoint de se « retirer, et les résistants seront saisis et déposés à « l'instant dans la maison d'arrêt pour vingt-quatre « heures; ils y seront reçus sur l'exhibition de l'ordre « du président, qui sera mentionné au procès-verbal de « l'audience ».

L'article 504, Inst. crim., contient à peu près la même disposition : « Lorsqu'à l'audience ou en tout autre lieu « où se fait publiquement une instruction judiciaire, l'un « ou plusieurs des assistants donneront des signes publics,

« soit d'approbation, soit d'improbation, ou exciteront
« du tumulte, de quelque manière que ce soit, le prési-
« dent ou le juge les fera expulser ; s'ils résistent à ses
« ordres ou s'ils rentrent, le président ou le juge ordon-
« nera de les arrêter et conduire dans la maison d'arrêt ;
« il sera fait mention de cet ordre dans le procès-verbal ;
« et sur l'exhibition qui en sera faite au gardien de la
« maison d'arrêt, les perturbateurs y seront reçus et
« retenus pendant vingt-quatre heures ».

Enfin il faut citer le texte de l'article 10 du Code de
procédure civile spécial au juges de paix : « Les parties
« seront tenues de s'expliquer avec modération devant
« le juge, et de garder en tout le respect qui est dû à la
« justice : si elles y manquent, le juge les y rappellera
« d'abord par un avertissement ; au cas de récidive, elle
« pourront être condamnées à une amende qui n'excé-
« dera pas la somme de dix francs, avec affiches du
« jugement, dont le nombre n'excédera pas celui des
« communes du canton. »

72. — On doit faire une première remarque, c'est que
l'article 89, se trouvant parmi les lois de la procédure
civile, n'est applicable qu'à des juges civils : il le serait
donc aux juges de paix, car il diffère de la disposition
de l'article 10 précité. Il s'appliquerait même aux tribunaux de commerce : car, d'abord le Code de procédure
civile comprend la procédure commerciale, et en second
lieu, l'article 504, qui paraît général, s'appliquerait, suivant Carnot (Inst. crim.), mêmes aux tribunaux de
commerce : a fortiori, ils pourraient user de l'article 89.

En résumé l'article 89 serait donc applicable à tous
juges civils, en comprenant le mot par opposition aux
juges des tribunaux de répression.

L'article 504, par la généralité de ses termes, s'appliquerait à toutes les juridictions, soit civiles, soit

répressives, et aux juges d'instruction. Il serait inapplicable aux membres du Parquet et aux officiers de police
judiciaire, lesquels ne peuvent rentrer dans ses termes.

En outre de cette différence d'extension entre les
deux dispositions, on a remarqué que l'article 504 n'exi-
geait pas, comme l'article 89, un avertissement préalable
à l'expulsion. Le fait est exact ; mais le magistrat n'en
devra pas moins commencer par avertir : dans des dispositions de cette nature, il est préférable de procéder
avec le plus de prudence et de modération possible.

Le magistrat devra donc : 1° avertir ou faire avertir
par les huissiers ; 2° faire expulser ; 3° en cas de résistance ou de rentrée, ordonner l'incarcération : il faut
ajouter que cette dernière sanction doit être d'une
extrême rareté.

73. — On s'est demandé dans quelle forme devait être
délivré l'ordre d'arrestation. Duverger manuel des
juges d'instr., tome 1er, page 421, note, apprécie, et avec
raison, qu'il doit revêtir la forme d'un mandat de dépôt,
mais que le mandat doit indiquer la cause de l'incarcération et enjoindre expressément au gardien de mettre en
liberté après le délai de vingt-quatre heures, s'il n'est
survenu une autre cause d'incarcération.

Voici quelle peut être la formule : d'abord pour l'audience correctionnelle :

« Nous, président du tribunal civil de....

« Vu l'article 504 du Code d'Instruction criminelle et
« attendu que l'individu ci-dessous désigné a donné lieu,
« à l'audience du tribunal de police correctionnelle de ce
« jour, à l'application dudit article ;

« Requérons tous huissiers et agents de la force
« publique de conduire à la maison d'arrêt de cet arron-
« dissement, en se conformant à la loi, le nommé...., âgé
« de..., profession de...., demeurant à... ;

« Mandons et enjoignons au gardien de ladite maison
« de le recevoir et de le retenir en dépôt pendant vingt-
« quatre heures, et, ce laps de temps écoulé, de le mettre
« en liberté, s'il n'est survenu des ordres contraires,
« donnés régulièrement et dans la forme ordinaire :
  « Et requérons tous dépositaires de la force publique,
« de prêter main-forte en cas de nécessité pour l'exécu-
« tion du présent mandat ;
  « Fait à...., le.... »
Signature du président.
S'il s'agit de l'audience civile, on visera les articles 89,
Proc. civ., et 504 Inst. crim. en mentionnant que le
trouble a eu lieu à cette audience.

74. — Quant à la disposition de l'article 10 précité
relatif aux juges de paix, elle est nécessitée par le fait
que les parties comparaissent en personne. Elle ne
s'applique qu'aux parties en cause, et non aux assistants, alors que les articles 89 et 504 s'appliquent de
façon générale, à toutes personnes présentes, parties
ou simples assistants.

75. — En terminant cette première partie il est utile
d'ajouter que, lorsque l'assistance est nombreuse, que
l'affaire est de nature à la passionner, il est indispensable que le président ne laisse pas la foule des assistants s'animer par des murmures ou des manifestations
même très modérées en la forme. On sait assez ce qu'est
une foule, lorsque l'atmosphère ambiante a cessé d'être
calme ; à la première manifestation de l'auditoire, le
président doit adresser un avertissement très énergique
et le réitérer, s'il y a lieu, en faisant connaître son intention de ne laisser se produire aucune expression des
sentiments de la foule, sous peine de voir appliquer les
dispositions répressives.

III. — Trouble émanant d'une personne qui remplit une fonction près le tribunal

§ 1ᵉʳ. — Textes législatifs. — 76. — Citons d'abord les textes, et en premier lieu, les textes généraux.

Articles 90, proc. civ. : « Si le trouble est causé par « un individu remplissant une fonction près le tribunal, « il pourra, outre la peine ci-dessus, être suspendu de « ses fonctions ; la suspension, pour la première fois, « ne pourra excéder le terme de trois mois. Le jugement « sera exécutoire par provision, ainsi que dans le cas « de l'article précédent.

Article 103 du décret du 30 mars 1808 : « Dans les « Cours et dans les tribunaux de première instance, « chaque chambre connaîtra des fautes de discipline « qui auraient été commises ou découvertes à son « audience... »

Ordonnance du 20 novembre 1822, sur la profession d'avocat, article 16 : « Il n'est point dérogé, par les dis- « positions qui précèdent, au droit qu'ont les tribunaux « de réprimer les fautes commises à leur audience par « les avocats. »

Article 18 : « Les peines de discipline sont : l'aver- « tissement, la réprimande, l'interdiction temporaire, « la radiation du tableau. L'interdiction temporaire « ne peut excéder le terme d'une année ».

Cet article se complète par l'article 3 du décret du 22 mars 1852 : « A l'avenir l'avocat auquel sera appli- « quée l'une des peines disciplinaires énoncées dans « l'article 18 de l'ordonnance du 20 novembre 1822, « pourra, suivant les circonstances et par la même déci- « sion, être privé du droit de faire partie du conseil de « discipline pendant un espace de temps qui n'excédera « pas dix ans ».

Art. 43 de l'ordonnance de 1822 : « Toute attaque
« qu'un avocat se permettrait de diriger, dans ses plai-
« doiries ou dans ses écrits, contre la religion, les prin-
« cipes de la monarchie, la Charte, les lois du royaume
« ou les autorités établies, sera réprimée immédiatement
« sur les conclusions du ministère public, par le tribu-
« nal saisi de l'affaire, lequel prononcera l'une des
« peines prescrites par l'article 18, sans préjudice des
« poursuites extraordinaires s'il y a lieu ».

A cette disposition, dont une partie se trouve nécessairement abrogée par les modifications politiques, il
faut rapprocher les termes du serment de l'avocat :
« ...de ne rien dire ou publier, comme défenseur ou con-
« seil, de contraire aux lois, aux règlements, aux bonnes
« mœurs, à la sûreté de l'Etat et à la paix publique, et
« de ne jamais s'écarter du respect dû aux tribunaux et
« aux autorités publiques. »

Loi du 29 juillet 1881, article 41, extraits : « Ne don-
« neront lieu à aucune action de diffamation, injure ou
« outrage, ni le compte rendu fidèle fait de bonne foi
« des débats judiciaires, ni les discours prononcés ou les
« écrits produits devant les tribunaux. Pourront néan-
« moins les juges, saisis de la cause et statuant sur le
« fond, prononcer la suppression des discours injurieux,
« outrageants ou diffamatoires, et condamner qui il
« appartiendra à des dommages-intérêts. Les juges
« pourront aussi, dans le même cas, faire des injonctions
« aux avocats et officiers ministériels et même les sus-
« pendre de leurs fonctions. La durée de cette suspen-
« sion ne pourra excéder deux mois, et six mois en cas
« de récidive dans l'année. »

§ 2. — **Résumé de ces textes.** — **77.** — Avant de
commenter très brièvement ces diverses dispositions,
disons qu'en ce qui concerne les avoués, et surtout les

avocats, leur application est rare ; que spécialement
pour les avocats, il conviendrait qu'elles demeurassent
absolument lettre morte. Les relations entre les magistrats et le barreau doivent être celles de collaborateurs
communs à la grande œuvre de la justice ; la bienveillance et l'estime, sinon toujours la sympathie, ce qui
serait trop exiger, doivent dominer ces relations quoti-
diennes : les magistrats, et particulièrement le président,
doivent les premiers montrer cette voie et y entrer : le
barreau saura, nous n'en doutons pas, les y suivre.

On admet que l'article 103 du décret de 1808, subsiste
tout entier, même après la loi de 1822 relative à la profession d'avocat. Le principe général de la compétence
des tribunaux pour les faits d'audience motivant des
peines disciplinaires contre les avocats et officiers
ministériels, se trouve donc écrit dans l'article 103 précité, l'article 90 du Code de procédure, et les articles 43
de la loi de 1822 et 41 de la loi de 1881.

78. — Quels tribunaux sont investis de ce pouvoir ?
La question est controversée ; mais l'opinion la plus
générale et la plus exacte est qu'il n'est conféré qu'aux
Cours et tribunaux de première instance. L'article 103
le dit expressément ; c'est une disposition de nature
exceptionnelle et la discipline des officiers ministériels
n'appartient pas aux tribunaux d'exception. Le maintien
de la police de l'audience ne peut conduire à une compétence aussi anormale.

Le principe de la compétence des tribunaux pour
appliquer une peine disciplinaire aux faits d'audience
s'étend, suivant l'opinion générale, à la fois aux fautes
commises et aux fautes découvertes à l'audience.

Les dispositions ci-dessus confèrent aux tribunaux un
droit direct de répression ; aussi n'est-il pas besoin qu'ils
soient saisis par les conclusions du ministère public

Il est constant aussi que, si le tribunal peut juger de suite, et il doit procéder ainsi aux termes des dispositions sus-énoncées, il peut également se borner à dresser procès-verbal du fait relevé ; l'affaire disciplinaire prend alors son cours ordinaire et suivant les règles normales de compétence.

Une disposition importante est celle de l'article 90 précité, aux termes duquel la décision est exécutoire par provision.

Il a été ainsi décidé par arrêt de Toulouse du 12 mai 1894 (*Gazette du Palais*, n° des 16 et 17 mai 1894). Le tribunal avait appliqué à l'avocat un mois de suspension par application des articles 43 et 18 de l'ordonnance de 1822 ; l'avocat est donc déclaré déchu du droit de plaider, malgré son appel de jugement.

Remarquons encore que l'article 41 de la loi de 1881 a fixé à deux mois la durée maximum de la suspension qui était de trois mois suivant l'article 90 du Code de procédure.

Suivant l'opinion de M. Fabreguettes (*Traité des infractions de la parole*, tome 2, n° 1766), l'article 41 de la loi de 1881, ne serait applicable qu'aux diffamations ou injures envers les parties en cause ou les tiers ; s'il y avait manquement envers les tribunaux, les autorités publiques ou les lois, il faudrait appliquer les articles 16, 18 et 43 de l'ordonnance de 1822.

§ 3. — **Peines disciplinaires. — 79.** — Les peines disciplinaires applicables aux avocats sont énumérées aux articles 18 de l'ordonnance de 1822 et 3 du décret de 1852.

En ce qui concerne les avoués et huissiers, il faut se reporter à l'article 102 du décret du 30 mars 1808 et aux articles 1031 et 1036 du Code de procédure civile. Aux termes de l'article 102, les peines sont l'injonction d'être plus exact ou plus circonspect, la défense de récidiver, la condamnation personnelle aux dépens, l'impression et l'affiche du jugement, la suspension à temps ; enfin la destitution peut être provoquée.

IV. — Outrages aux magistrats

§ 1er. — De l'article 11 du Code de procédure civile — **80.** — La première disposition se référant à cette matière est l'article 11 du Code de procédure, applicable aux juges de paix : « Dans le cas d'insulte ou irrévérence « grave envers le juge, il en dressera procès-verbal et « pourra condamner à un emprisonnement de trois jours « au plus ». La décision est exécutoire par provision (art. 12).

L'article 91 du Code de procédure civile est ainsi conçu : « Ceux qui outrageraient ou menaceraient les « juges ou les officiers de police dans l'exercice de « leurs fonctions seront, de l'ordonnance du président, « du juge commissaire ou du procureur de la Républi- « que, chacun dans le lieu dont la police lui appartient, « saisis et déposés à l'instant dans la maison d'arrêt, « interrogés dans les vingt-quatre heures, et condamnés « par le tribunal, sur le vu du procès-verbal qui cons- « tate le délit, à une détention qui ne pourra excéder « le mois, et à une amende qui ne pourra être moindre « de 25 francs, ni excéder 300 francs.

« Si le délinquant ne peut être saisi à l'instant, le « tribunal prononcera contre lui, dans les vingt-quatre « heures, les peines ci-dessus, sauf l'opposition que le « condamné pourra former dans les dix jours du juge- « ment, en se mettant en état de détention ».

On verra plus loin que l'article 505 du Code d'instruc- tion criminelle dispose que si le tumulte a été accom- pagné d'injures ou de voies de fait, donnant lieu à l'application de peines correctionnelles, ces peines peuvent être appliquées séance tenante. De là, la question de savoir si cette disposition a été abrogée en tout ou en partie, celles du Code de procédure civile visant les mêmes espèces, et nominativement, les articles 11 et 91.

Pour l'article 11, il semble bien qu'il subsiste : car il n'y a pas analogie avec le cas de l'article 505 ; il ne prévoit qu'une irrévérence peu grave frappée d'une peine légère, (Cassation, 25 juin 1855 ; Dall. 1855, 1, 429).

§ 2. — **Si l'article 91 du Code de procédure est toujours en vigueur.** — **81.** — La question est beaucoup plus délicate en ce qui concerne l'article 91.

L'arrêt de la chambre des requêtes du 3 août 1854 (Dall. *loc. cit.*) admet expressément l'abrogation de tous les articles du Code de procédure relatifs à cette matière. C'était aller un peu loin pour l'article 11. Cependant il est certain que cette opinion, en ce qui concerne l'article 91, est fondée sur des raisons sérieuses ; car comment distinguer les espèces prévues par chacun des deux articles ? Il paraît impossible de le faire sans une extrême subtilité et des distinctions qui étaient assurément très loin de l'esprit du législateur.

Par exemple l'article 505 supposant, comme l'article 504, un tumulte, l'article 91 resterait applicable au cas où il n'y aurait pas tumulte ; mais comment faire la distinction et supposer qu'un délit se commet à l'audience sans exciter du tumulte ?

82. — Voici en conséquence l'opinion qui paraîtrait le plus plausible.

Sous ce paragraphe, nous ne trouverions plus subsistant que l'article 11 applicable aux juges de paix et supposant des faits peu caractérisés. L'article 91 prévoyant un véritable délit d'outrages envers les magistrats aurait été entièrement abrogé par les dispositions, soit du Code pénal, soit du Code d'instruction criminelle (Carré et Chauveau, sous l'article 91, n° 435). Ces auteurs laissent cependant, à tort, paraît-il, subsister une partie de l'article 91, ce qui est relatif à la forme (Sirey, répertoire, v° *Audience police*, n°° 126 et suivants. — Rolland de Villargues, sur l'article 503, n° 3.

V. — Délits

§ 1er. — **Textes**. — **83**. — Deux textes se trouvent au Code d'instruction criminelle.

Article 181 : « S'il se commet un délit correctionnel « dans l'enceinte et pendant la durée de l'audience, le « président dressera procès-verbal du fait, entendra le « prévenu et les témoins, et le tribunal appliquera, sans « désemparer, les peines prononcées par la loi.

« Cette disposition, aura son exécution pour les délits « correctionnels commis dans l'enceinte et pendant la « durée des audiences de nos Cours, et même des « audiences du tribunal civil, sans préjudice de l'appel « de droit des jugements rendus dans ce cas par les « tribunaux civils ou correctionnels ».

Article 505 : « Lorsque le tumulte aura été accompagné « d'injures ou voies de fait donnant lieu à l'application « ultérieure de peine correctionnelle ou de police, ces « peines pourront être, séance tenante et immédiatement « après que les faits auront été constatés, prononcées, « savoir :

« Celles de simple police, sans appel, de quelque « tribunal ou juge qu'elles émanent ;

« Et celles de police correctionnelle, à la charge de « l'appel, si la condamnation a été portée par un tribunal « sujet à appel, ou par un juge seul ».

§ 2. — Différence entre les articles 181 et 505.

Inst. crim. — 84. — Quelle est exactement l'hypothèse prévue par chacun de ces articles ?

Une simple remarque fera apparaître la distinction. On est d'accord pour reconnaître que, sans difficulté, d'après ses termes mêmes, l'article 505 est applicable à toute juridiction, même d'exception ; tandis que l'article 181 n'est applicable qu'aux Cours et aux tribunaux civils ou correctionnels.

La conséquence, a-t-on dit, c'est que l'article 505 suppose qu'il y a tumulte, l'article 181 étant écrit pour l'hypothèse contraire.

On a déjà fait observer combien cette distinction est, en fait, difficile à appliquer ; mais est-il admissible que, même au cas de tumulte, la loi ait autorisé un tribunal d'exception à prononcer pour un délit quelconque une peine correctionnelle ? N'est-il pas plus rationnel de supposer que l'article 505 prévoit les délits qui s'adressent aux magistrats eux-mêmes, auquel cas il est presque inévitable qu'il y ait tumulte ; et alors il est naturel que la juridiction à laquelle s'adresse l'outrage ait le droit de le réprimer. Si, au contraire, le délit ne vise qu'un particulier, on rentre dans la règle plus stricte, plus voisine du droit commun, de l'article 181.

Il est constant que, pour l'application de ces compétences spéciales, la décision doit être rendue à la même audience ; autrement il faudrait revenir aux règles ordinaires de la compétence.

D'après l'article 181, et cette règle doit être appliquée par analogie au cas de l'article 505, le président dresse procès-verbal du fait. Ce procès-verbal a pour but de constater la matérialité du fait délictueux. Il peut y être suppléé par le jugement lui-même qui fera mention du fait.

Cette attribution spéciale de juridiction est d'ailleurs

facultative. La juridiction devant laquelle le fait s'est produit peut se borner, le procès-verbal étant rédigé, à le transmettre au ministère public qui procédera dans les conditions du droit commun.

§ 3. — Du faux témoignage. — 85. — Il convient d'ajouter, en ce qui concerne spécialement le faux témoignage, la disposition de l'article 330 du Code d'instruction criminelle, lequel suppose un faux témoignage se produisant devant la Cour d'assises. Il est constant que cet article est applicable devant les tribunaux correctionnels. Si donc la déposition d'un témoin paraît fausse, le président pourra, sur la réquisition du ministère public, faire sur-le-champ mettre le témoin en état d'arrestation ; il dresse procès-verbal et renvoie le témoin prévenu devant le procureur de la République.

En fait et dans la pratique, on procède simplement en conformité de l'article 184 ; le prévenu est interrogé, et, s'il y a lieu, condamné, mais seulement après le jugement de l'affaire où le témoin a déposé ; car il pourrait, au cours des débats, se rétracter. Sur la réquisition du ministère public, il est seulement maintenu dans la salle d'audience.

Ce n'est, au surplus, pas un mandat d'arrestation que délivre le président, c'est un simple ordre de conduire l'auteur du délit devant le juge d'instruction ou au Parquet.

Comme observation générale, les réquisitions du ministère public ne sont pas de rigueur au cas où les tribunaux répriment des faits d'audience.

V. — Crimes

86. — Article 92 du Code de procédure : « Si les délits « commis méritaient peine afflictive ou infamante, le

« prévenu sera envoyé en état de mandat de dépôt
« devant le tribunal compétent, pour être poursuivi et
« puni suivant les règles établies par le Code d'instruc-
« tion criminelle ».

Article 506 : Inst. crim. : « S'il s'agissait d'un crime
« commis à l'audience d'un juge seul ou d'un tribunal
« sujet à appel, le juge ou le tribunal, après avoir fait
« arrêter le délinquant et dresser procès-verbal des
« faits, enverra les pièces et le prévenu devant les juges
« compétents ».

Les articles 507 et 508 s'appliquent au jugement des
crimes commis aux audiences des Cours.

AUDIENCE CIVILE

I. — Observations préliminaires

87. — Sous le titre d'*Audience civile*, on groupera un certain nombre de textes ou d'observations utiles pour les jugements civils. Ce n'est pas un traité de la matière ; c'est un ensemble de *notes pratiques* utiles à avoir sous la main pour la tenue de l'audience ou la rédaction des jugements.

II. — Publicité des audiences : huis-clos

88. — La publicité des audiences est un des principes essentiels de notre système de procédure. Non seulement les débats doivent avoir lieu, le jugement doit être prononcé publiquement, mais la mention doit en être faite au jugement.

89. — L'article 87 (Procéd. civ.) pose ce principe. Il ajoute cependant que le tribunal pourrait ordonner le huis-clos des débats, si la discussion publique devait entraîner ou scandale ou des inconvénients graves ; le tribunal doit délibérer à ce sujet et rendre compte de sa délibération au procureur général.

L'article 239 (Code civil) relatif au divorce porte que les tribunaux peuvent ordonner le huis-clos, disposition qui paraît superflue en présence du texte de l'article 87.

En fait, le huis-clos, fréquent en matière correctionnelle, est très rare en matière civile. Il est bon qu'il soit rare en toute matière. Le principe de la publicité est une règle dont il ne faut se départir qu'au cas d'absolue nécessité.

III. — Avocats

§ 1er. — **Question du monopole.** — **90.** — L'article 85 (Proc. civ.) dispose que « pourront les parties, assistées « de leurs avoués, se défendre elles-mêmes ; le tribunal « cependant aura la faculté de leur interdire ce droit, s'il « reconnaît que la passion ou l'inexpérience les empêche « de discuter leur cause avec la décence convenable ou « la clarté nécessaire pour l'instruction des juges. »

Dans un ouvrage récent, on a fait observer avec raison que cet article paraît absolument ignoré ; que non seulement certains publicistes ont réclamé contre le monopole des avocats, que plusieurs projets de loi ont expressément proposé de donner aux parties le droit de présenter elles-mêmes leur défense; que toutes ces discussions sont oiseuses, l'article 85 accordant précisément ce droit tant réclamé (l'Ordre des Avocats, par Henry Buteau, pages 300 et suivantes).

Il faut ajouter la disposition de l'article 86.

§ 2. — **Serment.** — **91.** — On a rapporté ci-dessus (nos 76 à 79) les termes du serment de l'avocat et ce qui a trait aux questions disciplinaires, en exprimant ce que doivent être les rapports de la magistrature et du barreau.

§ 3. — Devoirs à l'audience. — 92. — Il convient encore de reproduire les articles 6 à 8 du décret du 2 juillet 1812 qui portent la trace de l'époque où ils ont été écrits et des sentiments du gouvernement d'alors sur le barreau.

Art. 6 : « Lorsque l'avocat chargé de l'affaire et saisi « des pièces, ne pourra, pour cause de maladie, se « présenter au jour où elle doit être plaidée, il devra en « instruire le président par écrit avant l'audience et « renvoyer les pièces à l'avoué ; en ce cas, la cause « pourra être plaidée par l'avoué ou remise au plus « prochain jour ».

Art. 7 : « Il en sera de même lorsqu'au moment de « l'appel de la cause, l'avocat sera engagé à l'audience « d'une autre Chambre du même tribunal séant dans le « même temps ».

Art. 8 : « Hors de ces deux cas, lorsque l'avocat chargé « de l'affaire et saisi des pièces ne se sera pas trouvé à « l'appel de la cause, et que, par sa faute, elle aura été « retirée du rôle et n'aura pu être plaidée au jour indiqué, « il pourra être condamné personnellement aux frais de « la remise et aux dommages-intérêts du retard envers « la partie, s'il y a lieu ».

IV. — Avoué : radiation de la cause

93. — Article 29 du décret du 30 mars 1808 : « Si, au « jour indiqué, aucun avoué ne se présente, ou si celui « qui se présente refuse de prendre jugement, la cause « sera retirée du rôle, sans que l'on puisse accorder « aucune remise, si ce n'est pour cause légitime, auquel « cas il sera indiqué un autre jour.

« Une cause retirée du rôle par le motif ci-dessus
« énoncé ne pourra être rétablie que sur le vu de l'expé-
« dition du jugement de radiation, dont le coût restera
« à la charge personnelle des avoués, qui seront en
« outre tenu de tous dommages-intérêts, et auxquels il
« pourra encore être fait des injonctions suivant les
« circonstances ».

V. — Conclusions et remises de pièces tardives

94. — Les conclusions doivent être signifiées trois
jours au moins avant les plaidoiries (article 70 du décret
du 30 mars 1808).

Il arrive souvent que des conclusions soient signifiées
tardivement. A cet égard une distinction paraît s'imposer.

Si cette signification a été faite moins de trois jours
avant les plaidoiries, la partie adverse peut se prévaloir
du retard, et alors le tribunal, si elle le demande,
remettra la plaidoirie à une audience ultérieure ; il est
utile en effet de laisser le droit de répondre, mais
aussi de permettre à une partie de faire valoir tous ses
moyens.

Le plus souvent les conclusions nouvelles sont prises
au cours des débats et signifiées le même jour après
l'audience. Dans l'intérêt de la vérité, il faut procéder
comme au cas précédent, remettre, si la partie adverse
le réclame, la suite des plaidoiries à une autre audience.

Si enfin les conclusions ne sont prises et signifiées
qu'après la clôture des débats, elles doivent, en principe,
être écartées. Si cependant elles paraissaient importantes et de nature à modifier la physionomie de l'affaire,
le tribunal pourrait exceptionnellement déclarer la
réouverture des débats ; alors tous les droits se trouveraient sauvegardés.

95. — Les pièces produites doivent être communiquées au préalable et la partie adverse peut également solliciter une remise à raison d'une communication tardive (article 87 du décret de 1808). La Cour de cassation a jugé que si, après la mise en délibéré d'une cause, les parties ne peuvent remettre que de si les notes aux juges, ceux-ci peuvent faire état d'une pièce produite, il est vrai, après la clôture, mais dont l'apport avait été précédemment ordonné par un arrêt interlocutoire et que les parties avaient, d'un commun accord, acceptée. (Cass. req., 29 avril 1890 ; Sirey, 1893, 1, 511).

VI. — Cessation des plaidoiries

96. — Article 34 du décret du 30 mars 1808 : « Lorsque « les juges trouveront qu'une cause est suffisamment « éclaircie, le président devra faire cesser les plaidoiries ».

Cette disposition est d'une application rare : mais on conçoit que cependant il peut en être fait usage et qu'il est bon de l'avoir sous les yeux en cas de besoin.

VII. — Exécution provisoire

97. — On connaît l'article 135 (Proc. civ.) qui prescrit aux juges d'ordonner l'exécution provisoire, s'il y a titre authentique, promesse reconnue, ou condamnation précédente par jugement dont il n'y ait point d'appel.

En fait il se présente souvent que le demandeur, nanti d'une reconnaissance sous-seings privés, sollicite condamnation par défaut avec exécution provisoire. Y a-t-il, dans l'espèce, promesse reconnue l'autorisant ? Non, car si le demandeur se prévaut d'un titre, ce titre peut être méconnu ; dans tous les cas, il n'y a pas promesse reconnue au sens de la loi, puisque l'écrit peut être contesté, soit dans son écriture, soit dans sa portée.

VIII. — Intérêts moratoires ; demande en justice

98. — Aux termes de l'article 1153 (Code civil), les intérêts moratoires ne sont dus que du jour de la demande, excepté dans le cas où la loi les fait courir de plein droit.

Un arrêt de Cassation du 28 avril 1891 (Sirey, 1891, 1, 216) confirmant d'ailleurs une jurisprudence antérieure, décide que, pour faire courir les intérêts du jour de la demande, il n'est pas nécessaire d'y conclure formellement ; que la demande du capital suffit.

La doctrine paraît non moins unanime pour admettre l'opinion contraire, c'est-à-dire la nécessité de conclusions spéciales relatives aux intérêts ; celles qui sont relatives au capital n'ayant d'effet que pour le capital : suivant les auteurs, la doctrine contraire viole la disposition de l'article 1153.

Citons notamment Aubry et Rau (t. IV § 308, note 13:) Demolombe, (*Obligations*, t. 1er, nos 626 et 627) ; Larombière, (sur l'art. 1153, n° 21 ;) Marcadé, (sur l'art. 1153, n° 3) ; Colmet de Santerre, (sur Demante, t. 5, n° 70 *bis* VIII).

L'opinion de la doctrine paraît devoir être suivie ; les juges statueraient *ultra petita*.

IX. — Enquête : commission rogatoire au juge de paix

99. — L'article 1035 (proc. civ.) autorise les tribunaux à commettre un juge de paix de l'arrondissement, notamment pour procéder à une enquête. Les enquêtes sont coûteuses, surtout à raison des frais de transport des témoins. Lorsqu'ils seront éloignés, que l'affaire n'offrira pas une délicatesse particulière, que le juge de paix sera soigneux et intelligent, les tribunaux pourront avec avantage user de cette disposition, trop peu employée, de l'article 1035.

Voici à peu près comment on pourra formuler le dispositif, après avoir visé l'article 1035 : « Commet « pour procéder aux enquêtes et contre-enquêtes, le « juge de paix du canton de... ; dit que, par les soins du « greffier de la justice de paix, les procès-verbaux « seront transmis, sous pli recommandé, au greffe du « tribunal civil... »

X. — Expertise

100. — On renvoie au mot *Expertise*.

XI. — Premier ou dernier ressort : matière ordinaire ou sommaire

101. — Des circulaires anciennes ont recommandé d'insérer toujours, en tête du dispositif, une mention relative à ces deux objets, c'est-à-dire à la question du ressort et de la matière ; ces prescriptions sont souvent négligées et à tort ; elles fournissent aux parties une indication sujette, il est vrai, à réformation par la Cour d'appel, relativement à la faculté de faire appel ; et au juge taxateur, en ce qui concerne la taxe. Cette dernière indication est, elle aussi, provisoire ; comme elle tient à la matière de la taxe, elle pourrait, comme la taxe elle-même, être contesté par la voie d'opposition à taxe (voir ci-dessous le § XVII relatif à la taxe). Mais elle peut fournir, à l'audience même, lors du prononcé du jugement, matière à observations et on peut éviter ainsi, soit par les observations échangées, soit par

l'autorité de la décision du tribunal, une opposition
ultérieure à la taxe.

XII. — Défaut profit joint

102. — On admet généralement que le jugement
définitif rendu après le jugement de défaut profit joint,
n'a pas besoin, lorsqu'il est de nouveau prononcé par
défaut, d'être signifié par un huissier commis. En effet,
il n'est plus susceptible d'opposition.

XIII. — Jugement par défaut ; assistance judiciaire ; huissier d'un autre arrondissement.

103. — Sur la question de savoir comment on doit
procéder lorsque, pour signifier un jugement par défaut,
il y a lieu de commettre un huissier d'un autre arrondissement, voir au mot *Assistance judiciaire* (n° 65).

XIV. — Ventes judiciaires

§ 1er. — **Minimum d'enchères.** — **104**. — En ce qui
concerne la fixation d'un minimum d'enchères, voir au
mot *Successions* (n° 435).

§ 2. — **Renvoi devant notaire.** — **105**. — Relativement à la question de renvoi de la vente devant notaire,
voir au mot *Saisie immobilière* (n° 379).

§ 3. — **Adjudication ; résumé des procédures ; délais
pour l'adjudication.** — **106**. — Il est opportun de
résumer à cette place quelques dispositions relatives
aux ventes judiciaires ordonnées par le tribunal, et
spécialement aux délais fixés pour l'adjudication.

1° **Saisie réelle.** — **107**. — Résumé de la procédure :

Saisie; — dénonciation au saisi: — transcription. — Dans les vingt jours de la transcription, dépôt du cahier des charges (art. 690). — Dans les huit jours, sommation au saisi et aux créanciers inscrits (art. 691, 692). — Trente jours au plus tôt et quarante jours au plus tard après le dépôt, lecture du cahier des charges, art. 694).

Lors de la lecture du cahier des charges, le tribunal statue sur les dires et fixe *le jour de l'adjudication qui sera 30 jours au moins et 60 jours au plus après la lecture* (art. 695).

Affiches : — adjudication (art. 702). — Elle pourra être remise pour cause grave sur la demande du poursuivant, d'un créancier ou du saisi; le jugement fixera alors *la nouvelle date entre 15 et 60 jours de délai* art. 703).

2° **Surenchère sur saisie** (art. 708). — **108**. — L'adjudication doit avoir lieu à la première audience après la quinzaine qui suit la dénonciation de la surenchère. Si ce délai est insuffisant, les juges pourront, à l'audience fixée, indiquer une audience ultérieure (Cass. 20 novembre 1854). Suivant le formulaire de Chauveau et Glandaz, au cas de surenchère le tribunal ne prononce pas d'autre jugement que celui d'adjudication sur surenchère. Suivant un autre système, au jour fixé par la dénonciation, le tribunal se borne à valider la surenchère et à fixer le jour de l'adjudication.

3° **Moyens de nullité**. — **109**. — Ceux antérieurs à la publication seront proposés au moins trois jours avant la publication; ceux postérieurs seront proposés au moins trois jours avant l'adjudication (art. 728, 729).

4° **Vente sur conversion**. — **110**. — Elle doit être demandée par tous les intéressés majeurs et maîtres de leurs droits. Avant la sommation aux créanciers, ce sont *le poursuivant et le saisi*; après la sommation, ce sont, en outre, les créanciers (art. 743). Les tuteurs, mineurs émancipés assistés et tous administrateurs légaux ont aussi le droit de la demander ou de s'y adjoindre (art. 744).

Rapport d'un juge à l'audience ; conclusions du ministère public. Le tribunal renvoie l'adjudication devant un notaire ou un juge du siège ou d'un autre tribunal : *il fixe le jour de la vente* (art. 746).

La loi n'indique pas le délai pour la vente : il est dit au répertoire Dalloz (v° *Vente publique d'immeubles*, n° 1420), et avec raison, qu'on n'a pas à observer les mêmes délais que pour la vente sur saisie, mais ceux fixés pour les ventes volontaires ; et, en effet, c'est bien une vente volontaire. Donc, par analogie avec la vente des biens de mineurs, on devra observer l'article 959 (proc. civ.) qui prescrit d'apposer les affiches 15 jours au moins et 30 jours au plus avant l'adjudication.

5° **Surenchère sur aliénation volontaire**. — (art. 832 et suiv. proc. civ.). — **111**. — Le jugement valide la surenchère, reçoit la caution et ordonne la vente, mais *sans fixer le jour de l'adjudication*.

6° **Vente de biens de mineurs**. — (art. 953 et suiv. proc. civ.). — **112**. — Avis du conseil de famille. — Si le tribunal l'homologue sans expertise, il décide si la vente aura lieu, soit devant un ou plusieurs notaires, soit devant un juge : il peut aussi commettre un autre tribunal.

Il fixe la mise à prix, mais *n'indique pas le jour de l'adjudication*, il est fixé seulement par les affiches ; en effet il doit être éloigné au moins d'un mois du jour de la sommation au subrogé-tuteur (art. 962).

En cas de baisse de mise à prix, *le tribunal fixe la date de l'adjudication* : le délai doit être d'au moins 15 jours (art. 963).

Pour la surenchère, l'article 965 renvoie à la surenchère en matière de saisie.

7° **Licitation.** — **113**. — La vente sera renvoyée devant un juge ou un notaire (art. 970). Le tribunal fixe la mise à prix avec ou sans expertise, *mais non le jour de l'adjudication*. Analogie avec les ventes de biens de mineurs.

XV. — Signature des jugements ; décès

111. — La prescription de la loi, à cet égard, est la suivante : le président et le greffier, suivant l'article 138 (proc. civ.), signeront la minute de ce jugement aussitôt qu'il sera rendu.

Le décret du 30 mars 1808 a encore aggravé cette disposition en édictant, dans son article 36, que cette signature devra être donnée dans les vingt-quatre heures.

Suivant l'article 37, si le président n'a pas signé dans ce délai, le plus ancien juge ayant assisté à l'audience doit signer à sa place dans un nouveau délai de vingt-quatre heures.

Enfin, d'après l'article 38, si ces deux délais ont été passés sans signature, il en est référé à la première chambre de la Cour qui pourra, sur les conclusions du procureur général, autoriser un autre juge à signer.

Notons que ces dispositions se réfèrent aux Cours d'appel.

Ajoutons enfin que, si c'est le greffier qui est empêché, il suffira que le président en fasse mention en signant.

En ce qui concerne les tribunaux, l'article 74 du décret se réfère aux délais des articles 36 et 37. Si les signatures ne sont pas données dans les délais, on en réfère à la Cour qui statue ainsi qu'il vient d'être dit.

Il est à peine besoin de dire qu'il est heureux que ces dispositions ne soient pas prescrites à peine de nullité, car l'application en serait impossible, si l'on considère que souvent le président rédige son jugement après l'avoir prononcé et que le greffier a encore à la transcrire sur la feuille.

Mais ces dispositions peuvent nous servir dans une autre hypothèse ; c'est celle où le magistrat président est décédé avant d'avoir signé un jugement ; il est certain qu'on devrait, par analogie, procéder ainsi qu'il est dit à l'article 38.

XVI. — Qualités ; règlement

115. — Les art. 142 à 145 (proc. civ.) prescrivent ce qui a trait à la rédaction et à la signification des qualités, ainsi qu'à l'opposition formée aux dites qualités et au règlement qui en est fait par le président.

Le magistrat devant qui l'avoué présente des qualités à régler doit d'abord vérifier s'il a siégé dans l'affaire ; car son règlement vicierait la procédure s'il en était autrement.

Il doit, en second lieu, s'il y a défaut, ce qui est le cas ordinaire, vérifier si l'avenir en règlement est régulier.

S'il n'y a pas de contestation réelle ou s'il y a défaut, l'ancienne formule à mettre par le magistrat est celle-ci : « Bon à expédier », la date et la signature. Il y a pourtant des magistrats qui ont pensé, et avec quelque raison, que, malgré l'usage, cette formule avait l'air un peu disgracieux et quelque peu commercial ; ils ont mis simplement : « Main-levée de l'opposition aux qualités « par défaut contre Mᵉ ... avoué, » ou « contradictoire-ment avec Mᵉ ... avoué ; » date et signature.

Si, ce qui est rare, il y a réellement contestation sur un point quelconque des qualités signifiées, le magistrat les modifie, s'il le juge à propos ; il fait lui-même la modification par renvoi ou par rature sur l'original, et alors il donne main-levée, sous réserve des modifications introduites par lui et qui font désormais corps avec les qualités.

116. — Citons un cas particulier de règlement de qualités.

Le défendeur a fait opposition aux qualités : le demandeur n'a pas suivi sur cette opposition. Lorsqu'il se décide à la faire, l'avoué du défendeur a cessé ses fonctions et le défendeur n'en a pas constitué un autre.

Voici comment on agira. Le demandeur assignera le défendeur à comparaître en personne à jour et heure déterminés devant le président pour se régler sur l'opposition par lui faite aux qualités. S'il ne se présente pas, le président réglera les qualités par défaut contre lui personnellement, en faisant mention de l'assignation.

XVII. — Taxe des dépens : opposition

117. — L'article 6 du second décret du 16 février 1807 porte que l'exécutoire ou le jugement au chef de la liquidation seront susceptibles d'opposition.

L'opposition sera formée dans les trois jours de la signification à avoué avec citation : il y sera statué sommairement. Le jugement sera rendu en chambre du conseil.

Une question assez importante doit être traitée à cette place. On a dit plus haut qu'il était bon que le jugement indiquât s'il statuait en matière ordinaire ou sommaire. Si une partie conteste la décision du tribunal sur ce point, doit-elle l'attaquer par la voie de l'appel ou de l'opposition ?

La solution, bien que fort controversée, ne semble

guère douteuse. L'article 6 précité dit expressément que la disposition du jugement qui liquide les dépens est sujette à opposition, et la raison est que cette liquidation est faite sans contradiction. Or, dire que la taxe sera faite en matière ordinaire ou sommaire, n'est-ce pas absolument la même hypothèse ? Il s'agit d'une décision relative à la taxe et cette décision a été rendue sans contradiction. Ce n'est plus un article seulement de la taxe qui est contesté, c'est le principe même de la taxe ; pourquoi ne pas procéder de même ?

Voici quelques arrêts sur cette question dans le Recueil de Sirey : 1853, 2, 195 ; — 1844, 2, 374 ; — 1843, 1, 616 et 780.

AUDIENCE CORRECTIONNELLE

I. — Confiscation

118. — *En matière de* **Chasse** ; *loi du 3 mai 1844, article 16 :*

Confiscation des filets, engins et autres instruments de chasse.

Destruction des instruments de chasse prohibés.

Confiscation des armes, excepté dans le cas où le délit aura été commis par un individu muni d'un permis de chasse, *dans le temps où la chasse est autorisée.*

La jurisprudence admet que cette dernière expression doit être entendue en un sens très large ; ainsi, que la confiscation doit être prononcée au cas de chasse en temps de neige ou de nuit : (Dalloz, loi du 3 mai 1844 annotée ; art. 16 ; nᵒˢ 61 et suivants).

En matière de **Pêche** ; *loi du 15 avril 1829 :*

Art. 24 : Saisie et destruction d'appareils ayant servi à barrer une rivière ;

Art. 29 : Confiscation des engins prohibés ou de dimensions non autorisées ;

Art. 30 : Confiscation des poissons n'ayant pas les dimensions réglementaires.

En matière **Forestière** ; *art. 198 du Code forestier :*

Confiscation des scies, haches, serpes, cognées et autres instruments de même nature.

II. — Contrainte par corps : loi Bérenger

119. — *Durée de la contrainte par corps : loi du 22 juillet 1867, articles 9 et 18 :*

En matière ordinaire :

De deux à vingt jours, lorsque l'amende et les autres condamnations n'excèdent pas 50 francs ;

De vingt à quarante jours, lorsqu'elles sont supérieures à 50 francs et qu'elles n'excèdent pas 100 francs ;

De quarante à soixante jours, lorsqu'elles sont supérieures à 100 francs et qu'elles n'excèdent pas 200 francs ;

De deux à quatre mois, lorsqu'elles sont supérieures à 200 francs et qu'elles n'excèdent pas 500 francs ;

De quatre à huit mois, lorsqu'elles sont supérieures à 500 francs et qu'elles n'excèdent pas 2.000 francs.

D'un à deux ans, lorsqu'elles s'élèvent à plus de 2.000 francs.

En matière de simple police, la durée de la contrainte par corps ne pourra excéder cinq jours.

En matière forestière et de pêche fluviale, la durée de la contrainte par corps est fixée par le jugement dans les limites de huit jours à six mois.

120. — *Circulaire ministérielle du 16 janvier 1892 :* extrait : «...Enfin pour permettre de calculer la durée de « la contrainte par corps, il importe que les tribunaux « déterminent dans les jugements la part de contrainte « afférente à l'amende dont le recouvrement est suspendu. « Vous voudrez bien, Monsieur le Procureur Général, appe- « ler sur ce point l'attention de Messieurs les présidents. « Dans le cas cependant où le jugement ne contiendrait « pas la répartition dont il s'agit, deux hypothèses sont « à envisager : ou le jugement fixera une durée déter- « minée à la contrainte par corps pour l'ensemble et la « totalité des condamnations prononcées ; il y aura lieu

« alors de demander à la juridiction qui l'a prononcée,
« l'interprétation de sa décision ; ou bien le jugement se
« bornera à fixer au minimum la durée de la contrainte ;
« il conviendra, dans ce cas, de calculer cette durée en
« déduisant des sommes à recouvrer, le montant de
« l'amende suspendue ».

En somme, l'application est facile. Il y aura deux contraintes par corps à prononcer, l'une pour le paiement des dépens exigibles dès à présent, l'autre pour le paiement de l'amende recouvrable éventuellement.

La circulaire fait allusion au cas où le tribunal s'est borné à fixer la contrainte « au minimum ». C'est là un mode de procéder irrégulier. Les jugements, surtout les jugements correctionnels, alors qu'ils édictent une atteinte à la liberté, doivent être d'une précision qui ne laisse aucune place à l'interprétation ; ils doivent énoncer expressément la durée en jours ou mois de la contrainte par corps. Sans doute, dans le prononcé oral du jugement, le président peut se borner à cette indication de minimum ou de maximum ; il est même prudent de le faire ainsi ; car le montant des frais qui détermine la limite du minimum et du maximum n'est pas encore établi et on ne peut savoir à quel chiffre il s'élèvera. Mais dans la rédaction définitive du jugement, la durée de la contrainte doit être fixée exactement en jours ou mois.

III. — Cumul ou non cumul des peines

121. — L'article 365 du Code d'instruction criminelle pose en ces termes le principe du non cumul des peines : « En cas de conviction de plusieurs crimes ou délits, « la peine la plus forte sera seule prononcée. »

L'étendue de cette disposition a été et est même encore controversée. Sans entrer dans la discussion et l'exposé doctrinal des différents systèmes soutenus à ce sujet, on se bornera à exposer la théorie qui paraît la plus exacte et la plus rationnelle.

On est d'abord d'accord que si la disposition s'applique aussi bien en matière de délits qu'en matière de crimes, elle est inapplicable aux contraventions.

122. — La controverse a porté sur la question de savoir si elle est applicable aux lois postérieures au Code pénal. Il semble qu'on ne doit pas hésiter à la trancher dans le sens de l'affirmative. Le Code d'instruction criminelle a été promulgué en 1808, le Code pénal en 1810 ; pourquoi appliquer l'article 365 aux infractions réprimées par le Code pénal et y soustraire les lois répressives postérieures ? La raison ne se perçoit pas. Il faut admettre que le Code d'instruction criminelle a posé des principes généraux régissant toutes les matières pénales. Voilà le principe.

123. — Il faut en dire autant en ce qui concerne les lois antérieures, question également controversée. La raison de décider est la même. La solution contraire paraît cependant dominer en matière de pêche fluviale (voir Dalloz, Code de la pêche annoté, loi du 15 avril 1829, art. 69, n° 17 et suivants). C'est, paraît-il, à tort : car la raison de cette restriction ne se comprend pas, ainsi qu'il sera expliqué ci-dessous (n° 126).

124. — Une certaine doctrine a voulu encore faire une distinction entre les délits ordinaires et ce qu'on a appelé les délits contraventionnels. Est-ce à cause de cette qualification de *délits contraventionnels* ? Elle a simplement pour objet d'exprimer que les faits ainsi qualifiés sont punissables même sans l'élément intentionnel. Mais ces infractions sont bien des délits frappés de peines correctionnelles et non des contraventions. On

saisit d'autant moins la raison d'être de cette opinion
qu'il semble que la disposition, toute de faveur, de l'article 365 devrait s'appliquer surtout à des délits où l'intention est absente.

125. — On reconnaît que la disposition du non cumul
s'applique soit aux amendes, soit aux peines corporelles.
Mais on a soulevé la question de savoir si on devait y
faire exception pour les amendes qui, en certaines
matières, telles que les douanes, les octrois, les contributions indirectes, participent à la fois de la peine et de
la réparation civile. La jurisprudence paraît fixée dans
le sens de l'exception. M. Villey, dans une note intéressante et qui développe la solution proposée ci-dessus
(Sirey, périod, 1876, 1, 19), tout en s'inclinant en fait
devant cette jurisprudence, la conteste en droit, et avec
raison, semble-t-il. En somme, la pénalité consiste en
une amende et l'amende est une peine.

126. — La majorité des opinions admet aussi une
exception en matière de pêche fluviale; le motif serait
que l'article 64 de la loi du 15 avril 1829, en renvoyant à
diverses dispositions du Code d'instruction criminelle,
n'y fait pas figurer celle de l'article 365. L'argument est
insuffisant. Il était en effet inutile de rappeler tous les
principes de la législation pénale, et le non cumul des
peines est l'un de ces principes; (voir en ce sens Dalloz,
sur la loi de 1829 annotée, art. 64, n° 2 ; art. 69, n° 18 et
suivants). Un arrêt de Nancy du 15 avril 1886 (Dalloz,
1886, 2, 119) a déclaré l'article 365 applicable en cette
matière.

127. — La même controverse s'est élevée en matière
de délits forestiers. On se prévaut aussi de l'article 187 du Code forestier rédigé dans le même sens
que l'article 64 de la loi de 1829 ; on peut étudier la

controverse dans le commentaire de Dalloz sous l'art. 187 (n°° 99 et suivants) du Code forestier. Pour les amendes l'opinion, presque unanime, est qu'elles se cumulent, à raison de leur caractère très spécial, analogue à celui des contraventions. Pour les peines d'emprisonnement, la controverse est plus vive.

128. — En résumé, il semble que les seules exceptions qui puissent être faites, et encore quelques-unes sont-elles contestables, s'appliqueraient, soit aux amendes en matière fiscale, soit aux amendes pour délits de pêche et délits forestiers.

129. — Après avoir établi cette théorie générale sur le principe du non cumul de peines, il reste à en indiquer le mécanisme.

Si toutes les infractions sont poursuivies ensemble, l'application est relativement facile ; le tribunal appliquera seulement la disposition la plus sévère, sans pouvoir en dépasser le maximum.

Pour déterminer quelle est la peine la plus forte, on doit toujours considérer la peine d'emprisonnement comme plus sévère que la peine d'amende.

Par application de ce principe, si l'une des infractions est punie d'une simple amende et l'autre d'une peine d'emprisonnement sans amende, on ne pourra prononcer à la fois l'amende et l'emprisonnement ; cette dernière peine sera exclusive de l'amende. On pourra prononcer l'amende seule, par application de la disposition qui édicte l'emprisonnement, en la modifiant par l'art. 463 du Code pénal qui permet, à raison des circonstances atténuantes, de substituer l'amende à l'emprisonnement.

Ces mêmes règles devront être observées au cas où les infractions ne sont pas jugées en même temps.

Mais d'abord dans quel cas l'article 365 sera-t-il applicable ? Toutes les fois qu'au moment où le second délit a été commis, la décision qui a réprimé le premier n'était pas devenue définitive, par exemple, est encore susceptible d'appel ou d'opposition. Si elle était devenue définitive, ce ne serait plus l'hypothèse de l'article 365.

On devra se conformer exactement aux règles formulées ci-dessus, de façon que le prévenu ne supporte pas une peine supérieure au maximum de la peine la plus forte.

Il est à peine besoin d'indiquer que la seconde décision peut revêtir deux formes différentes. Supposons deux délits de vol; la première décision prononce une peine de trois années d'emprisonnement; la seconde peut prononcer cinq années en disant qu'il y aura confusion; ou appliquer deux ans, en exprimant qu'il n'y aura pas confusion. Le résultat sera le même. Il suffit que le maximum de cinq années ne soit pas dépassé.

L'application de ces principes pourra amener des solutions bizarres. Supposons une première condamnation à l'amende pour délit de chasse prévu par l'article 11 de la loi du 3 mai 1844, article qui n'édicte qu'une peine d'amende. Avant que cette condamnation ne soit devenue définitive, le même prévenu est poursuivi pour vagabondage ou mendicité, en vertu des articles 271 et 274 du Code pénal qui ne prononcent qu'une peine d'emprisonnement. La seconde décision ne pourra pas prononcer l'emprisonnement; car la première décision pouvant ne pas être réformée, le prévenu aurait subi à la fois les pénalités de chacune des dispositions précitées : on ne pouvait prononcer que l'emprisonnement ou l'amende substituée par l'article 463.

Il importe encore de remarquer que, si la peine prononcée en vertu de la première disposition est plus forte que celle de la seconde, on pourra bien épuiser le maximum de la seconde, mais sans le dépasser, alors même que ce maximum, ajouté à la première condamnation, n'atteindrait pas le maximum de la première disposition.

IV. — Détention préventive : imputation

130. — L'article 24 du Code pénal, modifié par la loi du 15 novembre 1892, pose le principe de l'imputation de la détention préventive sur la durée de la peine prononcée, « à moins, ajoute la loi, que le juge n'ait ordonné, « par disposition spéciale et motivée, que cette imputa-« tion n'aura pas lieu ou qu'elle aura lieu que pour « partie. »

Cette dernière disposition a soulevé dans la pratique une difficulté dont il convient de parler ici, mais qu'on doit considérer comme insoluble. Si le tribunal veut disposer que l'imputation n'aura pas lieu, il doit motiver cette décision ; mais comment la motiver ? Supposons des chiffres : la détention préventive a duré dix jours ; le tribunal estime que le fait comporte une peine d'un mois d'emprisonnement. Il peut assurément prononcer cette peine ; l'imputation se fera de droit. Mais il peut aussi prononcer un emprisonnement de vingt jours, en ajoutant que l'imputation n'aura pas lieu. Quels motifs peut-il donner à l'appui ? Évidemment il ne peut en donner d'autres que celui-ci, c'est qu'étant donnés le fait et ses circonstances, il estime que la peine doit s'élever à un mois d'emprisonnement. Le seul motif possible, c'est donc l'exposé de fait lui-même et on ne peut l'exprimer que dans des termes généraux tels que ceux-ci : « Vu « les circonstances de fait qui viennent d'être exposées... » Or, la Cour de cassation a apprécié que ces formules générales ne remplissaient pas le vœu de la loi ; que le motif était insuffisant. Il paraît cependant difficile de motiver autrement qu'en se référant aux circonstances de la cause. On peut développer ce considérant : ce sera, en somme, toujours identique. Il sera donc, en résumé, préférable de laisser toujours l'imputation se faire, en tenant compte, pour la fixation de la peine, de la durée de cette détention. En réalité c'est une question de somme analogue à celle relative à la formule du second jugement lors qu'il y a lieu à l'application de l'article 365 du Code d'instruction criminelle.

V. — Exception préjudicielle

131. — Le principe de cette exception est posé dans l'article 182 du Code forestier. Les questions relatives a cette matière sont traitées par les commentateurs soit sous l'article 182 précité, soit sous l'article 3 du Code d'instruction criminelle.

VI. — Expulsion du prévenu

132. — L'article 10 de la loi du 9 septembre 1835 sur les Cours d'assises est ainsi conçu : « La Cour pourra « faire retirer de l'audience et reconduire en prison tout « prévenu qui, par des clameurs ou par tout autre moyen « propre à causer du tumulte, mettrait obstacle au libre « cours de la justice ; et, dans ce cas, il sera procédé aux « débats et au jugement comme il est dit aux deux « articles précédents ».

Le sens général des dits articles est qu'après chaque audience, il doit être donné connaissance à l'accusé du procès-verbal des débats et que les réquisitoires et arrêts doivent lui être signifiés. Les arrêts sont alors réputés contradictoires.

Une décision rapportée dans la *Gazette du Palais* juillet 1895) déclare l'article 10 sus rapporté applicable à la police correctionnelle. Il n'est assurément pas applicable dans sa lettre, puisqu'il est spécial aux Cours d'as

sises ; mais le tribunal correctionnel peut se trouver
en face de tel prévenu dont l'attitude rende impossibles
les débats ; rien alors ne s'oppose à ce, qu'à titre d'analogie et pour sortir d'une situation difficile, on applique
la disposition en question. Il peut être utile de l'avoir
présente à l'esprit.

VII. — Foi due aux procès-verbaux, en matière correctionnelle

133. — L'article 154 du Code d'instruction criminelle
pose le principe général de la matière.

On distingue deux séries de procès-verbaux :

1° *Faisant foi jusqu'à inscription de faux :*

Greffiers, agents forestiers, agents des contributions
indirectes et de l'octroi; agents de la pêche fluviale.

Relativement à ces derniers, il convient de noter la
disposition des articles 53 et 54 de la loi du 15 avril
1829 : si le procès-verbal est rédigé par deux agents, il
fera foi jusqu'à inscription de faux ; il n'en sera ainsi
pour le procès-verbal rédigé par un seul agent que si
le délit n'entraine pas une condamnation de plus de
50 fr., tant pour amende que pour dommages-intérêts.

2° *Faisant foi jusqu'à preuve contraire :*

Préfets, maires, gardes-champêtres, commissaires de
police, gendarmes (pour ces derniers voir Cass. crim.,
29 août 1875, Sirey, 1876, 1, 236).

Tous autres procès-verbaux dressés soit par d'autres
agents, soit en dehors des conditions écrites dans l'article 154, n'auront que la valeur de simples renseignements.

L'arrêt de 1875 rapporté ci-dessus a cassé une décision qui avait admis que les procès-verbaux de gendarmerie faisaient foi jusqu'à inscription de faux.

VIII. — Mineurs de 16 ans : amendes en matière fiscale

134. — L'article 69 du Code pénal veut qu'au cas où le mineur de seize ans, qui a commis un délit, est reconnu avoir agi avec discernement, la peine prononcée contre lui ne puisse s'élever au-delà de la moitié de celle à laquelle il aurait pu être condamné, s'il avait eu seize ans.

Cette disposition de faveur s'applique-t-elle même aux amendes en matière fiscale que la jurisprudence tend à considérer plutôt comme des réparations civiles que comme des amendes ? Elle incline, pour ce motif, à écarter l'application de l'article 69 (Sirey, 1856, I, 634).

En cette matière, comme lorsqu'il s'est agi de l'application du principe du non cumul des peines, on ne peut méconnaître que ces distinctions paraissent un peu artificielles. La loi est formelle, elle ne fait pas de distinction et s'applique aux peines pécuniaires comme aux peines corporelles. Comment peut-on s'autoriser de considérations sur le caractère plus ou moins pénal des amendes, alors qu'enfin ce sont bien des amendes, pour se refuser à appliquer une loi de faveur, en matière fiscale ?

L'article 69 doit donc être appliqué d'une façon générale.

IX. — Publicité ; cartes d'entrée ; huis-clos ; enceinte réservée

135. — *Constitution du 4 novembre 1848, article 81, § 2 :* « Les débats sont publics, à moins que la publicité « ne soit dangereuse pour l'ordre ou les mœurs, et, dans « ce cas, le tribunal le déclare par un jugement ».

Circulaire du Garde des sceaux du 21 octobre 1887 :

« Dans toutes les salles où siègent les Cours d'assises,
« il est d'usage de réserver une enceinte spéciale aux
« personnes qui, à raison de leurs fonctions ou de leur
« situation (magistrats, jurés de la session, membres du
« barreau, journalistes), ont intérêt à assister aux
« débats judiciaires.

« Cet emplacement doit être restreint, et, dans aucun
« cas, il ne saurait comprendre plus de la moitié de la
« salle d'audience. Quant à l'autre partie, il est indispen-
« sable que le public y ait librement accès.

« Cependant à l'occasion de certains procès retentis-
« sants, des présidents ont cru pouvoir faire des
« distributions de cartes en telle quantité que la salle
« s'est trouvée à peu près entièrement remplie au moment
« de l'ouverture des portes au public.

« Cette manière de procéder doit être abandonnée, elle
« est de nature à entraîner de graves inconvénients ;
« elle peut modifier le caractère que doivent toujours
« conserver les audiences judiciaires et porter ainsi
« atteinte à la dignité de la justice ; elle pourrait exposer
« en outre les magistrats à d'injustes critiques. Enfin
« elle est contraire à l'un des principes essentiels de
« notre Code d'après lequel les débats doivent être
« entourés d'une publicité aussi complète que possible.

« Il importe qu'à l'avenir il ne soit délivré de cartes
« spéciales que pour l'enceinte réservée et aux seules
« personnes que leur qualité désigne pour en recevoir.

« Il est évident que ces observations, bien que visant
« plus spécialement les audiences des Cours d'assises,
« s'appliquent également aux audiences des autres juri-
« dictions.

« Je saisis cette occasion pour vous signaler une pra-
« tique défectueuse à laquelle donnent lieu parfois les
« affaires dans laquelle la Cour ou le tribunal a ordonné
« le huis-clos.

« Il s'est présenté des cas où, cette mesure ayant été
« prescrite, le président s'est cru autorisé à établir des
« exceptions en faveur de certaines personnes.

« C'est là un véritable abus. On ne saurait admettre
« en effet qu'il soit loisible au président d'exécuter en
« partie l'arrêt ou le jugement qui, dans les cas prévus
« par l'article 81 de la Constitution du 4 novembre 1848,
« a interdit l'accès du public à l'audience, ou qu'il dépende
« de ce magistrat de créer une situation mixte qui n'est
« ni le huis-clos ni la publicité.

« L'interdiction ordonnée doit donc être appliquée
« d'une manière rigoureuse et s'étendre, dès lors, à
« toute personne dont la présence n'est pas absolument
« indispensable aux débats. »

Dernière circulaire du mois de février 1891 : « Il est
« arrivé à diverses époques que, dans des affaires qui
« ont passionné l'opinion publique, des présidents de
« Cours d'assises ont cru devoir réserver des places de
« faveur à des personnes étrangères aux habitudes judi-
« ciaires, et qui n'ont assisté aux audiences que pour
« satisfaire leur curiosité, ou y rechercher les émotions
« que peuvent provoquer certains débats criminels.

« Que ces places aient été données dans l'enceinte
« réservée, ou qu'elles aient été prises dans la partie de
« la salle destinée au public, trop souvent les intérêts
« aussi bien que la dignité de la justice ont eu à souffrir
« de cette pratique abusive.

« Quatre de mes honorables prédécesseurs se sont élevés
« contre elle (circulaires des 7 juillet 1844, 14 mai 1852,
« 14 décembre 1859 et 21 octobre 1887).

« Si, malgré leur intervention, cette pratique subsiste
« encore aujourd'hui dans quelques ressorts, cela tient
« à ce que les instructions de ma chancellerie semblent
« avoir eu pour but plutôt d'en limiter que d'en suppri-
« mer l'usage.

« Le moment me paraît venu de faire cesser toute
« incertitude et de mettre définitivement un terme à un
« état de choses qui n'a pas été, d'ailleurs, sans sou-
« lever de légitimes protestations.

« A l'avenir devront seuls être admis dans l'enceinte
« réservée :

« 1° Les magistrats ;

« 2° Les jurés de la session ;

« 3° Les témoins, les experts et les interprètes ;

« 4° Les membres du barreau ;

« 5° Les membres de la presse chargés des comptes
« rendus judiciaires. .

« Le reste de la salle sera livré au public, et MM. les
« présidents ne délivreront à personne ni carte, ni
« autorisation y donnant droit à une place privilégiée,
« ou permettant de s'y introduire avant l'heure où les
« portes sont ouvertes à tous.

« Ces instructions ne sont pas spéciales aux audiences
« des Cours d'assises. Elles sont également applicables
« aux audiences civiles et correctionnelles. Là aussi il
« importe de ne pas laisser dénaturer le caractère des
« débats par des mesures qui peuvent porter atteinte,
« soit au respect qui est dû à quiconque place son
« honneur ou ses intérêts sous la protection de la justice,
« soit à la libre défense des prévenus. »

X. — Responsabilité civile

136. — Le maître est responsable du fait de son
domestique commis dans l'exercice de ses fonctions,
même s'il n'a pu l'empêcher.

Il n'est pas responsable, si le délit a été commis en
dehors de ses fonctions, s'il s'agit, par exemple, de coups
portés par le domestique dans une rixe provoquée par
un fait étranger au service auquel il avait été préposé.

(Dalloz, Code civil annoté, art. 1384, n°° 105 et suivants, 122 et suivants).

XI. — Signature des jugements : décès

137. — Aux termes de l'article 196 du Code d'instruction criminelle, la minute des jugements correctionnels est signée par tous les juges qui les ont rendus, dans les vingt-quatre heures.

On a expliqué, en parlant de l'audience civile, qu'il est impossible matériellement d'observer cette disposition qui, complétée par les articles 37, 38 et 74 du décret du 30 mars 1808, obligerait, presque chaque jour, à recourir à la Cour pour autoriser un juge à signer.

Ainsi qu'on l'a dit pour les jugements civils (n° 114), lorsque le président est décédé avant d'avoir signé un jugement civil, on peut, par analogie appliquer les dispositions des articles précités et dire que la Cour sera appelée à désigner l'un des juges qui signera à la place du président; il est d'ailleurs indispensable que ce soit l'un des juges ayant assisté au jugement.

On a jugé qu'il devait en être de même en matière correctionnelle. Mais il importe de remarquer que, les jugements en cette matière devant être signés par tous les juges qui y ont concouru, c'est l'un de ces juges qui devrait être désigné par la Cour pour signer à la place du magistrat décédé. Ce juge donnerait donc alors deux signatures, l'une pour constater sa présence au jugement, et l'autre pour le magistrat décédé.

S'il s'agit de greffier, voir, par analogie au n° 114 (art. 37 du décret de 1808.)

XII. — Solidarité des dépens

138. — Il a été jugé que, lorsque plusieurs prévenus

ont été condamnés, à raison du même fait, les uns à l'emprisonnement et à l'amende, les autres à l'emprisonnement sans amende, ces derniers sont tenus solidairement des amendes dont les premiers ont été déclarés passibles. (Dalloz, Code pénal annoté, art. 55 n° 96.

XIII. — Supplément d'instruction

139. — Il arrive que les débats à l'audience révèlent une insuffisance de l'instruction. Le tribunal correctionnel peut alors ordonner un supplément d'instruction ; mais il ne peut renvoyer purement et simplement devant le juge d'instruction ; sa décision violerait le principe qu'au ministère public seul il appartient de saisir le juge d'instruction. Il commettrait un excès de pouvoir, s'il le faisait.

Ces principes sont posés dans un arrêt de Cassation du 1er avril 1892, aff. Noel (*Gazette du Palais* du 20 mai 1892 ; année 1892, 1er semestre, page 696).

Le tribunal doit commettre, pour cette information complémentaire, l'un des juges, qui peut être précisément le juge d'instruction, mais qui n'est pas commis en cette qualité.

L'arrêt ajoute que ce doit être l'un des membres du tribunal ayant concouru au jugement. On ne saisit pas les motifs de cette exigence. Il est indispensable, ainsi que le prescrit l'arrêt, que les renseignements recueillis au cours de cette information soient produits en audience publique pour y être l'objet d'une discussion contradictoire ; aucun doute possible sur ce point ; mais il semblerait que la présence du juge commis n'est obligatoire, ni à la première audience, ni à la seconde. D'une part, le jugement précise sa mission ; d'autre part, le résultat de l'information, comme celui de toute l'instruction, est écrit et passe sous les yeux des magistrats en dehors du juge instructeur. Telle est cependant la disposition de l'arrêt et il sera préférable de s'y soumettre.

On pourra, au surplus, consulter le rapport de M. le Conseiller Sallantin relevé au recueil ; dans l'espèce, le juge commis siégeait bien dans l'affaire ; mais le tribunal avait commis non par *M. X... Juge d'instruction*, mais le *Juge d'instruction*. Il importe encore d'observer que le tribunal reste et doit rester saisi de l'affaire.

Voici comment peut être conçu le dispositif du jugement : « Ordonne qu'il sera procédé à une instruction « complémentaire, relativement aux déclarations faites « par le prévenu ; commet, à l'effet d'y procéder, M. le « juge X... ; pour, les renseignements recueillis au cours « de cette information, être produits en audience publique « et y être l'objet d'une discussion contradictoire. »

Cette procédure peut être suivie, soit que le tribunal ait été saisi par ordonnance du juge d'instruction, soit qu'il l'ait été directement par le parquet.

XIV. — Témoins

§ 1. — **Incapacités.** — **140.** — *Témoins incapables.* — L'incapacité s'applique :

1° Aux individus qui sont frappés de la dégradation civique, soit qu'elle ait été prononcée comme peine principale, soit qu'elle résulte d'une condamnation aux travaux forcés, à la détention, à la réclusion ou au bannissement. (Art. 28 et 34 du Code pénal).

2° Aux individus contre lesquels a été prononcée la série d'incapacités énumérées dans l'article 42 du Code pénal.

Ces deux catégories d'individus peuvent être entendus à titre de renseignement et sans serment. (Art. 34 et 42 précités).

141. — Parents. — L'art. 322 du Code d'instruction criminelle fixe les incapacités de cette nature en matière criminelle.

En matière correctionnelle, l'article 189 renvoie purement et simplement à l'article 156 : « Les ascendants ou « descendants de la personne prévenue, ses frères et « sœurs ou alliés en pareil degré, la femme ou son mari, « même après le divorce prononcé, ne seront ni appelés « ni reçus en témoignage, sans néanmoins que l'audition « des personnes ci-dessus désignées puisse opérer une « nullité, lorsque, soit le ministère public, soit la partie « civile, soit le prévenu ne se seront pas opposés à ce « qu'ils soient entendus. »

Dénonciateurs. — Les articles 322 § 6 et 323 (Instr. crim.), règlent ce qui a trait à la déposition des dénonciateurs.

Partie civile. — Il convient de ne pas entendre la partie civile ; mais cette audition n'entraînerait pas nullité, si elle avait eu lieu sans opposition. Elle peut être entendue valablement avant sa constitution comme partie civile.

La prohibition ne s'étend pas aux parents ou alliés de la partie civile.

Tels sont les principes qui paraissent admis. (Voir Rolland de Villargues, sur l'art. 322, Instr. crim., nos 38 et suivants).

Prévenu. — Un prévenu ne peut servir de témoin contre son co-prévenu, tant qu'il est en prévention.

Étranger. — Un étranger peut être entendu comme témoin.

Secret professionnel. — L'article 378 du Code pénal édicte avec une sanction pénale l'obligation du secret professionnel à l'égard des « médecins, chirurgiens et « autres officiers de santé, ainsi que les pharmaciens, « les sages-femmes et toutes autres personnes déposi-

« taires, par état ou profession, des secrets qu'on leur
« confie. » On ne peut que renvoyer aux commentaires
de cette disposition dont l'application est rare.

142. — Témoins défaillants. — L'article 189 (Inst.
crim.) renvoie aux articles 157 et 158 spéciaux à la matière
de simple police, en ce qui concerne le défaut des témoins,
l'amende, la contrainte et le relevé de l'amende. C'est
l'article 80 qui fixe l'amende «qui n'excédera pas cent
francs. »

A citer sur cette matière l'article 236 du Code pénal.

§ 2. — Taxe. — 143. — Voici les principaux textes
relatifs à la taxe des témoins en matière correctionnelle :

Décret du 22 juin 1895 :

Art. 1er. — « Les témoins qui ne sont pas domiciliés à
« plus d'un myriamètre du lieu où ils seront entendus
« n'auront droit à aucune indemnité de voyage ; il pourra
« leur être alloué, sur leur demande, la taxe fixée par
« les articles 27 et 28 du décret du 18 juin 1811.

« Ceux qui sont domiciliés à plus d'un myriamètre du
« lieu de comparution recevront une indemnité de voyage
« qui sera de 10 centimes par kilomètre parcouru en allant
« et autant pour le retour; mais ils n'auront pas droit à
« la taxe mentionnée dans le paragraphe précédent.

Art. 2. — « Si les témoins sont obligés de prolonger
« leur séjour dans la ville où ils auront été entendus
« et où ils n'auront pas leur résidence, ils leur sera
« alloué, pour chaque journée de séjour, une indemnité
« de :

« A Paris, 6 francs.

« Dans les villes de quarante mille habitants et au-
« dessus, 5 francs.

« Dans les autres villes et communes, 4 francs.

Art. 3. — « Sont abrogées les dispositions des décrets

« du 18 juin 1811 et du 7 avril 1813, relatives aux indem-
« nités dues aux témoins, en tant qu'elles sont contraires
« au présent décret . »

Décret du 18 juin 1811 :

Art. 27. — « Pour chaque jour que le témoin aura
« été détourné de son travail ou de ses affaires, il
« pourra lui être taxé, savoir :

« Paris, 2 francs.

« Villes de quarante mille habitants et au-dessus,
« 1 fr. 50.

« Autres villes et communes, 1 franc. »

Art. 28. — « Les témoins du sexe féminin, admis à
« déposer, et les enfants de l'un ou de l'autre sexe au-
« dessous de l'âge de quinze ans, entendus par forme de
« déclaration recevront, savoir :

« Paris, 1 fr. 25.

« Villes de quarante mille habitants et au-dessus,
« 1 franc.

« Autres villes et communes, 0 fr. 75. »

Art. 32. — Tous les témoins qui reçoivent un traite-
« ment quelconque, à raison d'un service public, n'au-
« ront droit qu'au remboursement des frais de voyage,
« s'il y a lieu et s'ils le requièrent, sur le pied réglé
« dans le chapitre VIII ci-après. »

Art. 97. — « La taxe des indemnités de voyage et de
« séjour sera double pour les enfants mâles au-dessous
« de l'âge de quinze ans, et pour les filles au-dessous de
« l'âge de vingt et un ans, lorsqu'ils seront appelés en
« témoignage et qu'ils seront accompagnés, dans leur
« route et séjour, par leurs père, mère, tuteur ou cura-
« teur, à la charge par ceux-ci de justifier de leur
« qualité. »

Art. 135. — « Lorsqu'un témoin se trouvera hors d'état
« de pourvoir aux frais de son déplacement, il lui sera

« délivré par le président de la Cour ou du tribunal du
« lieu de sa résidence, et à son défaut, par le juge de
« paix, un mandat provisoire, à compte de ce qui pourra
« lui revenir pour son indemnité.

« Le receveur de l'enregistrement, qui acquittera ce
« mandat, fera mention de l'à-compte, en marge ou au
« bas de la citation. »

Le président doit-il exiger un certificat d'indigence ?
L'article 135 ne le disant pas, cela semble abandonné à
l'appréciation du magistrat.

La taxe est faite sur la copie du témoin avec indication
que c'est une taxe par provision.

Sur la matière de la taxe, on peut se référer encore
notamment au décret du 21 novembre 1893, chapitre II,
« des honoraires, vacations, frais de transport et de séjour
« des experts médecins. »

Citons encore la circulaire ministérielle du 7 novembre
1861, relative aux médecins et experts.

XV. — Articles du Code Pénal et des lois spéciales, le plus souvent appliqués à l'audience de police correctionnelle.

144. — Code Pénal.

Art. 57. — Quiconque, ayant été condamné pour crime
à une peine supérieure à une année d'emprisonnement,
aura dans un délai de cinq années après l'expiration de
cette peine ou sa prescription, commis un délit ou un
crime qui devra être puni de la peine de l'emprisonnement, sera condamné au maximum de la peine portée
par la loi, et cette peine pourra être élevée jusqu'au
double.

Défense pourra être faite, en outre, au condamné, de

paraître, pendant cinq ans au moins et dix au plus, dans les lieux dont l'interdiction lui sera signifiée par le Gouvernement avant sa libération.

Art. 58. — Il en sera de même pour les condamnés à une peine d'emprisonnement de plus d'une année pour délit qui, dans le même délai, seraient reconnus coupables du même délit ou d'un crime devant être puni de l'emprisonnement.

Ceux qui, ayant été antérieurement condamnés à une peine d'emprisonnement de moindre durée, commettraient le même délit dans les mêmes conditions de temps seront condamnés à une peine d'emprisonnement qui ne pourra être inférieure au double de celle précédemment prononcée, sans toutefois qu'elle puisse dépasser le double du maximum de la peine encourue.

Les délits de vol, escroquerie et abus de confiance seront considérés comme étant, au point de vue de la récidive, un même délit.

Il en sera de même des délits de vagabondage et de mendicité.

Art. 59. — Les complices d'un crime ou d'un délit seront punis de la même peine que les auteurs mêmes de ce crime ou de ce délit, sauf les cas où la loi en aurait disposé autrement.

Art. 212. — Si la rébellion n'a été commise que par une ou deux personnes, avec armes, elle sera punie d'un emprisonnement de six mois à deux ans, et si elle a eu lieu sans armes, d'un emprisonnement de six jours à six mois.

Art. 222. — Lorsqu'un ou plusieurs magistrats de l'ordre administratif ou judiciaire, lorsqu'un ou plusieurs jurés auront reçu, dans l'exercice de leurs fonctions, ou à l'occasion de cet exercice, quelque outrage par paroles, par écrit ou dessin non rendus publics, tendant, dans ces divers cas, à inculper leur honneur ou leur délicatesse, celui qui leur aura adressé cet outrage sera puni d'un emprisonnement de quinze jours à deux ans.

Si l'outrage par parole a eu lieu à l'audience d'une Cour ou d'un tribunal, l'emprisonnement sera de deux à cinq ans.

Art. 223. — L'outrage fait par gestes ou menaces à un magistrat ou à un juré, dans l'exercice ou à l'occasion de l'exercice de ses fonctions, sera puni d'un mois à six mois d'emprisonnement ; et, si l'outrage a eu lieu à l'audience d'une Cour ou d'un tribunal, il sera puni d'un emprisonnement d'un mois à deux ans.

Art. 224. — L'outrage fait par paroles, gestes ou menaces à tout officier ministériel ou agent dépositaire de la force publique, et à tout citoyen chargé d'un ministère de service public, dans l'exercice ou à l'occasion de l'exercice de ses fonctions, sera puni d'un emprisonnement de six jours à un mois et d'une amende de seize francs à deux cents francs ou de l'une de ces deux peines seulement.

Art. 225. — L'outrage mentionné à l'article précédent lorsqu'il aura été dirigé contre un commandant de la force publique, sera puni d'un emprisonnement de quinze jours à trois mois, et pourra l'être aussi d'une amende de seize francs à cinq cents francs.

Art. 228. — Tout individu qui, même sans armes et sans qu'il en soit résulté de blessures, aura frappé un magistrat dans l'exercice de ses fonctions, ou à l'occasion de cet exercice, ou commis tout autre violence ou voies de fait envers lui dans les mêmes circonstances, sera puni d'un emprisonnement de deux à cinq ans.

Le maximum de cette peine sera toujours prononcé si la voie de fait a eu lieu à l'audience d'une Cour ou d'un tribunal.

Le coupable pourra en outre, dans les deux cas, être privé des droits mentionnés à l'article 42 du présent Code pendant cinq ans au moins et dix ans au plus, à compter du jour où il aura subi sa peine, et être placé sous la surveillance de la haute police pendant le même nombre d'années.

Art. 230. — Les violences ou voies et fait de l'espèce exprimée en l'article 228, dirigées contre un officier ministériel, un agent de la force publique, ou un citoyen chargé d'un ministère de service public, si elles ont eu lieu pendant qu'ils exerçaient leur ministère ou à cette occasion, seront punis d'un emprisonnement d'un mois au moins et de trois ans au plus, et d'u. e amende de seize francs à cinq cents francs.

Art. 271. — Les vagabonds ou gens sans aveu qui auront été légalement déclarés tels seront, pour ce seul fait, punis de trois à six mois d'emprisonnement. Ils seront renvoyés, après avoir subi leur peine, sous la surveillance de la haute police pendant cinq ans au moins et dix ans au plus.

Néanmoins les vagabonds âgés de moins de seize ans ne pourront être condamnés à la peine d'emprisonnement ; mais sur la preuve des faits de vagabondage, ils seront renvoyés sous la surveillance de la haute police jusqu'à l'âge de vingt ans accomplis, à moins qu'avant cet âge ils n'aient contracté un engagement régulier dans les armées de terre ou de mer.

Art. 274.— Toute personne qui aura été trouvée mendiant dans un lieu pour lequel il existera un établissement public organisé afin d'obvier à la mendicité, sera punie de trois à six mois d'emprisonnement, et sera, après l'expiration de sa peine, conduite au dépôt de mendicité.

Art. 276.— Tous mendiants, même invalides, qui auront usé de menaces, ou seront entrés, sans permission du propriétaire ou des personnes de sa maison, soit dans une habitation, soit dans un enclos en dépendant,

Ou qui feindront des plaies ou infirmités,

Ou qui mendieront en réunion, à moins que ce ne soit le mari et la femme, le père ou la mère et leurs jeunes enfants, l'aveugle et son conducteur,

Seront punis d'un emprisonnement de six mois à deux ans.

Art. 309. — Tout individu qui, volontairement, aura fait des blessures ou porté des coups, ou commis toute autre violence ou voie de fait, s'il est résulté de ces sortes de violences une maladie ou incapacité de travail personnel pendant plus de vingt jours, sera puni d'un emprisonnement de deux ans à cinq ans, et d'une amende de seize francs à deux mille francs.

Il pourra, en outre, être privé des droits mentionnés en l'article 42 du présent Code pendant cinq ans au moins et dix ans au plus, à compter du jour où il aura subi sa peine....

Art. 311. — Lorsque les blessures ou les coups ou autres violences ou voies de fait, n'auront occasionné aucune maladie ou incapacité de travail personnel de l'espèce mentionnée en l'article 309, le coupable sera puni d'un emprisonnement de six jours à deux ans, et d'une amende de seize francs à deux cents francs, ou de l'une de ces deux peines seulement.

S'il y a eu préméditation ou guet-apens, l'emprisonnement sera de deux ans à cinq ans, et l'amende de cinquante francs à cinq cents francs.

Art. 401. — Les autres vols non spécifiés dans la présente section, les larcins et filouteries, ainsi que les tentatives de ces mêmes délits, seront punis d'un emprisonnement d'un an au moins et de cinq ans au plus, et pourront même l'être d'une amende qui sera de seize francs au moins et de cinq cents francs au plus.

Les coupables pourront encore être interdits des droits mentionnés à l'article 42 du présent Code, pendant cinq ans au moins et dix ans au plus, à compter du jour où ils auront subi leur peine...

Ils pourront aussi être mis, par l'arrêt ou le jugement, sous la surveillance de la haute police pendant le même nombre d'années.

Quiconque, sachant qu'il est dans l'impossibilité absolue de payer, se sera fait servir des boissons ou des aliments qu'il aura consommés en tout ou en partie, dans des établissements à ce destinés, sera puni d'un emprisonnement de six jours au moins et de six mois au plus, et d'une amende de seize francs au moins et de deux cents francs au plus.

Art. 405. — Quiconque, soit en faisant usage de faux noms ou de fausses qualités, soit en employant des manœuvres frauduleuses pour persuader l'existence de fausses entreprises, d'un pouvoir ou d'un crédit imaginaire, ou pour faire naître l'espérance ou la crainte d'un succès, d'un accident ou de tout autre événement chimérique, se sera fait remettre ou délivrer, ou aura tenté de se faire remettre ou délivrer des fonds, des meubles ou des obligations, dispositions, billets, promesses, quittances ou décharges, et aura, par un de ces moyens, escroqué ou tenté d'escroquer la totalité ou partie de la fortune d'autrui, sera puni d'un emprisonnement d'un an au moins et de cinq ans au plus, et d'une amende de cinquante francs au moins et de trois mille francs au plus.

Le coupable pourra être, en outre, à compter du jour où il aura subi sa peine, interdit, pendant cinq ans au moins et dix ans au plus, des droits mentionnés en l'article 42 du présent Code ; le tout, sauf les peines plus graves, s'il y a un crime de faux.

Art. 406. — Quiconque aura abusé des besoins, des faiblesses ou des passions d'un mineur, pour lui faire souscrire, à son préjudice, des obligations, quittances ou décharges, pour prêt d'argent ou de choses mobilières,

ou d'effets de commerce, ou de tous autres effets obligatoires, sous quelque forme que cette négociation ait été
faite ou déguisée, sera puni d'un emprisonnement de
deux mois au moins, de deux ans au plus, et d'une
amende qui ne pourra excéder le quart des restitutions
et des dommages-intérêts qui seront dus aux parties
lésées, ni être moindre de vingt-cinq francs.

La disposition portée au second paragraphe du précédent article pourra, de plus, être appliquée.

Art. 408. — Quiconque aura détourné ou dissipé, au
préjudice des propriétaires, possesseurs ou détenteurs,
des effets, deniers, marchandises, billets, quittances, ou
tous autres écrits contenant ou opérant obligation ou
décharge, qui ne lui auraient été remis qu'à titre de
louage, de dépôt, de mandat, de nantissement, de prêt
à usage, ou pour un travail salarié ou non salarié, à
la charge de les rendre ou représenter, ou d'en faire
un usage ou un emploi déterminé, sera puni des peines
portées en l'article 406.....

Art. 456. — Quiconque aura, en tout ou en partie, comblé
des fossés, détruit des clôtures, de quelques matériaux
qu'elles soient faites, coupé ou arraché des haies vives
ou sèches; quiconque aura déplacé ou supprimé des
bornes ou pieds corniers, ou autres arbres plantés ou
reconnus pour établir les limites entre différents héritages, sera puni d'un emprisonnement qui ne pourra
être au-dessous d'un mois, ni excéder une année, et
d'une amende égale au quart des restitutions et des
dommages-intérêts, qui, dans aucun cas, ne pourra être
au-dessous de cinquante francs.

Art. 463. — .... Dans tous les cas où la peine de l'emprisonnement et celle de l'amende sont prononcées par le
Code pénal, si les circonstances paraissent atténuantes,
les tribunaux correctionnels sont autorisés, même en
cas de récidive, à réduire l'emprisonnement même

au-dessous de six jours et l'amende même au-dessous de seize francs ; ils pourront aussi prononcer séparément l'une ou l'autre de ces peines, et même substituer l'amende à l'emprisonnement, sans qu'en aucun cas elle puisse être au-dessous des peines de simple police.

Dans le cas où l'amende est substituée à l'emprisonnement, si la peine de l'emprisonnement est seule prononcée par l'article dont il est fait application, le maximum de cette amende sera de trois mille francs.

Chasse. — *Loi du 3 mai 1844 :*

Art. 11. — Seront punis d'une amende de 16 à 100 francs :

1° Ceux qui auront chassé sans permis de chasse ;

2° Ceux qui auront chassé sur le terrain d'autrui sans le consentement du propriétaire.

L'amende pourra être portée au double, si le délit a été commis sur des terres non dépouillées de leurs fruits, ou s'il a été commis sur un terrain entouré d'une clôture continue faisant obstacle à toute communication avec les héritages voisins, mais non attenant à une habitation.

Pourra ne pas être considéré comme délit de chasse le fait du passage des chiens courants sur l'héritage d'autrui, lorsque ces chiens seront à la suite d'un gibier lancé sur la propriété de leurs maîtres, sauf l'action civile, s'il y a lieu, en cas de dommage ;

3° Ceux qui auront contrevenu aux arrêtés des préfets concernant les oiseaux de passage, le gibier d'eau, la chasse en temps de neige, l'emploi des chiens lévriers, ou aux arrêtés concernant la destruction des oiseaux et celle des animaux nuisibles ou malfaisants ;

4° Ceux qui auront pris ou détruit, sur le terrain d'autrui, des œufs ou couvées de faisans, de perdrix ou de cailles ;

5° Les fermiers de la chasse, soit dans les bois soumis au régime forestier, soit sur les propriétés dont la chasse est louée au profit des communes ou établissements publics, qui auront contrevenu aux clauses et conditions de leurs cahiers de charges relatives à la chasse.

Art. 12. — Seront punis d'une amende de 50 à 200 francs, et pourront, en outre, l'être d'un emprisonnement de six jours à deux mois :

1° Ceux qui auront chassé en temps prohibé ;

2° Ceux qui auront chassé pendant la nuit ou à l'aide d'engins et instruments prohibés, ou par d'autres moyens que ceux qui sont autorisés par l'article 9 ;

3° Ceux qui seront détenteurs ou ceux qui seront trouvés munis ou porteurs, hors de leur domicile, de filets, engins ou autres instruments de chasse prohibés ;

4° Ceux qui, en temps où la chasse est prohibée, auront mis en vente, vendu, acheté, transporté ou colporté du gibier ;

5° Ceux qui auront employé des drogues ou appâts qui sont de matière à enivrer le gibier ou à le détruire ;

6° Ceux qui auront chassé avec appeaux, appelants ou chanterelles ;

Les peines déterminées par le présent article pourront être portées au double contre ceux qui auront chassé pendant la nuit sur le terrain d'autrui et par l'un des moyens spécifiés au paragraphe 2, si les chasseurs étaient munis d'une arme apparente ou cachée.

Les peines déterminées par l'article 11 et par le présent article seront toujours portées au maximum, lorsque les délits auront été commis par les gardes champêtres ou forestiers des communes, ainsi que par les gardes forestiers de l'Etat et des établissements publics.

Art. 14. — Les peines déterminées par les trois articles qui précèdent pourront être portées au double si le délinquant était en état de récidive, et s'il était déguisé ou masqué, s'il a pris un faux nom, s'il a usé de violence envers les personnes, ou s'il a fait des menaces, sans préjudice, s'il y a lieu, de plus fortes peines prononcées par la loi.

Lorsqu'il y aura récidive, dans les cas prévus en l'article 11, la peine de l'emprisonnement de six jours à trois mois pourra être appliquée si le délinquant n'a pas satisfait aux condamnations précédentes

Art. 15. — Il y a récidive lorsque, dans les douze mois qui ont précédé l'infraction, le délinquant a été condamné en vertu de la présente loi.

Art. 16. — Tout jugement de condamnation prononcera la confiscation des filets, engins et autres instruments de chasse. Il ordonnera, en outre, la destruction des instruments de chasse prohibés.

Il prononcera également la confiscation des armes, excepté dans le cas où le délit aura été commis par un individu muni d'un permis de chasse, dans le temps où la chasse est autorisée.

Si les armes, filets, engins ou autres instruments de chasse n'ont pas été saisis, le délinquant sera condamné à les représenter ou à en payer la valeur, suivant la fixation qui en sera faite par le jugement, sans qu'elle puisse être au-dessous de 50 francs....

Art. 28. — Le père, la mère, le tuteur, les maîtres et commettants sont civilement responsables des délits de chasse commis par leurs enfants mineurs non mariés, pupilles demeurant avec eux, domestiques ou préposés, sauf tout recours de droit.

Cette responsabilité sera réglée conformément à l'article 1384 du Code civil, et ne s'appliquera qu'aux dommages-intérêts et frais, sans pouvoir toutefois donner lieu à la contrainte par corps.

Pêche. — *Loi du 15 avril 1829:*

Art. 27. — Quiconque se livrera à la pêche pendant les temps, saisons et heures prohibés par les ordonnances, sera puni d'une amende de 30 à 200 franc :

Art. 28. — Une amende de 30 à 100 francs sera prononcée contre ceux qui feront usage, en quelque temps et en quelque fleuve, rivière, canal ou ruisseau que ce soit, de l'un des procédés ou modes de pêche ou de l'un des instruments ou engins de pêche prohibés par les ordonnances.

Si le délit a eu lieu pendant le temps du frai, l'amende sera de 60 à 200 francs.

Art. 29. — Les mêmes peines seront prononcées contre ceux qui se serviront, pour une autre pêche, de filets permis seulement pour celle du poisson de petite espèce.

Ceux qui seront trouvés porteurs ou munis, hors de leur domicile, d'engins ou instruments de pêche prohibés, pourront être condamnés à une amende qui n'excédera pas 20 francs, et à la confiscation des engins ou instruments de pêche, à moins que ces engins ou instruments ne soient destinés à la pêche dans des étangs ou réservoirs.

Art. 30. — Quiconque pêchera, colportera ou débitera des poissons qui n'auront point les dimensions déterminées par les ordonnances, sera puni d'une amende de 20 à 50 francs, et de la confiscation desdits poissons. Sont néanmoins exceptées de cette disposition les ventes de poisson provenant des étangs ou réservoirs.

Sont considérés comme des étangs ou réservoirs les fossés et canaux appartenant à des particuliers dès que leurs eaux cessent naturellement de communiquer avec les rivières.

Art. 69. — Dans le cas de récidive la peine sera toujours doublée.

Il y a récidive, lorsque, dans les douze mois précédents, il a été rendu contre le délinquant un premier jugement pour délit en matière de pêche.

Art. 70. — Les peines seront également doublées, lorsque les délits auront été commis la nuit.

Art. 72. — Dans tous les cas prévus par la présente loi, si le préjudice causé n'excède pas 25 francs, et si les circonstances paraissent atténuantes, les tribunaux sont autorisés à réduire l'emprisonnement même au-dessous de six jours et l'amende même au-dessous de 16 francs; ils pourront aussi prononcer séparément l'une ou l'autre de ces peines, sans qu'en aucun cas elle puisse être au-dessous des peines de simple police.

Art. 74. — Les maris, pères, mères, tuteurs, fermiers et porteurs de licences, ainsi que tous propriétaires, maîtres et commettants, seront civilement responsables des délits en matière de pêche commis par leurs femmes, enfants mineurs, pupilles, bateliers et compagnons, et tous autres subordonnés, sauf tout recours de droit.

Cette responsabilité sera réglée conformément à l'article 1384 du Code civil.

Décret du 10 août 1875. — Art. 1er modifié par les décrets du 18 mai 1878, du 27 décembre 1889 et du 9 avril 1892 :

Les époques pendant lesquelles la pêche est interdite, en vue de protéger la reproduction du poisson, sont fixées comme il suit :

1° Du 30 septembre exclusivement au 10 janvier inclusivement, est interdite la pêche du saumon ;

2° Du 20 octobre exclusivement au 31 janvier inclusivement, est interdite la pêche de la truite et de l'ombre-chevalier ;

3° Du 15 novembre exclusivement au 31 décembre inclusivement est interdite la pêche du lavaret ;

4° Du lundi qui suit le 15 avril inclusivement au dimanche qui suit le 15 juin exclusivement, est interdite la pêche de tous les autres poissons et de l'écrevisse ; si le lundi qui suit le 15 avril est un jour férié, l'interdiction est retardée de vingt-quatre heures.

Les interdictions prononcées par le paragraphe précédent s'appliquent à tous les procédés de pêche, même à la ligne flottante tenue à la main.

Art. 6. modifié par le décret du 18 mai 1878. — La pêche n'est permise que depuis le lever jusqu'au coucher du soleil....

Art. 8. — Les dimensions au-dessous desquelles les poissons et écrevisses ne peuvent être pêchés même à la ligne flottante et doivent être immédiatement rejetés à l'eau, sont déterminées comme il suit pour les diverses espèces :

1° Les saumons et anguilles, 25 centimètres de longueur ;

2° Les truites, ombres-chevaliers, ombres communs, carpes, brochets, barbeaux, brêmes, meuniers, muges, aloses, perches, gardons, tanches, lottes, lamproies et lavarets, 14 centimètres de longueur ;

3° Les soles, plies et flets, 10 centimètres de longueur ;

4° Les écrevisses à pattes rouges, 8 centimètres de longueur ; celles à pattes blanches, 6 centimètres de longueur.

La longueur des poissons ci-dessus mentionnés est mesurée de l'œil à la naissance de la queue ; celle de l'écrevisse de l'œil à l'extrémité de la queue déployée.

Art. 9. — Les mailles des filets mesurés de chaque côté après leur séjour dans l'eau, et l'espacement des verges, des bires, nasses et autres engins employés à la pêche des poissons, doivent avoir les dimensions suivantes :

1° Pour les saumons, 40 millimètres au moins ;

2° Pour les grandes espèces autres que le saumon et pour l'écrevisse, 27 millimètres au moins ;

3° Pour les petites espèces, telles que goujons, loches, vérons, ablettes et autres, 10 millimètres.

La mesure des mailles et de l'espacement des verges est prise avec une tolérance d'un dixième.

Il est interdit d'employer simultanément, à la pêche, des filets ou engins de catégorie différente.

Art. 13. — Sont prohibés tous les filets traînants, à l'exception du petit épervier jeté à la main et manœuvré par un seul homme.

Sont réputés traînants tous les filets coulés à fond au moyen de poids et promenés sous l'action d'une force quelconque.

Est pareillement prohibé l'emploi de lacets ou collets...

Art. 14. — Il est interdit d'établir dans les cours d'eau des appareils ayant pour objet de rassembler le poisson dans des noues, boires, fossés ou mares dont il ne pourrait plus sortir, ou de le contraindre à passer par une issue garnie de pièges.

Art. 15. — Il est également interdit :

1° D'accoler aux écluses, barrages, chutes naturelles, pertuis, vannages, coursiers d'usines et échelles à poissons, des nasses, paniers et filets à demeure ;

2° De pêcher avec tout autre engin que la ligne flottante tenue à la main, dans l'intérieur des écluses, barrages, pertuis, vannages, coursiers d'usine et passages ou échelles à poissons, ainsi qu'à une distance moindre de 30 mètres en amont et en aval de ces ouvrages ;

3° De pêcher à la main, de troubler l'eau et de fouiller au moyen de perches sous les racines ou autres retraites fréquentées par le poisson ;

4° De se servir d'armes à feu, de poudre de mine, de dynamite ou de toute autre substance explosive.

Ivresse publique — *Loi du 23 janvier 1873.*

Art. 1er. — Seront punis d'une amende de 1 à 5 francs

inclusivement ceux qui seront trouvés en état d'ivresse manifeste dans les rues, chemins, places, cafés, cabarets, ou autres lieux publics.

Les articles 474 et 483 du Code pénal seront applicables à la contravention indiquée au paragraphe précédent.

Art. 2. — En cas de nouvelle récidive, conformément à l'article 483, dans les douze mois qui auront suivi la deuxième condamnation, l'inculpé sera traduit devant le tribunal de police correctionnelle et puni d'un emprisonnement de six jours à un mois et d'une amende de 16 francs à 300 francs.

Quiconque ayant été condamné en police correctionnelle pour ivresse, depuis moins d'un an, se sera de nouveau rendu coupable du même délit, sera condamné au maximum des peines indiquées au paragraphe précédent, lesquelles pourront être élevées jusqu'au double.

Art. 3. — Toute personne qui aura été condamnée deux fois en police correctionnelle pour délit d'ivresse manifeste, conformément à l'article précédent, sera déclarée par le second jugement incapable d'exercer les droits suivants :

1° De vote et d'élection ;

2° D'éligibilité ;

3° D'être appelé ou nommé aux fonctions de juré, ou autres fonctions publiques ou aux emplois de l'administration, ou d'exercer ces fonctions ou emplois ;

4° De port d'armes pendant deux ans, à partir du jour où la condamnation sera devenue irrévocable.

Allumettes.

Vente et colportage d'allumettes de contrebande :
Loi du 28 janvier 1875. — *Art. 3.* — Les dispositions relatives à la répression de la fraude en matière de tabacs contenues dans les articles 222 et 223 de la loi

du 28 avril 1816, seront appliquées à l'avenir aux contraventions aux lois et règlements concernant le monopole des allumettes.

Loi du 28 avril 1816. — *Art. 222.* — Ceux qui seront trouvés vendant en fraude du tabac à leur domicile, ou ceux qui en colporteront, qu'ils soient ou non surpris à le vendre, seront arrêtés et constitués prisonniers et comdamnés à une amende de 300 francs à 1,000 francs, indépendemment de la confiscation des tabacs saisis, de celle des ustensiles servant à la vente et, en cas de colportage, de celle des moyens de transport, conformément à l'article 216.

Détention d'allumettes de provenance frauduleuse. — *Loi du 28 juillet 1875.* — *Art. 1er.* — Ceux qui sont trouvés détenteurs d'allumettes chimiques de provenance frauduleuse, sont passibles des peines édictées par l'article 222 de la loi du 28 avril 1816 (voir ci-dessus) rendu applicable à la vente et au colportage des allumettes chimiques par l'art. 3 de la loi du 28 janvier 1875.

Fabrication frauduleuse : récidive. — *Loi de finances du 16 avril 1895.* — *Art. 20.* — Tout individu convaincu de fabrication frauduleuse d'allumettes chimiques, sera immédiatement arrêté, constitué prisonnier et puni d'une amende de 300 francs à 1,000 francs et d'un emprisonnement de six jours à six mois. En cas de récidive, l'amende ne pourra être inférieure à 500 francs.

Les allumettes, ainsi que les instruments et ustensiles servant à la fabrication seront saisis et confisqués.....

Détention des instruments de fabrication et des pâtes phosphorées. — *Loi de finances du 16 avril 1895.* — *Art. 20.* — ... La simple détention des pâtes phosphorées propres à la fabrication des allumettes chimiques, sera punie des mêmes peines que la fabrication frauduleuse.

La simple détention, sans déclaration préalable au bureau de la régie, des instruments, ustensiles ou mécaniques affectés à la fabrication des allumettes, des bois d'allumettes blanches ou soufrées ayant moins de dix centimètres de longueur, de mèches d'allumettes de cire ou de stéarine, de matières propres à la préparation de pâtes chimiques, de boîtes vides et cartonnages destinés à contenir des allumettes, sera punie d'une amende de 100 à 1,000 francs, indépendamment de la confiscation des objets saisis.

En cas de déclaration au bureau de la régie la fabrication sera soumise à la surveillance des employés.

Circonstances atténuantes.

Loi de finances du 30 mars 1888. — Art. 42. — L'article 463 du Code pénal est applicable aux délits et contraventions prévus par les lois sur les contributions indirectes.

Loi de finances du 26 décembre 1890. — Art. 12. — Dans les cas prévus par l'article 42 de la loi du 30 mars 1888, il ne pourra être fait application de l'article 463 du Code pénal, s'il y a récidive pendant le délai d'un an à partir du jugement qui a reconnu la contravention ou le délit.

AUTORISATION DE FEMME MARIÉE

I. — Forme de la demande

145. — Cette matière fournit l'occasion de quelques controverses relativement auxquelles il est opportun de prendre parti.

D'abord on a remarqué une antinomie apparente entre l'article 219 du Code civil et l'article 861 du Code de procédure civile. D'après l'article 219, si le mari refuse d'autoriser sa femme à passer un acte, la femme peut le faire citer directement devant le tribunal qui statue après que le mari a été appelé en chambre du conseil. L'article 861 porte que la femme qui voudra se faire autoriser à la poursuite de ses droits, devra adresser une sommation à son mari; puis, en cas de refus, elle présentera requête au président qui rendra ordonnance portant permission de citer le mari, à jour indiqué, à la chambre du conseil.

On le voit, la procédure de l'article 861 est plus compliquée que celle de l'article 219. Une opinion distingue : l'article 219 s'applique au cas d'autorisation à passer un acte; l'article 861, à l'autorisation d'ester en justice. Cette distinction paraît bien arbitraire : on n'en conçoit pas la raison d'être; elle a le caractère de ces distinctions destinées à concilier deux textes de droit romain inconciliables, parce qu'ils représentent des opinions contraires. Il est plus naturel de penser que le Code civil n'a fait que poser le principe en faisant une incursion inutile sur le domaine de la procédure; que le Code de procédure doit donc avoir le dernier mot sur ces questions; que l'article 861 doit être appliqué dans tous les cas. D'après le formulaire de Chauveau et Glandaz, c'est ainsi qu'on procède au tribunal de la Seine.

II. — Publicité

146. — Quoique la loi ne le dise pas, on admet que le jugement, suivant le principe général de la publicité des jugements en matière contentieuse, doit être rendu en audience publique.

D'après l'opinion générale, si l'instruction a eu lieu en chambre du conseil, le rapport du juge et les conclusions du ministère public doivent, comme le jugement, être donnés en audience publique (Chauveau et Glandaz, form. 839, page 386, note; — Dalloz, art. 862, nos 5 et suivants).

III. — Dépens

147. — Relativement aux dépens, il semble qu'il soit équitable de les compenser, si le tribunal, accordant l'autorisation, reconnaît que le mari a agi de bonne foi.

IV. — La femme plaidant contre le mari

148. — Que décider sur la nécessité de l'autorisation lorsque la femme plaide contre son mari? Cette question se présentera plus rarement depuis la loi du 6 février 1893 qui rend à la femme séparée de corps sa pleine capacité. Elle peut cependant se présenter; on décide généralement que, si le mari est demandeur, l'autorisation est donnée implicitement par lui. Si la femme est demanderesse, elle doit se faire autoriser par justice. Chauveau estime que, dans ce cas, la sommation au mari est inutile, ainsi que son appel en chambre du conseil; la femme se borne à présenter requête au tribunal dans la personne du président (sur la formule 839, remarque; — Demolombe, *Mariage*, t. II no 138; — Dalloz, sous l'art. 215, nos 25 et suivants).

BREVETS D'INVENTION

149. — Les article 34 à 49 de la loi du 5 juillet 1844 sur les brevets d'invention, règlent ce qui à trait à la compétence en cette matière, ainsi qu'aux pénalités.

Suivant l'article 34, les actions en nullité ou déchéance de brevets sont portées devant les tribunaux civils.

Le tribunal compétent est celui du domicile du titulaire, alors même qu'il y a en cause des cessionnaires (art. 35).

L'affaire est jugée comme sommaire. Elle est communiquée au ministère public. (Art. 36).

L'article 37 règle le droit d'action du ministère public.

Les articles 40 à 44 contiennent l'énumération des délits et des pénalités.

Le ministère public ne pourra exercer l'action publique que sur la plainte de la partie lésée. (Art. 45).

L'article 46 autorise le tribunal correctionnel à statuer sur les exceptions tirées par le prévenu, soit de la nullité ou de la déchéance du brevet, soit des questions relatives à la propriété dudit brevet.

150. — L'article 47 qui a été reproduit par l'article 17 de la loi du 23 juin 1857 sur les *marques de fabrique*, permet au propriétaire d'un brevet de faire procéder par tous huissiers à la désignation et description détaillée, avec ou sans saisie, des objets prétendus contrefaits.

L'ordonnance est rendue sur requête par le président du tribunal civil, et sur la représentation du brevet ; elle contiendra, s'il y a lieu, la désignation d'un expert pour aider l'huissier dans sa description.

Lorsqu'il y aura lieu à saisie, l'ordonnance pourra imposer au requérant un cautionnement qu'il sera tenu de consigner avant d'y faire procéder. Le cautionnement sera toujours imposé à l'étranger qui requerra la saisie.

Il sera laissé copie au détenteur des objets décrits ou saisis, tant de l'ordonnance que de l'acte constatant le dépôt du cautionnement.

L'article 48 impose au requérant l'obligation de saisir les tribunaux dans un délai que fixe ledit article, sous peine de nullité de plein droit de la saisie ou description, et avec réserve de dommages-intérêts au profit de la partie adverse.

L'article 49 a trait à la confiscation.

En ce qui concerne, la formule de l'ordonnance et les formes de la saisie, on peut s'en référer, par analogie, à ce qui est dit en traitant des *marques de fabrique*.

COMMISSIONS

I. — Avoués.

§ 2. — Avoués. — 151. — Il arrive assez souvent que l'avoué requis par une partie, refuse de se constituer pour elle. Le ministère de l'avoué étant obligatoire, une seule autorité, le président du tribunal a compétence pour apprécier les motifs du refus de l'avoué et le commettre d'office, ou, suivant l'expression ancienne, lui *enjoindre* d'occuper pour la partie.

Il n'est pas nécessaire que la partie justifie qu'elle s'est adressée à plusieurs avoués, sinon à tous, et qu'elle a essuyé un refus; il suffit que l'avoué qui devait son ministère l'ait refusé. Il ne paraît pas utile d'organiser, comme l'indiquent certains auteurs, un véritable appel en cause de la partie invitée à fournir devant le président des explications contradictoires. Ce n'est pas un litige ; c'est une pure question d'appréciation. Le président mandera l'avoué qui expliquera les motifs de son refus et le magistrat appréciera.

§ 2. — Motifs personnels de refus. — 152. — Quant aux causes de refus, elles peuvent être de natures diverses. Il y a d'abord celles qui sont personnelles à l'avoué ; ainsi il a promis d'occuper pour la partie adverse ; le procès est dirigé contre son parent ou son confrère ; il existe entre la partie et lui des motifs d'intérêt ou d'animosité qui ne lui laissent pas toute liberté d'esprit. Ce sont des questions d'appréciation. Dans le doute, il sera préférable qu'un autre avoué soit commis.

§ 3. — Motifs d'ordre général. — 153. — Il importe d'examiner de plus près une seconde cause d'abstention. L'avoué peut-il fonder son refus sur ce que le procès serait mauvais, insoutenable même ? Évidemment non. Il ne peut que faire à la partie des observations. Si la cause ou les moyens sont manifestement dénués de raison, il peut, pour couvrir sa responsabilité, faire signer l'exploit ou les actes de conclusions par son client.

Que devrait décider le magistrat si le procès engagé était contraire aux lois ? Supposons, par exemple, une action ordinaire en dommages-intérêts à intenter contre un fonctionnaire à qui s'applique la procédure de la prise à partie. Le principe est facile à poser, plus délicat peut-être à appliquer. Il est évident qu'il n'appartient ni à l'avoué, ni au magistrat qui lui donne une injonction, de préjuger, à un degré quelconque, si c'est à tort ou à raison que la procédure en question est suivie. Ainsi, dans l'espèce qui vient d'être supposée, il peut se faire que le demandeur prétende qu'il n'y a pas lieu à prise à partie parce que le fonctionnaire n'a pas agi dans l'exercice de ses fonctions, mais comme simple particulier. Il suffit que cette distinction soit possible, si peu soutenable soit-elle, pour que l'injonction soit donnée. Aux tribunaux seuls, en effet, il appartiendra de trancher cette question ; pour qu'elle reste intacte, il faut laisser à la partie la liberté de son initiative.

L'injonction ne serait refusée que si l'évidence était telle qu'aucune discussion ne fût possible.

Consulter Dalloz, rép. v° Avoué, n°° 78 et suivants ; de Belleyme, t. 1°°, pages 24 et suivantes ; — Chauveau et Glandaz ; formules 15 bis et ter ; — Bertin, ordonn. sur req., n°° 1095 et suivants.

§ 4. — **Requête.** — **154.** — La requête est présentée au président par la partie elle-même, sur papier timbré, et signée par elle ; l'ordonnance est mise à la suite.

II. — Huissiers

§ 1°°. — **Renvoi pour les principes.** — **155.** — Les

mêmes principes sont applicables à l'huissier pour la
signification d'actes extrajudiciaires ou judiciaires,
lorsqu'il refuse son ministère.

§ 2. — **Huissier commis.** — **156.** — Dans de nombreuses dispositions, la loi a consacré le principe de la
signification par huissier commis. On a eu plusieurs fois
l'occasion de critiquer ici cet usage absolument injustifiable.

§ 3. — **Notifications et surenchères : renvoi.** — **157.**
— Au mot *privilèges et hypothèques* (n° 298) on s'explique sur une délicate question de compétence relative à
la commission d'huissier pour les notifications de contrats et de surenchères.

§ 4. — **Jugement par défaut : omission : compétence du président.** — **158.** — Aux termes de l'article
156 (Proc. civ.) le jugement par défaut contre partie sera
signifié par un huissier commis, soit par le tribunal,
soit par le juge du domicile du défaillant que le tribunal aura désigné.

Si le jugement avait omis de désigner l'huissier, il
pourrait être commis par le président seul (Rousseau et
Laisney, v° *jug. par défaut*, n° 106).

§ 5. — **Si le tribunal peut commettre un huissier
d'un autre ressort.** — **159.** — Plusieurs auteurs con-
cluent des termes de l'article 156, que le tribunal ne peut
pas commettre lui-même un huissier d'un autre arrondissement ; qu'il sortirait de sa compétence. La pratique
est absolument contraire et elle est régulière ; telle est
d'ailleurs l'opinion de Rousseau et Laisney (n° 107).

§ 6. — **Jugement par défaut du tribunal de commerce.** — **160.** — Il est arrivé qu'on a présenté requête au président du tribunal civil afin de commis-

sion pour signifier un jugement par défaut du tribunal de commerce qui avait omis de commettre un huissier (art. 435, Proc. civ.). Il a dû refuser : c'est en effet au président du tribunal de commerce qu'il fallait s'adresser. On objectait vainement que, par le fait du jugement, la juridiction commerciale était dessaisie. En effet l'article 643 du Code de commerce renvoie à l'article 156 (Proc. civ.) ; il autorise donc à procéder comme en matière civile, et le président du tribunal de commerce trouve dans la combinaison de ces deux articles le principe de sa compétence.

III. — Juges et Notaires

§ 1er — **Scellés et inventaires ; renvoi. — 161.** — On a développé au mot *absence* (nos 2 et 3) ce qui a trait à la commission du notaire pour les levées de scellés et inventaires, et indiqué les cas dans lesquels elle est faite par le tribunal ou par le président.

§. 2. — **Partages et licitations. — 162.** — Aux termes de l'article 969 (Proc. civ.), si, au cours des opérations de partage et licitation, le juge ou le notaire est empêché, le président du tribunal pourvoit à son remplacement par une ordonnance sur requête non susceptible de recours.

COMMISSIONS ROGATOIRES

I. — Expertise

163. — Voir au mot *Expertise*, n° 234.

II. — Subdélégation

164. — Une circulaire ministérielle du 27 juillet 1885 recommande avec raison, aux tribunaux, lorsqu'ils délèguent, en vertu de l'article 1035 (Proc. civ.) le président d'un autre tribunal, à l'effet de procéder à l'un des actes énumérés audit article, de lui donner le droit de subdéléguer un juge. En effet, dans les tribunaux importants, le président pourrait se trouver ainsi écarté de la conduite journalière de son tribunal ; il pourrait aussi se trouver empêché, surtout si la mission à lui confiée comporte un transport.

III. — Tribunal étranger

165. — Il arrive quelquefois que les tribunaux français sont chargés d'exécuter des commissions rogatoires émanant de tribunaux d'autres nations. Dalloz (rep. v° *instruction civile* n° 83), transcrit une circulaire du Garde des sceaux à ce relative. Le principe essentiel posé par la circulaire, c'est que les tribunaux français ne doivent exécuter ces commissions rogatoires que si elles leur sont transmises par le ministère de la justice.

COMMUNICATION DE PIÈCES

---

166. — L'article 191 (Proc. civ.) porte qu'au cas où un

avoué qui a reçu une communication de pièces, n'a pas
rétabli les pièces dans le délai fixé, il sera, sur simple
requête, rendu ordonnance portant qu'il y sera contraint,
même avec sanction.

On s'est demandé si cette décision émane du tribunal
ou du président. Le formulaire de Chauveau et Glandaz
tient pour la première opinion (formule 66). Il semble
cependant qu'en employant le terme d'*ordonnance*, la
loi de procédure a indiqué nettement qu'il s'agit d'un
acte du président. Dans cette dernière opinion, disent
les auteurs, l'ordonnance est exécutoire sur minute et
remise à la partie au pied de la requête.

CRÉDIT FONCIER

167. — Le décret du 28 février 1852 contient, relativement aux sociétés de crédit foncier autorisées par
décret, et, en fait, à la société dite du Crédit foncier de
France, certaines dispositions dérogeant au droit commun
en matière de poursuite.

Il convient de les résumer, en renvoyant à chaque
article du décret.

Art. 26. — Les juges ne peuvent accorder de délais
pour le paiement des annuités.

Art. 27. — Ce paiement ne peut être arrêté par aucune
opposition.

Art. 28. — Les annuités échues produisent intérêt de
plein droit.

Les articles 29 à 31 organisent le séquestre qui peut
être demandé par la société.

Art. 20. — En cas de retard du débiteur, la société

peut, en vertu d'une ordonnance rendue sur requête par le président du tribunal civil, et quinze jours après une mise en demeure, se mettre en possession des immeubles hypothéqués, aux frais et risques du débiteur en retard.

Cette ordonnance, ayant une portée considérable, puisqu'elle enlève au débiteur l'administration des biens hypothéqués, il est nécessaire qu'elle soit rendue comme ordonnance du greffe, signée du président et du greffier.

L'article 30 règle l'administration en question.

L'article 31 a trait aux contestations soulevées sur le compte du séquestre.

Les articles 32 et suivants contiennent la procédure spéciale d'expropriation applicable aux prêts faits par le Crédit foncier.

L'article 32 appelle le tribunal à statuer, s'il y a lieu, et sans appel, sur la question de savoir si la créance est exigible, et si la poursuite peut avoir lieu.

Art. 33. — Le premier acte est un commandement dans la forme de ceux tendant à saisie réelle ; ce commandement est transcrit et tient lieu de saisie.

Après un délai de quinzaine, il est fait des insertions déterminées par l'article 33.

La première apposition d'affiches est dénoncée au débiteur et aux créanciers inscrits.

Il est procédé ensuite, après un délai, à la vente devant le tribunal.

Sur requête présentée par la société, le tribunal peut renvoyer la vente devant un autre tribunal ou devant un notaire du canton ou de l'arrondissement de la situation des biens.

Art. 34. — A partir de la transcription du commandement, le détenteur ne peut aliéner, ni hypothéquer.

L'article 36 est relatif aux dires sur le cahier des charges et au jugement à rendre sur ces dires.

L'article 37 règle le cas où il existe une saisie anté-

rieure. Le tribunal ne peut accorder aucune remise
d'adjudication, si la société s'y oppose.

L'article 38 parle du paiement du prix.

L'article 40 règle la surenchère.

L'article 41 traite de la folle-enchère.

Enfin l'article 42 parle du cas où l'expropriation est
poursuivie, contre un tiers détenteur.

L'article 47 contient une disposition particulière
relative à la dispense du renouvellement décennal.

DÉCONFITURE SEQUESTRE

168. -- Un débiteur tombe en déconfiture; il n'est pas
commerçant. Il est arrivé que les créanciers ont demandé
soit au tribunal, soit même au juge des référés, de confier
à un séquestre, l'administration de ses biens.

Pour le soutenir, on a argumenté de l'article 1961 du
Code civil qu'on a eu la prétention d'étendre.

Cette prétention est inadmissible.

D'abord l'article 1961 est, et la simple lecture
l'indique, absolument limitatif. Il énumère trois hypothèses très spéciales dans lesquelles la nomination de
séquestre est autorisée; il exclut par là même le séquestre
général qui présente une tout autre gravité.

La seconde raison, c'est précisément la gravité d'un
acte tendant à dépouiller entièrement une personne
capable de l'administration de ses biens, par le seul
motif qu'elle a des créanciers et ne peut les satisfaire.

Telle est l'opinion de M. Colmet de Santerre (sur
Demante, t. 8, n° 172 *bis* III).

Consulter cassation, 13 novembre 1889 (Sirey, 1890, 1, 8).

La Cour casse un arrêt qui avait sanctionné cette nomination de séquestre général.

Voir aussi deux autres décisions dans le même sens, statuant sur des hypothèses où la mesure avait été sollicitée en référé.

Cassation, 10 juillet 1870 (Sirey, 1876, 1, 405) ;

Cassation, 17 janvier 1855 (Sirey, 1855, 1, 97).

DÉLIVRANCE DE GROSSES ;
EXPÉDITIONS OU COPIES D'ACTES

I. — Délivrance d'expéditions ou copies d'actes

1er — Principes. — 169. — Les articles 839 à 854 (Proc. civ.) contiennent un certain nombre de dispositions intéressant la compétence spéciale du président du tribunal civil.

La première partie de ce titre se réfère aux expéditions ou copies d'actes et, en fait, s'applique surtout aux notaires.

L'article 23 de la loi du 25 ventôse an XI pose le principe du secret professionnel en ce qui concerne les notaires ; ils ne peuvent délivrer expédition ou donner connaissance des actes qu'aux personnes intéressées en nom direct, héritiers ou ayants-droit.

Si le notaire refuse, la partie intéressée présentera requête au président du tribunal civil qui autorisera à assigner à bref délai, sans préliminaire de conciliation (art. 839 et 840).

§ 2. — **Conciliation de l'article 23 de la loi de ventôse et des articles 846 et suivants**. (Proc. civ.) — **170.** — Il peut se faire cependant qu'un tiers ait intérêt à se faire délivrer expédition d'un acte.

Dans cette hypothèse, on trouve deux textes législatifs.

L'article 23 de la loi de ventôse porte que les notaires ne pourront, sans l'ordonnance du président, délivrer expédition, ni donner connaissance des actes à d'autres qu'aux personnes intéressées en nom direct. D'où la conséquence que le président peut autoriser un tiers à ces fins.

D'autre part les articles 846 et suivants règlent la procédure du compulsoire destinée à procurer l'expédition d'un acte à un tiers qui n'y a pas été partie ; l'autorisation est donnée par jugement.

Quelle est la conciliation de ces deux dispositions ?

La procédure du compulsoire, ainsi que le porte l'article 846, suppose une instance engagée ; la demande en compulsoire est formée incidemment et ne peut être principale. L'article 23, au contraire, est exclusif de l'existence d'un procès en cours.

De plus, l'article 23 est spécial aux notaires, alors que les dispositions sur le compulsoire s'appliquent à tout dépositaire.

Suivant un arrêt ancien (Rouen, 13 mars 1826; Dalloz, rép. v° Compulsoire n° 22), au cas de l'article 23, la partie présente requête au président qui accorde l'autorisation, et, en cas de refus du notaire, il autorise à assigner devant le tribunal. Cette procédure paraît contraire au texte. Le notaire est tenu de se conformer à l'ordonnance.

On a prétendu, il est vrai, que cette ordonnance, donnée sans contradiction, pouvait préjudicier gravement aux tiers; on est même allé jusqu'à dire que l'article 23 était, sur ce point, abrogé implicitement par les dispositions du Code de procédure civile.

Cette solution ne paraît pas exacte. Les articles 846 et suivants ont réglé un cas spécial, la contestation soulevée au cours d'un procès; l'article 23 subsiste dans le cas contraire.

Quant au danger de divulgations graves, le remède se trouve dans la faculté qui appartient au président d'ordonner l'appel des intéressés devant lui, et dans le droit de ceux-ci, sur l'avis à eux donné par le notaire, de former opposition à l'ordonnance.

§ 3. — **Compétence.** — **171.** — Le président compétent est celui de l'arrondissement du notaire.

II. — Délivrance de copies d'actes imparfaits ou non enregistrés

172. — Les articles 841 à 845 supposent qu'une partie veut se faire délivrer copie d'un acte non enregistré ou resté imparfait. Ces articles sont, du reste, d'une application rare.

La partie intéressée présente requête au président. La délivrance est faite en exécution de l'ordonnance. En cas de refus du notaire d'obtempérer à l'ordonnance, il en est référé au président par la partie qui a sollicité l'ordonnance.

III. — Délivrance de seconde grosse d'actes

§ 1. — **Principes.** — **173.** — Les articles 844, 845 et 854 ont trait à la délivrance d'une seconde grosse.

L'article 844 traite du cas où une partie veut se faire délivrer une seconde grosse, soit d'une minute d'acte, soit, par forme d'ampliation, sur une grosse déposée. Le premier cas, qui est le plus fréquent, suppose que le créancier a perdu la grosse de son titre et que le débiteur reste devoir tout ou partie de la créance.

La partie intéressée présente requête au président en exposant les faits ; en vertu de l'ordonnance, elle fait sommation au notaire pour faire la délivrance aux jour et heure indiqués, et aux parties intéressées pour y être présentes ; mention est faite de l'ordonnance au bas de la grosse, ainsi que de la somme pour laquelle on peut exécuter, si la créance est acquittée ou cédée en partie.

§ 2. — **Formes de l'ordonnance.** — **174.** — L'ordonnance ainsi rendue est un acte du greffe, signé du président et du greffier ; ce dernier en délivre l'expédition qui est remise au notaire.

§ 3. — **Compétence.** — **175.** — Le président compétent est celui de l'arrondissement du notaire, au cas de délivrance sur la minute ; et celui de l'arrondissement du dépositaire, au cas de délivrance par ampliation.

L'article 845 ajoute qu'en cas de contestation, les parties se pourvoieront en référé.

IV. — Délivrance de seconde grosse de jugements

§ 1er. — Principes. — 176. — L'article 854 applique les mêmes formalités au cas où il s'agit de se faire délivrer une seconde grosse d'un jugement.

§ 2. — Juridictions d'exception. — 177. — On a décidé, avec raison, que c'est encore le président du tribunal civil qui est compétent pour ordonner la délivrance de la seconde grosse de jugements rendus par les tribunaux d'exception, tels que les juges de paix et les tribunaux de commerce ; c'est l'application normale du principe que le tribunal civil est juge de droit commun.

V. — Du Testament

178. — On a refusé, avec raison, d'appliquer l'article 844 à un testament ; ce n'est pas, en effet, un titre exécutoire et dont il soit délivré une grosse.

DISPENSES RELATIVES
AU MARIAGE

179. — Article 5 de la loi du 20 prairial an XI :
« L'arrêté du gouvernement portant dispense d'âge ou
« celle dans les degrés prohibés, sera, à la diligence du

« commissaire du gouvernement, et en vertu d'ordon-
« nance du président, enregistré au greffe du tri-
« bunal civil de l'arrondissement dans lequel le mariage
« sera célébré. »

DIVORCE ET SÉPARATION DE CORPS

I. — Première ordonnance

§ 1er. — Forme. — 180. — Le premier acte de cette procédure, c'est la présentation de la requête afin de provoquer la tentative de conciliation. En matière de divorce, la requête est présentée au président par l'époux en personne ; l'observation de cette formalité doit être constatée dans l'ordonnance qui répond la requête. Cette obligation de présenter en personne la requête n'est pas imposée en matière de séparation de corps ; l'article 307, en effet, ne rappelle pas l'article 234.

La requête en divorce est, dans l'usage, signée, non seulement par l'avoué, mais aussi par l'époux demandeur ; on rentre ainsi davantage dans l'esprit de l'article 234 qui exige son intervention personnelle ; la signature de la partie n'est toutefois pas obligatoire.

L'ordonnance fixe l'heure et le jour de la comparution. Ici encore la loi de 1886 a cru devoir maintenir l'inutile et surannée obligation de commettre un huissier pour donner la citation. (Art. 235).

§ 2. — Délai. — 181. — Le délai pour comparaître devant être au moins de trois jours francs, outre les délais de distance, il sera convenable de laisser un délai

d'environ dix jours au minimum entre la date de l'ordonnance et celle de la comparution (Art. 237).

§ 3. — **Résidence provisoire.** — **182.** — Le nouvel
article 236 contient une disposition excellente ; il permet
au président d'autoriser l'époux demandeur à résider
séparément, en indiquant, s'il s'agit de la femme, le lieu
de la résidence provisoire.

§ 4. — **Garde provisoire des enfants.** — **188.** — La
première ordonnance n'est qu'un permis de citer pour la
conciliation ; elle est rendue sans contradiction. On doit
donc admettre que cette ordonnance ne peut contenir
d'autres décisions que celle qu'autorise l'article 236, relative à la séparation provisoire d'habitation. Ne pourrait-on
pas cependant statuer aussi sur la garde provisoire des
enfants ? On devrait répondre négativement. M. Baudry-
Lacantinerie cependant le permet, et avec raison. Il
s'appuie sur un argument de texte. L'article 238, traitant
de la seconde ordonnance, porte que le président statue
à *nouveau*, s'il y a lieu, sur la résidence de l'époux
demandeur, *sur la garde provisoire des enfants*, etc. ; ce
qui supposerait qu'il y a été statué dans sa première
ordonnance. L'argument de texte n'est peut-être pas sans
réplique ; car la faculté de statuer à *nouveau* pourrait
bien ne viser que la fixation de la résidence provisoire. Il
paraît plus exact de dire qu'en réalité la séparation de
résidence peut entraîner comme conséquence nécessaire
une décision sur la garde des enfants. Le plus souvent
l'enfant en bas âge ne pourra être laissé au mari : il y a
nécessité de statuer : c'est une décision accessoire.

§ 5. — **Lieu de la comparution.** — **184.** — Le président ordonne d'ordinaire que la comparution aura lieu
dans son cabinet. Si l'une des parties est dans l'impossibilité de s'y rendre, et le président est souverain appré-

ciateur des motifs d'empêchement, il peut, soit fixer un nouveau délai, soit ordonner que la comparution aura lieu ailleurs; il se rendra alors au lieu fixé par lui. Il est nécessaire que ce soit dans les limites de son ressort; car il ne pourrait faire acte de juridiction en dehors de ce ressort. Si le défendeur se trouvait détenu dans la maison d'arrêt du chef-lieu, rien ne s'opposerait à ce que la comparution ait lieu au greffe de cette maison.

§ **6.** — **Commission rogatoire.** — **185.** — Le président peut aussi, suivant l'article 238, donner commission pour entendre le défendeur. Cette formule fournit matière à des observations.

Est-ce à dire que l'une des parties se trouvant, soit dans une région du ressort trop éloignée, soit hors du ressort, on doive nécessairement renoncer à la comparution contradictoire et faire entendre le défendeur seul, par commission rogatoire? Telle ne peut être l'exigence de la loi. Il est superflu de faire remarquer combien ce système de tentative de conciliation par correspondance est défectueux. On ne peut même pas dire que ce soit une tentative de conciliation; ce n'en est que le simulacre. Ce qui peut amener la réconciliation, c'est l'entrevue personnelle, l'échange des explications, souvent un cri de regret, un appel aux souvenirs du passé, une adjuration à l'époux qui veut se séparer. La lecture d'un interrogatoire écrit n'a aucun sens.

Il est possible, d'autre part, que les deux époux puissent facilement se réunir au lieu où l'un d'eux se trouve empêché. On ne voit donc rien qui s'oppose à ce que le président donne commission rogatoire au président d'un autre tribunal ou même à un juge de paix de son arrondissement (art. 1035, Proc. civ.), pour procéder à la tentative de conciliation contradictoire.

Si cependant le défendeur est trop éloigné, on procédera suivant la forme indiquée par l'article 238 ; cette procédure s'appliquera surtout lorsque le défendeur est détenu dans une maison d'arrêt éloignée (Dalloz : Code civil, annoté, supp., n°° 1750 et suivants).

§ 7. — **Formules de commission rogatoire.** — **186**. — Voici les formules de cette procédure.

Ordonnance contenant commission rogatoire : « Nous, « président, — vu la requête ci-dessus qui nous a été « présentée par la femme X... en personne ; — considé- « rant qu'il résulte d'un extrait de l'arrêt de la Cour « d'assises de... en date du.... que X... a été condamné à « la dite date à... années de travaux forcés ; — qu'il « résulte également des renseignements qui nous ont été « fournis que X... est, en ce moment, détenu à l'île de Ré ; « qu'il se trouve donc dans l'impossibilité de se rendre « à notre citation et qu'il convient, conformément à la « disposition de l'article 238 du Code civil, de donner « commission rogatoire pour l'entendre ; — Commet- « tons rogatoirement, M. le président du tribunal civil « de La Rochelle, ou le juge qu'il déléguera, à l'effet « d'entendre le sieur X... et de dresser procès-verbal de « ses déclarations et observations relatives à la de- « mande en divorce que sa femme se propose d'introduire « contre lui, pour être ensuite, au vu dudit procès- « verbal, procédé par nous à l'audition de la femme X... « demanderesse. Fait à ... »

Dans l'espèce, la femme avait demandé ensuite la fixation d'un jour pour sa comparution ; elle avait requis, en outre, à ce qu'elle fût autorisée à faire citer le tuteur à l'interdiction légale de son mari ; il y avait enfin ceci de particulier que cette femme mineure et émancipée par le mariage, agissait avec l'assistance d'un curateur nommé à défaut du mari.

Voici l'ordonnance fixant le jour de la comparution :

« Nous, président, — vu notre ordonnance en date du ... ;
« vu le procès-verbal dressé en vertu de notre commis-
« sion rogatoire par M. le président du tribunal civil de
« La Rochelle en date du ... ; — vu la requête ci-dessus :
« — Autorisons la femme X... à faire citer le sieur ...,
« tuteur du sieur X... à comparaître devant nous, en
« notre cabinet au Palais de Justice, le ..., heure de ...,
« pour être entendu contradictoirement avec la femme
« X... sur la demande de divorce qu'elle se propose de
« former ; — commettons l'huissier .... Fait à ... ».

Enfin la seconde ordonnance est ainsi formulée :
« Nous président, — vu nos ordonnances en date des ... ;
« — vu le procès-verbal dressé en vertu de notre com-
« mission rogatoire, par M. le président du tribunal
« civil de La Rochelle en date du ... ; — vu l'original de
« l'exploit de l'huissier ..., en date du ... ; — Donnons
« défaut contre le sieur .. , tuteur de X..., et après avoir
« donné lecture à la femme X..., comparante en per-
« sonne, assistée du sieur X..., son curateur à l'émanci-
« pation, du procès-verbal précité, contenant les réponses
« et déclarations du sieur X..., et avoir entendu la de-
« manderesse en ses explications et en sa déclaration
« qu'elle persiste en sa demande ; — Autorisons la de-
« manderesse à assigner aux fins de divorce et à résider
« provisoirement à ... Fait à ... ».

§ 8. — **Double signification. — 187**. — Le président
doit veiller à ce que le demandeur fasse tout le possible
pour rendre la comparution contradictoire. Il arrive
souvent que l'époux défendeur a quitté le domicile conjugal et que sa résidence est connue. Il sera bon alors
que le président commette deux huissiers et exige que
deux copies soient signifiées : la première, la seule
légale, le sera au domicile : l'époux demandeur n'a pas
qualité pour la recevoir ; elle sera remise aux voisins ou

au maire ; la seconde le sera à la résidence ; si elle est remise à la personne, elle sera régulière ; sinon, elle avertira tout au moins le défendeur et l'intimera à comparaître.

De même, s'il y a doute sur la question de savoir si le défendeur a quitté son domicile connu, on peut faire une double signification, au dernier domicile, c'est-à-dire aux voisins ou au maire, et au parquet.

II. — Seconde ordonnance

§ 1er. — **Rôle du président.** — **188.** — C'est lors de la tentative de conciliation que le rôle du président est considérable. La loi le constitue, en quelque sorte, le conseil des parties. Il devra rechercher quelle est la cause réelle de leur désaccord et, si cette cause n'a pas une gravité particulière, tâcher de provoquer une réconciliation, soit en amenant l'époux qui a des torts à les reconnaître et à donner quelques garanties pour l'avenir par ses regrets ; soit en calmant les ressentiments de l'époux demandeur. Le plus souvent les conséquences de la séparation de corps, et plus tard, du divorce, conséquences graves surtout pour les enfants, l'éventualité d'une décision du tribunal sur la garde des enfants, seront les considérations les plus propres à toucher l'époux demandeur et à le faire consentir à reprendre la vie commune, à faire une nouvelle tentative par un oubli des torts allégués. Le rôle du président est donc particulièrement grave et délicat. Il faut bien reconnaître que les réconciliations sont rares ; que, le plus souvent, chaque époux se borne à reproduire ses griefs ; que l'irritation grandit par la contradiction et qu'ils sortent du cabinet du magistrat plus irrités que jamais. Nul doute cependant que cette tentative ne soit utile, ne dût-elle réussir que rarement, et il est du devoir du magistrat d'y donner tous ses soins.

§ 2. — Réconciliation. — 189. — Si les époux se réconcilient, le président le constate par une ordonnance conçue à peu près ainsi : « Nous président, après « avoir entendu les époux X... en personne ; considérant « qu'ils se sont réconciliés et que la femme a déclaré en « conséquence renoncer à sa demande ; — donnons acte « de la réconciliation survenue entre les époux et de la « renonciation de la femme à sa demande et disons, en « conséquence, qu'il n'y a lieu de statuer. Fait à ... ».

Voir de Belleyme, t. 1er, page 316.

§ 3. — Défaut. — 190. — Si le défendeur fait défaut, le président le constate et fait mention de la citation. Si le demandeur faisait défaut, il y aurait lieu simplement de constater cette absence de comparution sur la demande du défendeur.

L'ordonnance est rédigée à la suite de la première.

§ 4. — Résidence provisoire ; règles générales. — 191. — L'article 238 porte que le juge statue à nouveau, s'il y a lieu, sur la résidence. Si c'est le mari qui est demandeur, il l'autorise simplement à résider séparément. Si c'est la femme, il détermine le lieu de sa résidence provisoire. Cette fixation donne lieu quelquefois à des difficultés assez sérieuses. Le plus souvent la femme quitte le domicile conjugal et se retire, soit chez ses parents, soit dans un local loué par elle. Il arrive cependant que la femme demande à rester au domicile conjugal : elle peut fonder sa prétention à cet égard, par exemple, sur le motif que l'immeuble est sa propriété et qu'elle ne peut trouver une retraite ailleurs, ou que c'est elle qui gère le commerce et que l'intérêt commun exige qu'elle ne le laisse pas péricliter.

Sur la question même de l'attribution du commerce à la femme, on s'expliquera plus loin (n° 204). Il semble tout d'abord certain que cette question ne pourrait être tranchée dans la seconde ordonnance ; elle touche aux intérêts pécuniaires les plus importants des époux et elle ne pourrait être résolue sans l'intervention des conseils des parties.

Le président aura donc à rendre une décision qui pourra n'être que très provisoire. Il pourra fixer à la femme une résidence en dehors du domicile conjugal : c'est la solution ordinaire. Il pourra aussi affecter à la femme une partie du domicile conjugal. Enfin, et plus rarement, s'il y a impossibilité de procéder autrement, il pourra fixer la résidence de la femme au domicile conjugal, le mari devant résider ailleurs. Dalloz, Code civil annoté, supp., n° 1825. C'est là d'ailleurs une question d'espèce, question d'appréciation, quelquefois très délicate, où il s'agira de ménager autant que possible les droits et la susceptibilité de chacun et aussi les intérêts de l'association conjugale encore subsistante.

Il ne semble pas que la décision sur la résidence provisoire doive être motivée ; rien ne s'oppose à ce qu'elle le soit et il vaudra mieux qu'elle le soit, si la question discutée est délicate.

§ 5. — **Garde provisoire des enfants : règles générales. — 192.** — La partie la plus délicate de la mission du président est la décision relative à la garde provisoire des enfants. Elle l'est pour un double motif ; d'abord elle touche aux sentiments les plus intimes du père et de la mère, et il faut ajouter que le président n'a d'autres bases de sa décision que les affirmations des époux, affirmations le plus souvent contradictoires. L'un et l'autre se sont livrés aux accusations les plus graves ; lesquelles sont fondées et lesquelles non ? Quelle décision

demande l'intérêt véritable des enfants ? Le magistrat
ne le sait pas. C'est certainement dans cette circonstance
qu'il sent le plus vivement le poids de sa responsabilité
et que ses préoccupations sont le plus grandes. Juger
lorsqu'il ne s'agit que de peser les raisons pour et
contre, c'est une mission toujours difficile, mais le magistrat tient à sa disposition tous les moyens d'arriver
à une décision exacte; juger sans contrôle, sur de
simples allégations contradictoires, c'est une tâche
pénible. Il peut arriver que la décision soit d'une délicatesse telle que le président se trouve dans la nécessité de
remettre à quelques jours de délai sa décision ; il pourra
alors se renseigner par les juges de paix, par les chefs
du mari, s'il a une fonction quelconque.

Il existe cependant quelques éléments de décision,
même en dehors de ce que la comparution a fait apparaître aux yeux du magistrat sur chacun des époux.
Ainsi, s'il y a déjà séparation de fait, il y aura avantage
à maintenir l'état de fait. Dans le doute, si une suspicion
grave ne pèse pas sur le mari, si les enfants ont un
certain âge et sont des garçons, on lui en laissera la
garde; les enfants tout jeunes, les filles, seront laissées
à la mère. Dans le cas où ni l'un ni l'autre n'offre de
garanties, on pourra les confier à des parents, ordonner
leur placement dans un établissement d'enseignement.

De toute façon, il sera nécessaire d'organiser d'une
façon très minutieuse les visites que les époux pourront
faire aux enfants qui ne leur seront pas confiés, ou recevoir d'eux. Ils pourront les voir dans les établissements
où ils auront été placés ; on pourra les leur conduire un
certain nombre de fois par mois. Les périodes de vacances seront aussi strictement organisées. Dans chaque
affaire c'est une question d'espèce ; mais il est nécessaire que tout soit réglé d'une façon pratique et avec
une extrême précision.

La disposition relative à la garde provisoire des enfants doit être motivée.

§ 6. — **Remise des effets personnels.** — 193. — Le président ordonne la remise à la femme de ses effets personnels et, s'il y a lieu, de ceux des enfants dont la garde lui est confiée. Il ne s'agit, en principe, que des vêtements et objets de lingerie à l'usage de la personne. Souvent la femme réclame certains objets mobiliers apportés par elle lors du mariage ; ces réclamations doivent être réservées pour la liquidation ; cependant, pour éviter des achats onéreux, le magistrat peut ordonner la remise à la femme de quelques objets, tels que lits, draps, serviettes, ou d'instruments nécessaires à sa profession, tels que machine à coudre, piano, etc.

Le président peut ordonner que la femme sera autorisée à se faire assister du commissaire de police ou de la gendarmerie pour la remise de ces objets.

Si elle déclare que ses effets sont en sa possession, il en sera fait acte à l'ordonnance.

S'il y a désaccord à cet égard, le président pourra autoriser la femme à les rechercher au domicile commun avec l'assistance de la force publique.

Il est arrivé que, le mari étant en état de faillite, la femme a demandé la remise de certains objets, tels que lits et draps, qu'elle prétendait lui appartenir ; dans ce cas, voici comment l'ordonnance peut être rédigée dans son dispositif : « Disons que le sieur X.., remettra à sa « femme le lit et les draps dont elle se prétend proprié- « taire, mais sous réserve du consentement du syndic à « cette remise, et, s'il y a lieu, des droits de la faillite. »

Il n'est pas besoin de motiver la disposition relative à la remise des effets.

§ 7. — **Provision alimentaire.** — 194. — Le

président statuera enfin, s'il y a lieu, c'est-à-dire s'il en est requis, sur la provision alimentaire. Ici encore il n'aura que des éléments très incertains pour sa décision. Il lui faudra beaucoup de perspicacité pour arriver à trouver la vérité au milieu des affirmations contraires.

§ 8. — Provision « ad litem »; dépens de la femme; recours de l'avoué. — 195. — Assez souvent la femme réclame devant le président une provision *ad litem*. Il est certain que, dans le silence de l'article 238, le président n'a pas compétence pour statuer sur ce point. Tout au plus pourrait-il allouer une somme minime pour permettre à la femme de se rendre à sa résidence; ce serait un accessoire de la provision alimentaire. (Dalloz, supp., sur l'art. 238, n° 1861).

196. C'est le cas de parler d'une question sur laquelle la jurisprudence et les auteurs paraissent d'accord; cependant on ne saurait se dissimuler que cette opinion unanime soulève de sérieuses critiques.

La femme se désiste de son action ou succombe. Contre qui son avoué a-t-il recours pour le paiement de ses frais? La femme, répond la jurisprudence, n'a pas contracté avec l'autorisation du mari; elle n'a pas pu obliger la communauté; l'avoué n'a donc d'action, si la femme est mariée sous le régime de la communauté, que sur la nue-propriété de ses propres. En fait c'est une dénégation de tout recours.

La jurisprudence admet cependant un correctif à cette opinion. L'avoué aura un recours contre la communauté jusqu'à concurrence de le provision *ad litem* accordée par justice, sauf bien entendu, le recours de la communauté contre la femme.

Ce correctif lui-même soulève une grave objection. Si le principe que la communauté ne peut être engagée est si absolu, comment les tribunaux peuvent-ils y déroger en obligeant le mari à fournir une provision *ad litem*? Or, comme cette faculté ne peut être refusée aux tribunaux, c'est donc que le principe posé est inexact; qu'il se trouve ici un cas où la femme oblige la communauté sans l'autorisation du mari.

La jurisprudence, par cette concession, a cru répondre à l'objection tirée de ce que l'avoué, dont le ministère est obligatoire, se trouverait, sans être en faute, privé de tout recours. Que n'a-t-il demandé une provision? Une double réponse peut être faite. D'abord ce n'est pas l'avoué, mais la femme qui demande la provision, et elle peut refuser de le faire. En second lieu, la femme, et le fait est assez fréquent, peut se désister avant que le tribunal soit saisi. On vient de dire que le président ne peut accorder la provision *ad litem*. Le tribunal n'étant pas saisi n'a pu le faire. Et cependant l'avoué a avancé quelques frais. Il n'a commis aucune faute. Il n'a aucun recours. Il a intérêt à empêcher le désistement.

La vraie solution n'est-elle pas que, dans ce cas particulier, la femme oblige la communauté sauf récompense? (Voir Dalloz, supp. au répertoire, v° *Cont. de mariage* n° 355, avec les arrêts et les auteurs).

§ 9. — Ajournement. — 197. — L'article 238 autorise le président à ajourner les parties à un délai n'excédant pas vingt jours. On suppose qu'il a l'espérance que ce délai amènera quelque calme et pourra faciliter une action en vue de la réconciliation. En pratique, on use rarement de cette faculté. La loi a eu raison de la réserver; mais elle a évidemment un caractère exceptionnel.

§ 10. — Formules. — 198. — Au cas de comparution contradictoire : « Nous président, après avoir entendu « les époux X... en personne, sans pouvoir les conci-

« lier...; » Au cas de défaut : « Nous président, après
« avoir entendu la femme X... en personne, donnons
« défaut contre le sieur X... qui n'a pas comparu, quoique
« cité régulièrement, ainsi qu'il résulte de l'original
« d'un exploit de l'huissier commis en date du... : et
« attendu que la femme a déclaré persister en sa
« demande... »

Suivent les considérants relatifs aux divers chefs, et
le dispositif peut se formuler ainsi : « Autorisons la
« femme X... à assigner son mari aux fins du divorce et
« à résider provisoirement à... ; confions à la dite deman-
« deresse la garde provisoire des enfants issus du
« mariage : disons que le sieur X... pourra les voir aux
« jours et aux conditions suivantes. . : condamnons le
« sieur X... à payer à sa femme, tant pour elle que pour
« les enfants à elle confiés, la somme mensuelle de...,
« payable par mois et d'avance, à partir du... : disons
« que les effets d'habillement et linges à l'usage jour-
« nalier de la femme X... et de ses enfants lui seront
« remis par son mari ; l'autorisons à se faire assister,
« pour la remise de ces objets, du commissaire de police.
« Fait à... »

§ 11. — Incompétence soulevée en conciliation. —

199. — C'est ici qu'il doit être fait état d'une question
qui se présente rarement, mais qui est intéressante au
point de vue doctrinal : c'est celle de savoir ce que doit
faire le président lorsque, devant lui, le défendeur
conteste *ratione loci* la compétence du tribunal dont il
fait partie, et, par suite, la sienne.

Suivant une théorie, il a reçu du tribunal une sorte de
délégation qui l'autorise à statuer sur la question de
compétence, sauf appel devant la Cour.

De graves objections s'élèvent contre cette théorie;
admettre que le tribunal ait délégué le président pour

trancher une question aussi importante, qu'une contestation sur la compétence, c'est évidemment innover de façon grave, et en l'absence d'un texte législatif, sur l'ordre des juridictions et des compétences. On observe en outre combien il est dangereux de faire poser, discuter et trancher une question de compétence dans la courte procédure de conciliation, alors que le plus souvent le défendeur n'a pas eu le temps de consulter un avoué.

D'après un autre système, la question de compétence doit être soulevée, à peine de forclusion, devant le président ; celui-ci renvoie devant le tribunal, sans tenter la conciliation, ni statuer sur les mesures provisoires.

La solution qui paraît à la fois pratique et juridique est la suivante :

L'époux défendeur peut soulever devant le président la question de compétence ; le magistrat donne acte des réserves faites à cet égard et procède néanmoins à la tentative de conciliation, en statuant sur les mesures provisoires. Si l'incompétence n'est pas soulevée devant le président, le défendeur ne sera pas nécessairement irrecevable à la proposer devant le tribunal qui aura à décider en fait si son silence devant le président peut être considéré comme un acquiescement à la compétence.

Ce qui a été le plus contesté dans le système proposé, c'est que le président puisse statuer malgré les réserves afin d'incompétence. Tout au moins, a-t-on dit, ce n'est pas en vertu de l'article 238, mais par une sorte d'ordonnance de référé ; car on a reconnu que souvent il peut y avoir des mesures d'une extrême urgence à prendre, par exemple dans l'intérêt de la femme et des enfants. Mais pourquoi le président ne statuerait-il pas en vertu de l'article 238 ? D'abord pourquoi ne tenterait-il pas la conciliation qui supprimerait le litige sur la compétence ? On reconnaît qu'il peut y avoir extrême urgence ; pourquoi se refuserait-il à ordonner les mesures urgentes, la résidence séparée, la garde des enfants, la provision alimentaire? Observons que le jugement définitif sur la question de compétence pourra se faire longtemps attendre. Il n'est pas douteux que si l'incompétence est admise, l'ordonnance et le *modus vivendi* qu'elle aura établi tomberont *ipso facto*; quel inconvénient à cela? et comment régler autrement la situation de fait provisoire?

On peut consulter sur cette question : Arrêt de Grenoble, 2 mai 1891 (Sirey, 1893, 2, 177); de Nîmes, 16 février 1892 (id. 1892, 2, 39) ; et de Lyon, 17 mai 1891 (id. 1892, 2, 1), ainsi que les notes sous ces arrêts, spécialement celles de M. Appleton sous l'arrêt de Lyon.

§ 12. — **Insertions.** — **200**. — Au cas de défaut, la loi prescrit des insertions si la signification du jugement n'a pas été faite à personne ; c'est le président qui les ordonne sur requête. L'article 247 parle de « journaux » ; il est donc nécessaire que le président désigne au moins deux journaux.

III. — Mesures provisoires ; référé

§ 1er. — **Principes généraux.** — **201**. — En traitant du référé, on montre combien est contestable le principe que le juge des référés est incompétent lorsque le tribunal est saisi. La loi a voulu elle-même le prouver par ses dispositions en matière de divorce et de séparation de corps.

Dans les articles 236, 238 et 242 la loi indique un certain nombre de mesures provisoires qui doivent ou peuvent être ordonnées par le président. On a voulu distinguer les mesures conservatoires des mesures provisoires ; à vrai dire, elles ont toutes ce double caractère.

Il est plus exact de distinguer, d'une part, celles qui sont la conséquence presque nécessaire de la demande, telles la résidence séparée, la garde des enfants et la remise des effets ; et, d'autre part, celles qui ont un caractère plus exceptionnel et ont trait aux intérêts pécuniaires.

Les articles 236 et 238 visent surtout les premières, l'article 242, les secondes.

L'article 242 est ainsi conçu : « L'un ou l'autre des « époux peut, dès la première ordonnance et sur l'auto- « risation du juge donnée à la charge d'en référer, « prendre pour la garantie de ses droits des mesures « conservatoires, notamment requérir l'apposition des « scellés sur les biens de la communauté.

« Le même droit appartient à la femme même non « commune, pour la conservation de ceux de ses biens « dont le mari a l'administration et la jouissance.

« Les scellés sont levés à la requête de la partie la « plus diligente ; les objets et valeurs sont inventoriés « et prisés ; l'époux qui est en possession en est constitué « gardien-judiciaire, à moins qu'il n'en soit décidé « autrement ».

Il faut ajouter le § 5 de l'article 238 ainsi conçu : « Lorsque le tribunal est saisi, les mesures provisoires « prescrites par le juge peuvent être modifiées ou com- « plétées au cours de l'instance, par jugement du tribunal « sans préjudice du droit qu'a toujours le juge de statuer, « en tout état de cause, en référé, sur la résidence de la « femme ».

La combinaison de ces deux dispositions ne laisse pas que de présenter quelque obscurité. Est-ce à dire, par exemple, qu'il sera toujours loisible d'agir en référé, au cas de l'article 242, et qu'au cas de l'article 238 on ne le pourra que s'il s'agit de modifier la résidence provi- soire? Il serait peu logique de permettre le référé pour les mesures graves de l'article 242 et d'obliger de recou- rir au tribunal s'il s'agit de celles visées à l'article 238.

Il est vraisemblable que la voie du référé a été autorisée dans tous les cas où il y a réelle urgence, que le tribunal soit ou non saisi.

Les dispositions de la loi peuvent donc se résumer ainsi :

En premier lieu, l'une des parties peut solliciter, par simple ordonnance non contradictoire, mais pouvant être rétractée en référé, les mesures conservatoires, telles que l'apposition des scellés, visées par l'article 242. Cette ordonnance peut être obtenue dès l'ordonnance permettant de citer l'époux en conciliation, devant le président ; elles peuvent l'être, même au cours de l'instance, puisque le caractère de ces mesures est d'être accordées par le président.

Quant à la voie du référé, elle est ouverte pour les mesures visées par l'article 238 et non pas seulement pour le changement de résidence de la femme ; mais il est certain que si l'urgence n'apparaissait pas, il conviendrait de renvoyer à se pourvoir devant le tribunal par conclusions incidentes.

Elle est ouverte pour faire modifier ou rétracter les mesures prévues par l'art. 242 ; il faut ajouter, même pour les faire ordonner. En effet, la mesure sollicitée paraissant grave au magistrat, rien ne s'oppose à ce qu'il ordonne l'appel de la partie adverse, de façon à ce que la mesure ne soit ordonnée qu'après un débat contradictoire, et par conséquent, en connaissance de cause.

§ 2. — **Apposition des scellés.** — **202.** — Quelles sont maintenant les mesures conservatoires autorisées ?

La loi ne cite nominativement que l'apposition des scellés ; mais elle indique de façon expresse que toutes autres mesures conservatoires peuvent être ordonnées. Le magistrat devra se montrer réservé pour l'autorisation d'apposition des scellés qui souvent ne sera demandée que dans un but purement vexatoire.

§ 3. — Saisie-Arrêt. — 203. — Avant la loi du 18 avril 1886, on se demandait si la femme demanderesse en divorce ou en séparation de corps pouvait se faire autoriser à pratiquer sur les débiteurs de son mari une saisie-arrêt pour la garantie de ses reprises éventuelles. Le doute provenait des termes restrictifs de l'ancien article 270 qui n'autorisait que l'apposition des scellés. On basait l'affirmative sur l'article 869 (Proc. civ.) qui permet, d'une façon générale, les mesures conservatoires en matière de séparation de biens.

Aujourd'hui aucun doute n'est possible en présence des termes généraux de l'article 242. Le président aura à apprécier l'éventualité des reprises, l'utilité réelle que peut offrir la saisie-arrêt, et enfin il devra faire une évaluation approximative du montant des reprises.

§ 4. — Remise du fonds de commerce à la femme. — 204. — La femme a pu demander à gérer seule le fonds de commerce en se prévalant de ce que c'était elle qui, en fait, en avait la gestion, le mari étant illettré ou incapable de l'administrer. Cette mesure est de celles qu'il est convenable de n'ordonner qu'en référé et contradictoirement. Elle peut l'être dès la première ordonnance. Voici le dispositif d'une ordonnance rendue en un cas semblable : « Autorisons la femme X... à « occuper seule, à l'exclusion de son mari, les locaux « servant à l'habitation commune et dans lesquels « s'exerce le commerce; autorisons en conséquence la « dite demanderesse à gérer seule le fonds de com- « merce, mais à la charge de faire faire sans délai un « inventaire préalable des objets mobiliers, marchan- « dises et valeurs laissés entre ses mains; Disons « qu'elle déposera à la banque..., à titre de séquestre, « l'excédant des sommes par elle encaissées; faisons

« réserve au mari de demander à prélever sur ces
« valeurs, une somme périodique, à titre de pension
« alimentaire. »

Décision analogue, Paris, 2 décembre 1896 (*Gaz. des
Trib.*, 9 décembre 1896).

Il a été jugé, et avec raison, que l'article 242 ne donne
pas le droit de dépouiller d'une façon générale le mari
de l'administration de la communauté.

IV. — De la réintégration du domicile conjugal « manu militari » en référé

205. — La question de savoir si le mari peut contraindre la femme *manu militari* à réintégrer le domicile
conjugal est controversée. En admettant la solution
affirmative, on s'est demandé s'il serait possible de
demander l'autorisation par voie de référé. Peut-être
devrait-on répondre dans le sens de la compétence
du juge des référés par analogie avec ce qui est
pratiqué pour l'enfant mineur par application de l'article 374 du Code civil, ainsi qu'il est dit en traitant
de la puissance paternelle (n° 308). Il existe en effet une
analogie frappante de rédaction entre l'article 214 et
l'article 374.

Mais, quoique la jurisprudence paraisse incliner dans
le sens de la possibilité de la contrainte *manu militari*,
on doit hésiter à sanctionner cette opinion. Il n'y a pas
analogie entre l'incapacité et la situation de la femme et
celles du mineur. Si la voie de la coercition n'est pas
ouverte, la question du référé ne se pose plus.

On peut consulter à ce sujet un arrêt d'Aix du
22 mars 1884 (Sirey, 1884, 2, 93), qui décide que le juge
des référés est compétent pour ordonner à la femme de
réintégrer le domicile conjugal avec rapport des objets

mobiliers soustraits par elle : mais que la loi n'a pas autorisé l'exécution *manu militari*.

V. — Abandon par la femme de la résidence provisoire

206. — Cet abandon autorise le mari, aux termes de l'article 241, à faire déclarer la femme non recevable à continuer ses poursuites.

Il paraît d'abord certain que cette déchéance ne s'applique pas au fond même du droit, qu'elle laisse intact le droit pour la femme de se prévaloir ultérieurement des causes de séparation de corps ou de divorce qui peuvent exister; elle ne s'applique qu'à la suspension de la procédure, pendant laquelle il appartient aux tribunaux de laisser subsister telle ou telle des mesures provisoires qu'ils jugent à propos.

Il est également admis que les tribunaux ont tout pouvoir d'appréciation pour décider si l'abandon de la résidence est justifié par des motifs légitimes. La déchéance ne devrait être prononcée que si ces motifs n'existent pas et après une mise en demeure restée infructueuse ; même dans ce cas, il serait équitable d'accorder à la femme un délai pour se conformer à l'obligation de résidence.

VI. — Demandes simultanées en divorce et en séparation de corps

207. — Si l'un des époux demande le divorce, et l'autre la séparation, on s'est posé la question de savoir si le divorce étant admis, il y avait lieu de statuer sur l'action en séparation qui paraît être devenue sans objet.

La solution affirmative est admise sans difficulté. La décision sur la séparation de corps présente encore, en effet, un triple intérêt, même après le prononcé du divorce.

D'abord l'époux au profit de qui elle est prononcée a droit à la satisfaction morale résultant de l'affirmation du bien fondé de sa demande.

En second lieu, la séparation de corps pourra produire les effets résultant des articles 299 et suivants du Code civil, relatifs aux avantages stipulés entre époux.

Enfin, aux termes de l'article 252, le divorce étant considéré comme nul et non avenu à défaut de transcription dans le délai légal, la séparation aurait alors sa raison d'être.

VII. — Conversion de la séparation de corps en divorce

§ 1. — **Sens de l'art. 310.** — **208.** — « Lorsque la « séparation de corps aura duré trois ans, le jugement « pourra être converti en jugement de divorce sur la « demande formée par l'un des époux. » Ces termes de l'article 310, cette faculté donnée aux tribunaux d'accorder ou de refuser la conversion, ont donné lieu à de graves divergences sur l'esprit du législateur de 1884. Quel ordre de considérations les magistrats devront-ils envisager pour l'exercice du droit d'appréciation que leur confère la loi ? On est arrivé jusqu'à proposer de supprimer ce pouvoir d'appréciation dont le sens était si discuté, et on l'a proposé législativement. Et cependant le sens de l'article 310 paraît d'une grande évidence et la disposition extrêmement sage.

Suivant les uns, qui sont peu favorables en principe à l'institution du divorce, il faut profiter de la faculté laissée par la loi aux magistrats pour restreindre le plus possible les divorces. Cette opinion ne se discute pas : elle est en contradiction évidente avec la loi.

Suivant d'autres, la conversion est un droit pour l'époux qui la demande : il faut l'accorder toujours. Ici encore, quoique dans un sens contraire, on viole l'esprit de la loi.

Suivant une opinion très répandue, le tribunal doit rechercher quels ont été, dans les faits qui ont motivé la séparation, les torts de l'époux demandeur en conversion. Si on relève à sa charge des torts graves, on lui refuse le divorce : il serait immoral, a-t-on dit, qu'il fût admis à se prévaloir de sa faute, peut-être de son inconduite, pour réclamer la faveur du divorce.

Il importe de remarquer que cette opinion tend à n'accorder la conversion qu'à l'époux qui a obtenu la séparation et à la refuser à l'autre. Il semble qu'alors le législateur l'eût exprimé.

C'est précisément cette idée et l'historique de la disposition qui en donnent le sens. Il est en effet remarquable que l'ancien texte n'accordait, au contraire, la faculté de demander le divorce par conversion, qu'à l'époux qui était originairement défendeur. C'est exactement la thèse contraire à celle qui paraît dominer aujourd'hui.

Le sens de l'ancien article était clair. L'époux défendeur avait le droit, après trois ans, d'obtenir le divorce, si le demandeur originaire ne consentait pas à faire cesser la séparation. La séparation, dans l'esprit des rédacteurs du Code, était un état essentiellement temporaire, une sorte d'épreuve destinée à calmer les ressentiments, à amener peut-être les regrets et à disposer aux transactions nécessaires à la reprise de la vie commune. C'est pour ce motif que le Code ne consacrait que peu d'articles à la séparation. Après trois ans, si la réconciliation n'était pas survenue, le défendeur avait le droit de faire cesser cette situation provisoire, de faire considérer l'épreuve comme décisive dans le sens de la rupture définitive du lien conjugal. Le législateur estimait que cet état de célibat forcé, imposé à l'époux défendeur, devait prendre fin ; c'est le même sentiment qui a fait regarder comme illicite la condition de ne pas se marier imposée par un testateur comme condition d'un legs.

Qu'a décidé le législateur de 1884? Il a reproduit la disposition ancienne en l'étendant aux deux époux. Comment soutenir alors que la faculté ne pourra profiter qu'au demandeur primitif, alors que l'ancien article n'avait été écrit que pour le défendeur ! Et comment douter que la disposition ait conservé le sens qu'elle avait à l'origine ! Ce sera toujours la période d'épreuve destinée à rechercher si la vie commune est réellement impossible ; c'est cette appréciation que les juges auront à faire. L'épreuve peut avoir été décisive, mais peut-être aussi, à raison de la jeunesse des époux, de l'existence d'enfants, de certaines influences de famille qui ont amené la mésintelligence, mais qui sont appelées à disparaître, tout espoir de réconciliation n'est-il pas perdu. Alors les magistrats déclareront la demande en conversion non recevable en l'état ; elle pourra être formée à nouveau après un certain délai.

Cette opinion est rationnelle, elle est satisfaisante au point de vue législatif. On voit combien il serait regrettable d'enlever aux tribunaux une faculté qui peut avoir une influence utile, et de les obliger de prononcer toujours la conversion, alors que la réconciliation est encore possible.

Cependant diverses propositions de loi tendant à la modification de cette partie de l'article 310, sont en cours de discussion devant les Chambres législatives. Suivant un projet, il y aurait lieu simplement de remplacer la

faculté par l'obligation. Suivant une autre, auquel le
Sénat paraît favorable, la conversion demandée par
l'époux contre lequel la séparation a été prononcée,
demeurerait facultative ; elle serait obligatoire sur la
demande de l'autre époux. Pourquoi ne pas s'en rapporter à l'appréciation des magistrats éclairés par les
circonstances de fait, et envelopper leur décision dans
ces distinctions ?

§ 2. — **Compétence.** — **209.** — L'article 310 ne contenant aucune disposition relative à la compétence, on
doit décider qu'en l'absence de dispositions dérogatoires
au droit commun, le tribunal compétent pour connaître
de la demande en conversion est celui du domicile du
défendeur. Si ce domicile est inconnu, on s'attache au
dernier domicile connu.

§ 3. — **Procédure et formules.** — **210.** — On s'est
demandé si la requête en conversion de divorce doit être
présentée par l'époux demandeur en personne ; on décide
généralement que cette formalité, dans le silence de
l'article 310, n'est pas obligatoire.

Mais les époux doivent-ils comparaître en personne
à la chambre du conseil ? La négative paraît dominer,
alors que l'article 310 ne parle pas de comparution
personnelle. On a ajouté aussi que, le ministère des
avoués étant obligatoire dans cette procédure, il est
naturel que la présence des parties ne le soit pas. On a
fait observer encore que la séparation de corps a duré
au moins trois ans, que la réconciliation n'a pas eu lieu
et qu'ainsi les raisons de sentiment qui ont prescrit la
comparution personnelle devant le président, n'existent
plus.

Ces divers motifs sont évidemment exacts ; mais est-il
bien certain que le législateur de 1884, en parlant de la
comparution et en ordonnant qu'elle ait lieu en chambre

du conseil, a entendu le mot *comparution* dans le sens
de *constitution d'avoué* et n'a pas compris que les
parties comparaîtraient avec leurs avoués ?

En fait, les parties comparaissent en personne et cela
est évidemment préférable, quoique peut-être cette comparution ne soit pas obligatoire.

Voici la formule de l'ordonnance : « Nous président,
« vu la requête qui précède et l'article 310 du Code civil,
« autorisons le sieur X... à faire assigner, aux fins de
« ladite requête, la femme X... à comparaître devant le
« tribunal que nous présidons, à huit jours francs ;

« Commettons M. le juge ... pour faire son rapport ;

« Ordonnons la communication au ministère public ;

« Et fixons au ..., heure de ..., le jour où les parties
« comparaîtront en la chambre du conseil.

« Fait à ..., le .... »

Le jugement est rendu en audience publique.

§ **4. — Dépens. — 211.** — La condamnation aux dépens est une question d'appréciation ; mais, en la matière
de la conversion, l'appréciation est fort délicate. Dalloz
(supp. au Code civil annoté, nᵒˢ 2634 et suivants), fait des
distinctions qui paraissent rationnelles.

Si le demandeur en conversion succombe, il est condamné aux dépens.

Si la conversion est prononcée contre l'époux qui avait
obtenu la séparation de corps, il ne saurait, dit-il, être
condamné aux dépens. Mais est-il bien logique de les mettre à la charge du demandeur en conversion qui obtient
gain de cause ? Ne serait-ce pas le cas de les compenser ?

Si la conversion est prononcée à la requête de l'époux
qui a obtenu la séparation, la question, dit-il, est très
controversée. Ne faudrait-il pas, dans ce cas encore,
trancher la question par la compensation ? Le demandeur
a gain de cause ; mais le défendeur a-t-il tort ?

DOMAINE DE L'ÉTAT
CONTRAINTE

212. — Le décret des 19 août 12 septembre 1791 est relatif à la régie des domaines nationaux. L'article 4 traite de la poursuite des revenus des domaines nationaux; il se termine ainsi : « En cas de retard, de la part « des débiteurs ou administrateurs, le directeur de la « régie décernera des contraintes qui seront visées par « le président du tribunal du district de la situation des « biens, sur la représentation d'un extrait du titre obli- « gatoire du débiteur, et mises à exécution sans autre « formalité. » Cette disposition est encore en vigueur; la contrainte est rendue exécutoire par le président du tribunal civil.

Voir Dalloz (rép., v° *Domaines de l'État*, n° 80 et 81; et le décret de 1791, v° *Domaines nationaux*)

DOMMAGES AUX CHAMPS
DOMMAGE PERMANENT
PROCÉDURE D'EXPERTISES
SUCCESSIVES

213. — Il ne sera pas inutile de proposer sous ce titre une solution pour une hypothèse qui, dans tous les pays de grandes forêts ou de grandes chasses, se présente assez souvent, avec des difficultés particulières dont la solution appartient aux juges de paix en premier ressort, aux tribunaux civils en appel.

Un propriétaire riverain d'une grande forêt se plaint du dommage causé à ses récoltes par l'incursion des cerfs ou autres animaux.

S'il introduit son action à une époque voisine de la récolte, on lui oppose qu'il est trop tard pour constater le dommage commis, d'ordinaire, l'hiver par les animaux.

S'il introduit sa demande aussitôt après les incursions, le juge de paix ordonne une expertise. Les experts constatent le fait des incursions ; mais y aura-t-il dommage définitif ? ils ne sauraient le dire. D'abord le dommage peut se réparer ; puis une intempérie peut détruire la totalité de la récolte ; le cas fortuit efface alors, en principe la cause première du dommage. Le juge de paix, est obligé de statuer en l'état : il le pense du moins ; car l'article 15 du Code de procédure civile lui impose, à peine de péremption, l'obligation de juger dans les quatre mois de l'interlocutoire. Il juge assurément sans être éclairé ; car il ne sait s'il y aura préjudice. Ce n'est qu'au moment de la récolte qu'on saura s'il existe et quel il est. Et, en outre, sur quoi y aura-t-il chose jugée ? Il semble qu'elle ne couvrira que les dommages passés. Mais alors le propriétaire riverain devra-t-il intenter une action nouvelle à chaque incursion ? C'est rendre tout recours illusoire et donner lieu à des frais excessifs.

Voici quel devra être le mode de procéder.

Il s'agit d'un dommage unique, portant sur toute la récolte, et non de dommages successifs. Ce dommage unique est tout à la fois permanent et successif et ne pourra être évalué avec certitude que lors de la récolte.

Il y aura donc lieu d'instituer une expertise avec

visites successives, l'une au moment du dégât, la dernière au moment de la récolte, et, au besoin, suivant la nature des récoltes et l'appréciation du magistrat, une visite intermédiaire. La décision, éclairée cette fois et définitive, sera rendue après la dernière constatation.

L'article 15 ne fait pas obstacle à ce mode de procéder. Il a été jugé, en effet, que, dans le cas d'expertises successives, le délai de quatre mois ne court qu'à partir du dépôt du dernier rapport, de même que s'il s'agit d'une expertise qui ne peut avoir lieu qu'à une époque déterminée. (Cassation, 20 mars 1878, 30 août 1880 et 16 février 1887 ; Dalloz, périod. 1878, 1, 328 ; — 1880, 5, 363 ; — 1887, 1, 320).

Peu importe aussi que le demandeur insiste pour avoir une indemnité immédiate : le juge ne doit pas faire droit à cette demande ; il ne peut être obligé de juger sans être éclairé.

Ainsi jugé, tribunal civil de Châteauroux, 7 juillet 1896, aff. Delarue contre Duc de Valençay.

ÉLECTIONS SÉNATORIALES

I. — Antécédents de l'élection

214. — L'article 12 de la loi du 2 août 1875, modifié dans certaines de ses dispositions par la loi du 9 décembre 1884, porte que le collège électoral réuni pour l'élection des sénateurs est présidé par le président du tribunal civil du chef-lieu du département.

On ne saurait dire que ce soit ici une attribution judiciaire, elle est purement politique. Si elle se justifie peu en théorie, en pratique elle a eu ce rare avantage, c'est que les élections sénatoriales se font avec une régularité, une précision, on peut ajouter, une impartialité qui sont dues à la direction du magistrat appelé à les présider.

Avant l'élection, la préfecture remet au président le texte des circulaires, qui d'ordinaire sont reproduites avec peu de modifications à chaque renouvellement général et, en même temps, tous les imprimés.

On n'aura donc ici qu'à donner quelques notes pratiques utiles à consulter pour chaque élection.

Le lieu du vote est déterminé par le préfet après entente avec le président; on conçoit que ce dernier soit le plus intéressé au choix de la salle, de façon à faciliter la surveillance et le bon ordre. Il est bon qu'elle soit à proximité de quelque place pouvant permettre un dégagement possible et, s'il y a lieu, des conférences entre les délégués.

L'article 13 de la loi de 1875 porte que le bureau répartit les électeurs en un certain nombre de sections de vote. La pratique corrige heureusement la défectuosité de cette disposition. Suppose-t-on, en effet, que le président soit obligé d'attendre la constitution du bureau pour faire organiser les bureaux de vote! Il est nécessaire qu'il apprécie le nombre de sections que comporte le nombre des délégués et il fera ratifier sa décision par le bureau. Cette décision préalable est nécessaire, non seulement pour l'organisation de la salle, mais pour le sectionnement des listes d'émargement, travail assez long, et qui doit être préparé plusieurs jours d'avance.

Le président, avant le jour de l'élection, doit veiller à ce qu'il lui soit remis, outre les circulaires, les pièces suivantes :

Le tableau indiquant le résultat de l'élection des délégués ; il est utile pour constater le titre des suppléants qui se présentent et l'ordre de désignation desdits suppléants ;

La liste des électeurs par âge (Circulaire du 19 janvier 1876) ; elle est utile pour la composition du bureau ;

Les listes d'émargement ; elles sont divisées par sections, par exemple, de 1 à 200, de 201 à 400, etc., et en double ;

Des feuilles de pointage ;

Les imprimés en double pour le procès-verbal de l'élection :

Des lettres imprimées, mais non remplies, pour les délégués qui les auraient égarées, ou pour les suppléants qui, sans avoir été convoqués, viendraient remplacer le délégué empêché : la lettre est nécessaire pour la taxe ;

Des bordereaux imprimés pour les taxes ;

Des récépissés de remise de lettres de délégués ne demandant pas à être taxés de suite ;

L'âge des candidats : il est nécessaire de le connaître pour le cas où deux candidats auraient un nombre de voix égal.

Le président doit veiller a ce que les avis suivants soient affichés dans la salle :

Avis rappelant les heures d'ouverture et de clôture des scrutins et le nombre des sénateurs à élire ;

Avis relatif à la demande obligatoire de la taxe avant la clôture de la séance ; avis que la réquisition de taxe doit être signée par le délégué ;

Avis relatif à la faculté pour les délégués de ne pas attendre la taxe ; mais obligation de remettre leur lettre avant la clôture de la séance ;

Avis que les délégués devront, pour être taxés, avoir participé à tous les scrutins.

II. — Constitution des bureaux

215. — Voici maintenant le résumé très sommaire qu'il est nécessaire d'avoir sous les yeux, soit pour la direction de l'élection, soit pour les avis à donner aux membres du bureau.

Aussitôt les électeurs entrés dans la salle, le président appelle à siéger au bureau les deux plus âgés et les deux plus jeunes électeurs présents. (Art. 12 de la loi de 1875).

On n'admet pas les illettrés. (Décret du 2 février 1852, art. 14).

Le bureau, à la majorité, nomme un électeur comme secrétaire ; il a *voix consultative.*

Il est essentiel de choisir comme secrétaire un homme sachant rédiger des procès-verbaux.

Le bureau répartit les électeurs par sections de vote d'au moins cent noms.

Il désigne à la majorité, pour chaque section, le président et quatre scrutateurs pris parmi les électeurs, sans conditions d'âge.

Les sections de vote n'ont pas de secrétaire, car elles ne rédigent pas de procès-verbal.

Le bureau statue sur toutes les contestations. Ses décisions sont motivées.

Les réclamations et décisions sont inscrites au procès-verbal.

Les pièces ou bulletins y ayant donné lieu sont annexés, au procès-verbal, après avoir été paraphés par le bureau.

Trois membres au moins doivent être présents. Le président est remplacé par le plus âgé des membres du bureau ; le secrétaire, par le plus jeune.

III. — Votes

216. — Observations sur le vote. -- Il sera utile qu'avant l'ouverture du scrutin, le président les fasse à haute voix, en les développant au besoin ; les voici très résumées :

Les boîtes de scrutin sont à deux serrures.

Le président du bureau de vote fait constater que la boîte est vide et la ferme. Il conserve l'une des clefs, remet l'autre au plus âgé des scrutateurs.

Avant de recevoir le vote, le président de section doit vérifier si, par son numéro, le nom du délégué est bien compris dans la section où il se présente.

Les bulletins de vote sont préparés hors de la salle. Ils ne peuvent être distribués dans la salle.

Le bulletin est remis fermé au président de la section.

Le bulletin ne doit pas être de couleur, ni porter des signes extérieurs : on a discuté la question relative au papier quadrillé ; il vaut donc mieux l'écarter. Si un électeur présente un bulletin de cette sorte, le président doit l'en avertir, avant de recevoir son vote, de façon qu'il ait la faculté d'en préparer un autre.

Les listes d'émargement seront tenues en double par deux assesseurs. Il est utile d'expliquer aux bureaux en quoi consiste l'émargement et d'appeler leur attention sur son importance, à raison du contrôle que ces listes fournissent avec le nombre des bulletins trouvés dans l'urne. Il faut un émargement pour chaque scrutin. Un autre assesseur reçoit la lettre de l'électeur et y constate par sa *signature* (et non paraphe que l'électeur a voté. Cette signature de l'assesseur est essentielle pour la taxe, à l'effet de constater que l'électeur a participé à chaque scrutin. La lettre doit donc porter autant de signatures qu'il y a eu de scrutins.

Cette formalité est inutile pour l'électeur de droit qui n'est pas taxé ; on se borne à constater le vote par la déchirure d'un coin de la lettre.

Le suppléant qui n'aura pas été inscrit sur la liste d'émargement, parce qu'à ce moment on ne connaissait pas l'empêchement du délégué, peut se présenter pour voter.

Le bureau du collège vérifie s'il a le droit de vote, s'il est le premier suppléant. Son nom est inscrit à la troisième colonne, en face de celui du délégué qu'il remplace ; il vote sous le numéro de ce délégué.

Il lui sera remis par le bureau une lettre pour qu'il puisse voter.

Perte de la lettre. — Le délégué sera admis à voter, après que son identité aura été constatée par le bureau du collège. On lui remettra une lettre par duplicata.

Les listes d'émargement sont arrêtées *en lettres* et signée par tous les membres de la section de vote.

IV. — Dépouillement

217. — **Observations sur le dépouillement**. — Il sera utile de les faire à haute voix avant le dépouillement.

Ouverture des boîtes par le président du collège assisté du bureau.

Il retire les bulletins, en vérifie le nombre avec l'aide des assesseurs.

On consigne au procès-verbal le nombre des bulletins et le chiffre des émargements de chaque section de vote : ils doivent concorder.

Le dépouillement se fait par chaque section pour les bulletins reçus par elle.

Un scrutateur ouvre le bulletin, le lit à haute voix et le passe à un second scrutateur.

Les deux autres scrutateurs inscrivent le suffrage sur les listes de pointage; ils devront s'avertir chaque fois qu'un candidat aura une fraction de dix voix.

Le président de la section surveille

Le dépouillement terminé, les feuilles de pointage sont arrêtées et signées par le président et les quatre scrutateurs de la section. Elles sont remises au bureau du collège avec les bulletins contestés.

V. — Contestations : Bulletins

218. — Contestations. — Si le bureau n'est pas d'accord, ou si sa décision est contestée par des électeurs présents, il réserve le bulletin, le paraphe avec l'annotation « à vérifier ». L'attribution sera faite par le bureau du collège, *le bureau de section ayant voix consultative.*

Bulletin de couleur ou portant des signes extérieurs, est nul; sera joint au procès-verbal.

Bulletin contenant plusieurs noms: s'il n'y a qu'un siège à remplir, on prend le premier.

Bulletins doubles: s'ils sont différents, on ne tient compte d'aucun; s'ils sont identiques, on compte un suffrage : les deux bulletins, épinglés ensemble, sont joints au procès-verbal avec mention de la décision prise.

Bulletins n'entrant pas en compte. Ce sont :

Les bulletins blancs;

Les bulletins ne contenant pas une désignation suffisante;

Les bulletins où le votant s'est fait connaître.

Ces bulletins sont conservés et remis au bureau du collège qui statue. Ils sont paraphés et annexés au procès-verbal.

Les scrutateurs ne doivent pas donner lecture des observations qui accompagneraient le nom du candidat.

VI. — Résultat

219. — *Le dépouillement terminé*, le bureau du collège fait l'addition des suffrages.

Ensuite décisions diverses et additions nouvelles.

Procès-verbal en double signé par les membres du bureau du collège

Le président proclame les résultats et déclare élus sénateurs ceux des candidats qui ont obtenu le nombre de voix exigé.

Conditions de l'élection au 1er et au 2e tour (art. 15) :

1° La majorité absolue des suffrages exprimés ;

2° Un nombre de voix égal au quart des électeurs inscrits.

N'entrent pas en compte pour le calcul de la majorité les bulletins blancs et ceux assimilés.

Entrent en compte les bulletins de couleur ou portant des signes extérieurs.

On fait brûler tous les bulletins non annexés.

Heures du scrutin (art. 14) :

1er scrutin, de 8 heures à midi ;

2e scrutin, de 2 heures à 5 heures ;

3e scrutin, de 7 heures à 10 heures.

Au 3e tour, la majorité relative suffit : en cas d'égalité, le plus âgé est élu.

Réclamations ou protestations contre l'élection. — Le président les reçoit et les consigne au procès-verbal. Il annexe les pièces qui s'y rapportent, après les avoir visées *ne varietur* avec les autres membres du bureau.

Le dossier est transmis au préfet ; il comprend toutes les pièces de l'élection.

VII. — Taxes

220. — Taxe des délégués. — Cette matière donne lieu à de nombreuses difficultés; car la loi a été faite en vue d'un petit nombre de délégués; ce nombre ayant été augmenté, la taxation est devenue tellement impraticable qu'il a dû y être suppléé par des circulaires qui ont apporté quelques améliorations à l'état antérieur. Ce mode de taxation n'en demeure pas moins défectueux.

L'article 2 du règlement du 26 décembre 1875 contient la fixation de l'indemnité. D'ordinaire le chiffre en est indiqué dans chaque lettre par la préfecture; il sera utile de le faire vérifier d'avance par le greffe, de peur d'erreur.

D'après l'article 5, les délégués qui veulent être taxés doivent en faire la demande expresse au président du collège électoral avant la clôture de la séance. Qu'on suppose trois scrutins, le dernier se fermant à dix heures du soir; le dépouillement suit; pour peu que le nombre des délégués soit de 1.000 à 1.200, on voit combien est pratique cette nécessité de demander la taxe avant la clôture de la séance, et, en outre, de procéder à cette taxe séance tenante.

Les circulaires apprécient que, sans doute, la demande de taxe, doit être faite, à peine de forclusion, avant la clôture de la séance; mais que rien n'oblige le président à faire la taxe séance tenante; il peut n'y procéder que lendemain. Alors il conserve les lettres des délégués qui préfèrent cette manière de procéder, en leur remettant, s'ils le demandent, un récépissé.

Il y a donc, dès lors, deux séries de taxes: d'abord celles qui sont faites de suite; le président vérifie si la lettre porte mention de la présence aux trois scrutins; il fait et signe la taxe et y appose son cachet. Il fait dresser en même temps un bordereau de toutes les sommes

ainsi taxées ; ce bordereau est dressé par l'un des assesseurs, signé du président et de l'assesseur et remis
au préfet avec le dossier.

Les autres taxes sont faites le lendemain. Il est dressé
également un bordereau ; mais l'assesseur y reste étranger ; le président seul le signe. Il transmet au préfet les
lettres ainsi taxées ; la préfecture les fait parvenir aux
intéressés.

Le président devra également, avant de taxer, ou plutôt, avant de recevoir la lettre, vérifier si la réquisition
de taxe est signée par le délégué ; s'il ne sait signer, un
autre signe pour lui.

Il ne pourra, en résumé, y avoir que deux bordereaux.

Dans chaque élection, il arrive que les délégués, malgré les avertissements et les affiches, ont omis de remettre leur lettre avant la clôture de la séance ; certains
l'adressent au président plusieurs jours, plusieurs semaines même après. Il est clair qu'il doit refuser de
taxer. Il ne pourrait le faire régulièrement, d'abord à
cause de la tardiveté de la réquisition et à cause de l'impossibilité de dresser un troisième bordereau. Les délégués ne manquent pas de réclamer, de se plaindre, souvent avec vivacité ; ils se munissent de lettres d'autorités administratives supérieures déclarant ne pas faire
opposition à la taxe ; le président doit rester ferme dans
son refus : il doit demeurer strictement dans les termes
de la loi.

Quelques-uns ont voulu se faire délivrer des duplicatas
de la taxe perdue par eux : ce n'est pas possible ; on ne
peut délivrer de duplicatas que d'actes dont on détient
la minute.

Ce mode de taxation serait remplacé avec avantage
par une taxation administrative avec augmentation des
délais pour présenter la réquisition de taxe.

La base de la taxe se trouve dans l'article 17 de la loi de 1875.

VIII. — Pénalités

221. — L'article 18 de la loi de 1875 frappe de pénalités le délégué qui, sans cause légitime, s'est abstenu de prendre part au scrutin, ou n'a pas averti le suppléant en temps utile. Mêmes pénalités pour le suppléant prévenu et défaillant.

Le président devra, dans ce cas, avertir le parquet ; c'est d'ailleurs le tribunal civil qui prononce l'amende.

IX. — Police

222. — L'article 27 de la loi de 1875 se réfère aux lois antérieures pour les formalités générales. Il vise ainsi les articles 10, 11 et 20 du décret du 2 février 1852.

Le président du collège électoral a seul la police de l'assemblée. Nulle force armée ne peut, sans son autorisation, être placée dans la salle, ni aux abords. Les autorités civiles et les commandants militaires sont tenus de déférer à ses réquisitions.

Le président agira prudemment en faisant placer dans un lieu non apparent, à peu de distance de la salle, des agents ou gendarmes, pour le cas où il y aurait nécessité de faire respecter la liberté ou le bon ordre des élections.

Toutes discussions, toutes délibérations sont interdites aux électeurs dans la salle.

Nul électeur ne peut être admis dans la salle s'il est porteur d'armes quelconques.

X. — Étrangers assistant le président

223. — Les circulaires portent expressément que les

électeurs seuls peuvent être admis dans la salle. Elles apportent à ce principe une dérogation indispensable en permettant au président de se faire assister d'un employé du greffe ; il est naturel d'admettre qu'il puisse même en appeler plusieurs. Le préfet est autorisé aussi à mettre à la disposition du président un ou plusieurs employés de la préfecture. Le bureau indiquera où ils devront se placer. Il est utile de noter ces dispositions ; il est arrivé, en effet, qu'on a contesté au président le droit de se faire ainsi assister. Cette assistance est d'ailleurs absolument indispensable.

ENGRAIS : FRAUDES DANS LES VENTES

224. — Le décret du 10 mai 1889 a été rendu en exécution de la loi du 4 février 1888 et organise une sorte d'expertise préliminaire ou officieuse qui se terminera par la transmission au parquet.

Aux termes de l'article 9 du décret de 1889, le chimiste expert est désigné par le juge de paix. L'article 14 suppose une contestation de l'analyse par le vendeur ; il y a lieu alors à une contre-expertise. Ce second expert est désigné par le président du tribunal de l'arrondissement où il a été procédé à la prise d'échantillon ; suivant le même article, l'expert doit être choisi sur la liste dressée par le ministre de l'agriculture, conformément à l'article 10.

ENREGISTREMENT : POURSUITES ET INSTANCES

I. — **Résumé des textes.** — 225.

II. — **Développement.** — 226.

III. — **Jurisprudence.** — 227 à 229.
 § 1er. Mémoires, 227.
 § 2. Audiences, 228.
 § 3. Qualités, 229.

I. — Résumé des textes

225. — La loi du 22 frimaire, an VII, règle cette matière dans ses articles 63 à 69.

Le premier acte de la poursuite est une contrainte décernée par l'administration.

L'exécution de la contrainte ne peut être interrompue que par une opposition avec assignation à jour fixe devant le tribunal civil.

L'instruction se fait par simples mémoires respectivement signifiés.

Il n'y aura d'autres frais à supporter pour la partie qui succombera que ceux de papier timbré, des significations et du droit d'enregistrement des jugements.

Les jugements seront rendus sur le rapport d'un juge fait en audience publique et sur les conclusions du ministère public ; ils ne seront pas sujets à appel, mais seulement à cassation.

L'article 17 de la loi du 27 ventôse an IX, ajoute qu'il n'y aura pas de plaidoiries et que les parties ne seront pas obligées d'employer le ministère des avoués.

Tel est le résumé des dispositions législatives principales en cette matière. Elles ont été complétées par la jurisprudence, et voici les points les plus importants à retenir au sujet de ces instances.

II. — Développement

226. -- L'instance, ainsi que le porte la loi de frimaire, s'introduit par la contrainte de l'administration suivie de l'opposition du redevable avec assignation devant le tribunal civil.

Le ministère des avoués n'est pas obligatoire.

L'instruction se fait par la signification de mémoires. Le plus souvent chaque partie réplique, et à plusieurs reprises, par un mémoire nouveau, et l'instruction dure pendant de longs mois.

On s'est demandé s'il pourrait, en cette matière, y avoir défaut, si l'une des parties s'est abstenue de signifier un mémoire. En fait, la question ne s'appliquera jamais à l'administration qui signifie toujours un mémoire en réponse à l'opposition. On ne voit pas pourquoi il y aurait ici exception au principe qu'il peut être fait opposition à tout jugement par défaut. Le recueil Sirey cite de très anciens arrêts en ce sens (1875, 1, 129, note 1re).

La loi de ventôse, an IX, prohibant les plaidoiries, il y aurait nullité si l'on avait plaidé. Il a été ainsi jugé relativement à une décision qui constatait que les défendeurs avaient comparu et plaidé par un avocat et que les avocats avaient été entendus en leurs observations (Cassation, 7 juillet 1873; Sirey, 1873, 1, 423).

Les débats ont lieu en audience publique.

Un rapport est fait par un juge. La loi ne s'explique pas au sujet de la commission de ce juge. Suivant ce qui se pratique dans les jugements sur requête, il semble qu'elle doit être faite par le président. D'ordinaire elle est purement verbale ; car on ne voit pas sur quelle pièce de procédure elle pourrait être constatée. Le plus souvent c'est le président qui fait lui-même le rapport.

Le ministère public doit enfin donner ses conclusions en audience publique.

III. — Jurisprudence

§ 1er. — **Mémoires**. — **227**. — Voici le résumé de quelques décisions sur ce qui a trait aux débats.

Sur la signification des mémoires : — on a annulé le jugement qui ne mentionne dans aucune de ses parties la *signification* des mémoires sur lesquels la cause a été instruite et jugée ; la *présentation* des mémoires serait insuffisante.

Cassation, 14 janvier et 17 février 1874 (Sirey, 1874, 1, 321) ; — Cassation, 9 novembre 1874 (Sirey, 1875, 1, 129) ; Cassation, 8 novembre 1880 (Sirey, 1881, 1, 88).

Si la partie n'avait pas signifié de mémoire, le jugement indiquerait cette circonstance, ce qui le rendrait par défaut.

§ 2. — **Audiences**. — **228**. — *Sur le rapport et les conclusions :* il a été jugé que le jugement qui constate avoir été rendu « ouï le juge commissaire en son rapport, « vu les mémoires signifiés, ensemble en ses conclusions « le ministère public, » atteste suffisamment que les conclusions ont été entendues à l'audience. Cassation, 3 février 1879 ; Sirey, 1879, 1, 130).

Le jugement est nul, s'il a été rendu en l'absence du juge rapporteur. (Cassation, 24 janvier 1877. Sirey, 1877, 1, 132).

Est nul le jugement constatant qu'il a été rendu en présence du substitut, sans ajouter que ce magistrat a été entendu en ses conclusions à l'audience. (Cassation,

27 janvier 1874 ; Sirey, 1874, 1, 131; Cassat., 28 mars 1876 ; Sirey, 1876, 1, 324).

Est nul le jugement qui ne constate pas qu'il a été rendu sur le rapport d'un juge fait en audience publique. (Cassation, 27 janvier 1874 ; Sirey, 1874, 1, 131).

Est nul le jugement rendu sur le rapport d'un juge suppléant qui, à raison du nombre des juges titulaires présents, ne pouvait concourir au jugement comme juge. (Cassation, 13 août 1862 ; Sirey, 1862, 1, 1061).

§ 3. — Qualités. — 229. — En ce qui concerne la rédaction des qualités, les arrêts décident qu'il suffit que les points de fait et de droit soient rapportés dans les motifs ou le dispositif du jugement. (Cassation, 24 février et 24 mai 1875; Sirey, 1875, 1, 181 et 473).

Il est bon, en effet, que, dans la première partie du jugement, sous la forme de ou ou toute autre, on rapporte les diverses significations, le rapport, les conclusions du ministère public, etc.

Au surplus, en fait, et en exécution d'une circulaire du garde des sceaux du 21 décembre 1836 et d'une instruction du 5 juin 1837, le directeur de l'enregistrement remet au greffier une note qui, en réalité, constitue les qualités. Théoriquement, ce n'est qu'une note qui doit servir au greffier pour rédiger les qualités ; en fait, le greffier la considère comme les qualités rédigées par les avoués. De cette façon, soit par ces qualités, soit par les mentions mêmes du jugement, les points de fait et de droit sont suffisamment rapportés.

La circulaire et l'instruction se trouvent en note dans le recueil Sirey, sous l'arrêt ci-dessus du 24 mai 1875.

En dernier lieu, il faut rappeler la disposition ci-dessus de l'article 65 de la loi de frimaire relative aux frais. L'administration, lorsqu'elle n'a pas eu gain de

cause, tient la main à ce que l'état taxé ne comprenne
que les frais que la loi passe en taxe.

EXPERTISE

I. -- Nombre des experts. -- 230.

II. -- Serment des experts. -- 231.

III. -- Formule motivée de jugement ordonnant une expertise. -- 232.

IV. -- Expert en matière d'inventaire ; Renvoi. -- 233.

V. -- Commission rogatoire. -- 234.

VI. -- Expertises amiables ; rôle du président. -- 235.

I. — Nombre des experts

230. -- L'article 303 du Code de procédure civile
dispose que l'expertise ne pourra se faire que par trois
experts, à moins que les parties ne conviennent qu'il soit
procédé par un seul.

Dans ce dernier cas, le jugement constatera que les
parties représentées par leurs avoués, ont donné ce
consentement. Les représentants d'incapables n'auraient
pas capacité pour le donner.

Dans la pratique, on reconnaît aussi aux tribunaux la
faculté de ne nommer qu'un expert ; c'est lorsque l'expertise est ordonnée d'office et que les parties n'y ont pas
conclu.

Il y a enfin des cas dans lesquels la loi elle-même
autorise à désigner un ou trois experts. C'est d'abord
l'article 955 (Proc. civ.), au cas d'expertise préalable à

une vente de biens de mineurs. C'est ensuite l'article 971 du même Code, au cas de partage ou de licitation.

On peut encore ajouter le cas où il s'agit en réalité d'autre chose que d'une expertise : c'est lorsque le tribunal désigne un manœuvre ou artisan pour faire un travail. Il n'a pas à donner un avis : ce n'est pas proprement une expertise.

II. — Serment des experts

231. — L'article 305 (Proc. civ.) pose le principe que les experts prêtent serment. Le jugement indique si ce sera devant le président ou devant un juge de paix ; c'est une question d'économie de frais de transport.

Les parties majeures et maîtresses de leurs droits peuvent dispenser les experts de la formalité du serment ; le jugement le constate sur la déclaration des avoués.

Il importe de remarquer que le consentement, de même que celui donné à ce qu'il soit procédé par un seul expert, implique pour la partie la renonciation à faire appel du jugement interlocutoire.

On explique au mot *référé* (n° 329), ce qui se rapporte à la question de savoir si, en matière de référé, le président a le droit de dispenser d'office les experts du serment, et on admet la solution affirmative.

On remarquera encore qu'au cas traité sous le numéro précédent, où le tribunal commet, non pas un expert proprement dit, mais un homme de l'art chargé de faire un travail, sans avis à donner, il n'y a pas de serment à prêter ; le serment ne peut avoir de sens que si l'expert est chargé de donner un avis.

III. — Formule motivée de jugement ordonnant une expertise

282. — L'article 305 contient la disposition suivante :
« Si les experts ne sont pas convenus par les parties, le
« jugement ordonnera qu'elles seront tenues d'en nommer
« dans les trois jours de la signification ; sinon, qu'il
« sera procédé à l'opération par les experts qui seront
« nommés d'office par le même jugement. »

Il arrive que, dans la formule du jugement qui
ordonne l'expertise, on ne tient pas compte de cette disposition ; ce qui a donné lieu à cassation. Il est donc
convenable d'employer la formule suivante : « Le tribunal,
« avant faire droit au fond, ordonne que par experts
« qui seront convenus par les parties dans les trois jours
« de la signification du présent jugement, sinon par
« Messieurs ....., que le tribunal nomme d'office, serment
« préalablement prêté devant ...., et lesquels, en cas de
« refus ou d'empêchement, seront remplacés par ordon-
« nance du président rendue sur requête, etc.... »

Dans les affaires importantes et où l'expertise joue un
rôle prépondérant, il pourra être utile de modifier cette
dernière partie du dispositif, de façon que la désignation
par le président d'un expert en remplacement, soit contradictoire. Le tribunal pourra donc ordonner que la
partie adverse sera appelée devant le président, à moins
que la requête ne soit signée par les avoués des deux
parties. On pourra alors discuter devant le président
sur la désignation de l'expert. La personne de l'expert
peut avoir un intérêt, d'autant plus que souvent la partie
qui présente requête propose officieusement un ou plusieurs noms. Même dans les affaires ordinaires, il est
bon qu'on introduise la requête collective.

IV. — Expert en matière d'inventaire

233. — Voir sur l'article 935 (Proc. civ.), au mot *Scellés* (n° 402.

V. — Commission rogatoire

234. — L'article 1035 (Proc. civ.) qui permet de déléguer un certain nombre d'opérations, contient dans son énumération la nomination des experts. Le tribunal peut donc déléguer à cet effet un tribunal voisin, ou même un juge de paix.

On ne devra pas abuser de ce droit ; car, si le tribunal délégué connaît mieux la compétence des experts, il a, d'autre part, une connaissance moins complète de l'affaire. On pourrait combiner les deux moyens en se faisant transmettre par le tribunal étranger une liste d'experts compétents sur laquelle le tribunal choisirait.

Si le président d'un autre tribunal est délégué à ces fins, il peut employer la formule suivante: « Nous président, vu les dispositions du jugement du tribunal « civil de .... en date du ...., aux termes duquel nous « sommes commis à l'effet de désigner trois experts et « de recevoir leur serment ; — vu la requête ci-dessus, « laquelle nous a été présentée aux fins des dispositions « précitées dudit jugement ; — désignons comme experts « auxdites fins Messieurs .... ; — disons qu'ils prêteront « serment devant nous en notre cabinet au Palais de « Justice, le .. , heure de ...; — et avons signé avec le « greffier nous assistant. »

Voir le mot *commission rogatoire*.

VI. — Expertises amiables ; rôle du président

235. — Il reste à examiner une question sur laquelle

l'attention ne s'est pas portée et qui présente cependant
un intérêt considérable tant au point de vue du fait que
du droit.

Il arrive assez souvent qu'on présente requête au
président afin de désignation d'experts dans des matières non contentieuses. Citons, par exemple, l'espèce
suivante : la clause d'un contrat de mariage stipule
que les biens qui adviendront à la future épouse par
donation ou succession, seront dotalisés jusqu'à concurrence d'une somme déterminée par le contrat. L'événement se réalise : la femme mariée recueille un legs ;
il s'agit de rechercher quel est la valeur des immeubles
et de déterminer ceux qui seront dotaux. Les experts,
dit le contrat, seront désignés par le président du tribunal civil de la situation des biens.

Le président doit-il répondre la requête ? Non ; car le
président n'agit comme tel que lorsqu'il fait acte de juridiction. Ici il n'y a pas de litige actuel. Seulement les
parties ont à procéder à une estimation et elles conviennent de s'adresser à un tiers qui désignera l'expert.
Assurément nous ne disons pas qu'une convention de
cette nature soit nulle. Les parties ou le contrat peuvent
stipuler qu'une estimation sera faite de telle façon que
des experts seront nommés par telle personne désignée.
Ici le sens de la clause est celui-ci : le contrat stipule
que les experts seront désignés par la personne qui,
lors de l'événement prevu, sera investie des fonctions
de président du tribunal ; c'est en son nom privé et
comme particulier que le président est désigné d'accord.
Il pourrait assurément faire la désignation voulue, à ce
titre ; il est préférable qu'il s'y refuse ; car il n'est
pas bon que, dans l'arrondissement où il rend la justice, il participe, comme particulier, à des contrats
entre particuliers. Il doit donc refuser et il le peut,
sans qu'il y ait déni de justice ; car, encore une fois, il

ne fait pas alors acte de juridiction ; il agit comme particulier.

Une restriction est cependant nécessaire, et c'est la force des choses plutôt que la logique qui y conduit. Une clause de cette nature est insérée dans toutes les polices d'assurances contre l'incendie. La police institue une expertise amiable ; si les deux experts désignés par les parties ne s'entendent pas, le président du tribunal civil ou de commerce désigne le tiers expert. En fait, le président répond toujours ces requêtes. Le refuser serait rendre impossible l'expertise amiable ; il y a là une sorte d'usage établi contre lequel il serait difficile de réagir. Il faut s'incliner devant certains usages qui, s'ils sont injustifiables en droit, n'ont cependant pas d'inconvénients pratiques.

EXPROPRIATION POUR CAUSE D'UTILITÉ PUBLIQUE

I. — Préliminaires de l'Expropriation

236. — Cette matière contient un certain nombre de

dispositions, les plus importantes, qui intéressent la chambre du conseil et le président.

Les préliminaires de l'expropriation sont indiqués par l'article 1er de la loi du 3 mai 1841. Ils consistent en : 1° la loi ou le décret qui autorise l'exécution des travaux, suivant les distinctions portées à l'article 2 ; 2° s'il y a lieu, l'arrêté du préfet désignant les localités ; 3° les enquêtes prescrites par le titre II de la loi ; lesquelles formalités sont restreintes par l'article 12, s'il s'agit de travaux communaux ; 4° l'arrêté du préfet déterminant les propriétés atteintes par l'expropriation.

II. — Incapables

237. — L'article 13 autorise les représentants légaux de tous les incapables à consentir à l'amiable à l'aliénation des biens compris dans l'arrêté préfectoral : ils doivent, à cet effet, se faire autoriser par le tribunal ; l'autorisation est donnée sur requête, en la chambre du conseil, le ministère public entendu.

Le tribunal, porte la loi, ordonne les mesures de conservation ou de remploi qu'il juge nécessaires. C'est au tribunal qu'il appartient d'apprécier l'utilité de mesures de cette nature, en tenant compte des garanties qu'offre le représentant de l'incapable et de l'importance de la somme.

III. — Expropriation

238. — Les articles 13 *in fine* et 14 traitent du jugement d'expropriation qui doit être rendu si tous les intéressés n'ont pas traité à l'amiable. Le ministère public requiert l'expropriation ; elle est prononcée en audience publique. Le tribunal n'a qu'à rechercher si toutes les formalités préalables ont été remplies.

Le tribunal compétent est celui de la situation des biens. (Art. 13).

Le même jugement commet un des membres du tribunal comme magistrat directeur du jury et un second pour le remplacer au besoin. En cas d'absence ou d'empêchement de ces deux magistrats, il est pourvu à leur remplacement par ordonnance du président.

Si les intéressés consentaient à la cession, sans qu'il y eût accord sur le prix, il n'y aurait pas à prononcer l'expropriation, mais seulement à donner acte du consentement et à nommer le magistrat directeur.

IV. — Désignation du jury

239. — L'article 30 est relatif à la désignation du jury. La compétence pour faire le choix des jurés est attribuée, dans les départements où il n'existe pas de Cour d'appel, à la première chambre du tribunal de chef-lieu judiciaire. L'opération se fait en chambre du conseil. Le choix doit se porter sur les jurés de l'arrondissement où a lieu l'expropriation. Le tribunal choisit seize jurés titulaires et quatre jurés supplémentaires. Il est naturel que les intéressés n'en puissent faire partie.

V. — Dispositions spéciales aux chemins vicinaux

240. — Il est dérogé à cette disposition par la loi du 21 mai 1836 pour les expropriations nécessitées par les travaux d'ouverture ou de redressement des chemins vicinaux. Suivant l'article 16 de cette loi, le jury spécial n'est composé que de quatre jurés titulaires et trois jurés supplémentaires. De plus, il résulte des termes de cet article que c'est le tribunal d'arrondissement, c'est-à-dire le tribunal de la situation de l'immeuble qui choisit

le jury. (De Lalleau, *Traité de l'exprop.*, t. 2, n° 1078). Il
faut ajouter encore que le tribunal qui prononce l'expropriation peut alors désigner comme magistrat directeur,
soit l'un de ses membres, soit le juge de paix du canton.
Quoique la loi ne le dise pas, il semble que, par analogie
avec les dispositions de la loi de 1841, le tribunal devra
désigner un magistrat pour le cas où le titulaire serait
empêché, et, de même, un suppléant du juge de paix,
pour remplacer celui-ci.

VI. — Prise de possession en cas d'urgence

341. — Les articles 63 et suivants règlent le cas de la
prise de possession d'urgence : ces articles sont appliqués quelquefois.

Un décret déclare l'urgence.

Après un débat contradictoire, le tribunal fixe le montant de la somme à consigner par l'expropriant avant la
prise de possession. Le plus souvent, cette somme, c'est
l'offre de l'expropriant.

L'article 70 ajoute que, sur le vu du procès-verbal de
consignation et sur une nouvelle assignation à deux
jours de délai au moins, le président ordonne la prise
de possession.

Le jugement et l'ordonnance sont exécutoires sur
minutes et ne sont sujets ni à opposition, ni à appel.

L'ordonnance du président est rendue dans la forme
des audiences de référé. Elle constate la comparution de
l'avoué de l'expropriant et ses dires; puis la comparution des parties ou de leurs avoués, et, s'il y a lieu,
les défauts ; puis elle vise le décret déclarant l'urgence, le jugement qui a ordonné la consignation d'une
somme de ..., ainsi que de deux années d'intérêts ; le
certificat constatant la consignation de cette somme;

enfin elle se termine ainsi : « Attendu qu'en conséquence
« toutes les formalités prévues par la loi ont été remplies
« et qu'il y a lieu de faire droit à la demande de la
« Compagnie en l'autorisant à prendre immédiatement
« possession des immeubles dont s'agit ; par ces motifs,
« ordonnons la prise de possession par la Compagnie
« de ..., des immeubles sus-indiqués, et ce, avec l'assis-
« tance de la force armée, si besoin est ; faisons défense
« aux susnommés et à tous autres de s'opposer à ladite
« prise de possession ; disons que la présente ordon-
« nance sera exécutoire sur minute et avant enregis-
« trement. »

Suivant l'article 72, le président taxe les dépens, qui
sont supportés par l'administration.

FAILLITE

I. — Séparation de biens ; dépens

242. — On se reportera au mot *Séparation de biens*
(nos 408 à 411), où se trouve traitée la question controversée relative au sort des dépens exposés par la femme
du failli demanderesse en séparation de biens.

II. — Vente des immeubles

243. — Dans le cas où il y a lieu de procéder à la

vente des immeubles du failli, l'article 572 du Code de commerce ordonne qu'il y sera procédé suivant les formes prescrites pour la vente des biens des mineurs. Une requête est, à cet effet, présentée au tribunal civil qui ordonne la vente par jugement rendu en chambre du conseil.

L'article 573 règle ce qui a trait à la surenchère.

On s'est demandé quel était le tribunal compétent pour ordonner la vente, au cas où les immeubles sont situés dans un arrondissement autre que celui du domicile du failli. Suivant l'opinion dominante, c'est le tribunal de la situation des biens (Dalloz, rep. v° *Faillite*, n° 1160).

III. — Transaction

244. — Aux termes de l'article 487 du Code de commerce, les syndics peuvent, avec l'autorisation du juge commissaire, et le failli dûment appelé, consentir une transaction. Si l'objet de la transaction est d'une valeur indéterminée ou qui excède 300 francs, la transaction ne sera obligatoire qu'après avoir été homologuée, savoir : par le tribunal de commerce pour les transactions relatives à des droits mobiliers, et par le tribunal civil, pour les transactions relatives à des droits immobiliers. Le failli sera appelé à l'homologation, son opposition suffira pour empêcher la transaction, si elle a pour objet des biens immobiliers.

FUNÉRAILLES

245. — **Loi sur la liberté des funérailles.** — La loi

du 15 novembre 1887 contient une disposition intéressant la juridiction du président du tribunal civil.

L'article 3 porte que tout majeur ou mineur émancipé en état de tester, peut régler les conditions de ses funérailles, notamment en ce qui concerne le caractère civil ou religieux à leur donner, et le mode de sa sépulture.

Il peut charger une ou plusieurs personnes de veiller à l'exécution de ses dispositions.

La loi règle ensuite la forme de cette disposition assimilée au testament.

Article 4 : « En cas de contestation sur les conditions « des funérailles, il est statué, dans le jour, sur la cita- « tion de la partie la plus diligente, par le juge de paix « du lieu du décès, sauf appel devant le président du « tribunal civil de l'arrondissement, qui devra statuer « dans les vingt-quatre heures. La décision est notifiée « au maire qui est chargé d'en assurer l'exécution. »

La fin de l'article réserve les droits des maires en ce qui concerne les mesures de salubrité.

Enfin l'article 5 porte des pénalités contre les personnes qui ont enfreint la décision du juge.

Relativement à la question de savoir si le juge peut admettre la révocation tacite de la déclaration, on peut consulter un jugement de Quimper du 24 janvier 1895 (Sirey, 1895, 2, 183), ainsi que la note de l'arrêtiste.

On consultera également sur l'interprétation de la loi 1887, le commentaire M. Tissier.

HUISSIERS

246. — On traite au mot *commissions* (n°s 155 à 160) de ce qui a trait aux commissions d'huissiers.

Il reste à citer les quelques textes relatifs, aux poursuites disciplinaires contre les huissiers.

L'article 102 du décret du 30 mars 1808 pose en principe la compétence de l'autorité judiciaire pour le jugement des poursuites disciplinaires contre les officiers ministériels.

Le décret du 14 juin 1813 sur l'organisation et le service des huissiers règle la matière.

L'article 71 indique les peines de discipline que la chambre peut prononcer.

L'article 73 pose la compétence du tribunal civil pour les condamnations à l'amende, avec restitutions et dommages-intérêts.

Suivant l'article 74 la suspension ne peut être prononcée que par les Cours et tribunaux auxquels les huissiers sont attachés.

Lorsque le parquet estime qu'il y a lieu de poursuivre disciplinairement un huissier, il le cite devant la chambre du conseil réunie en assemblée générale. L'huissier est interrogé, peut, s'il le juge à propos, se faire défendre, et le jugement est rendu en chambre du conseil. Les juges titulaires seuls sont appelés à délibérer, et en nombre impair : c'est une décision véritable.

La destitution ne peut être prononcée que par le gouvernement. En prononçant une peine disciplinaire, le tribunal peut émettre l'avis que la destitution soit prononcée.

Voir aussi, en ce qui concerne les peines disciplinaires, le n° 79 ci-dessus.

INTERDICTION ;
CONSEIL JUDICIAIRE ; ALIÉNÉS

I. — Questions de forme

247. — Il est préférable de suivre la forme adoptée par le tribunal de la Seine, c'est-à-dire de conclure, dans la requête, à la fois à la réunion du conseil de famille et à l'interrogatoire du défendeur. Le tribunal ordonne les deux mesures par le même jugement. C'est un jugement de chambre du conseil.

Lorsque la délibération du conseil de famille est prise, le demandeur présente requête au président pour fixer le jour et l'heure de l'interrogatoire.

Lorsque le défendeur est dans l'impossibilité de se présenter, il y a lieu, soit d'ordonner le transport d'un juge accompagné du procureur de la République, soit de donner commission rogatoire au président d'un autre tribunal, avec faculté de déléguer un juge. Ces mesures sont demandées, soit dans la première requête, si la situation est connue, soit dans une requête postérieure présentée au tribunal.

En cette matière, le tribunal ne pourrait déléguer un juge de paix ; l'article 1035 (Proc. civ.) ne serait pas applicable (Dijon, 15 septembre 1877 ; Dalloz, 1878, 2, 30).

II. — Interrogatoire

248. — L'interrogatoire est chose délicate. Le président devra surtout, par la lecture des faits articulés à la requête, rechercher, si la démence n'est que partielle, ce qui est fréquent, quelle est la partie des facultés qui est atteinte par la maladie, de façon à insister plus spécialement sur les sujets qui révèlent la lésion cérébrale. Le dément peut raisonner avec suite sur plusieurs sujets avant d'arriver à l'objet de sa folie. S'il s'agit d'une débilité générale, ce seront surtout les intérêts pécuniaires du défendeur qui devront faire l'objet de l'interrogatoire.

Si le défendeur ne se présente pas, le défaut sera constaté par un procès-verbal. Le demandeur aura à apprécier s'il y a utilité à requérir un interrogatoire par juge commis.

III. — Conseil judiciaire ; son caractère ; démission ; remplacement

249 — Les diverses questions relatives au remplacement du conseil judiciaire dépendant pour leur solution, de la question très controversée de savoir quel est le caractère de ces fonctions.

Suivant une opinion soutenue par de puissantes autorités, telles que Demolombe (t. 8, n° 710) et Aubry et Rau (t. 1er, page 566), opinion conforme à l'ancien droit français, cette fonction n'est pas obligatoire, comme la tutelle ; c'est un mandat de justice qu'il est loisible de refuser. Si le conseil désigné veut se démettre, il donne sa démission ; elle ne peut être refusée et il n'a pas à s'occuper de son remplacement.

Suivant une autre opinion (Nancy, 25 novembre 1868 ; Dalloz, 1869, 2, 199 ; Sirey, 1870, 1, 184 et les notes), la fonction du conseil judiciaire serait analogue à celle du tuteur ; il ne pourrait s'en démettre qu'en faisant agréer, par le tribunal qui l'a nommé, ses causes d'excuse. Sa démission devrait donc être acceptée et il resterait tenu de remplir ses fonctions jusqu'à son remplacement.

Cette seconde opinion paraît plus logique, plus conforme à l'intérêt de l'assisté, faible d'esprit ou prodigue. Au surplus, la question est surtout une question de principe ; car il n'y a pas d'exemple que les tribunaux aient refusé de remplacer un conseil judiciaire.

La conséquence c'est non seulement la continuité de la fonction, mais le droit pour le conseil, concurremment avec le prodigue et la personne qui a provoqué la dation du conseil, de demander la nomination d'un nouveau conseil. Celle de ces trois personnes qui intente l'action doit assigner les deux autres. Il peut se faire que la personne qui a provoqué la mesure, et le conseil, soient décédés ; alors le prodigue ne peut procéder que par voie de requête.

Le tribunal compétent est celui qui a nommé le premier conseil (Code Fuzier Herman, article 514, n° 37).

IV. — Aliénés ; loi du 30 juin 1838

250. — L'article 4 de la loi du 30 juin 1838 place le président du tribunal parmi les personnes chargées de visiter les établissements publics et privés consacrés aux aliénés.

Aux termes de l'article 31, les fonctions d'administrateur provisoire sont remplies par un membre des commissions administratives ou de surveillance de l'établissement public. Il a même le droit, en vertu d'une autorisation spéciale accordée par le président du tribunal civil, de faire vendre le mobilier.

Une question s'est élevée à propos de cette disposition. L'article 31 autorise certaines personnes à faire désigner à l'aliéné par le tribunal, un administrateur spécial qui se substitue à l'administrateur légal. On s'est demandé si, comme celui-ci, l'administrateur judiciaire avait le droit de se faire autoriser à vendre le mobilier. Bertin (chambre du conseil, t. 2, n° 740), dit non, parce qu'il s'agit d'un droit exceptionnel que la loi ne confère expressément qu'à l'administrateur légal. Cette opinion est combattue avec raison ; on ne voit pas pourquoi l'administrateur judiciaire n'aurait pas exactement les mêmes droits que l'administrateur légal. Telle est l'opinion de Demolombe (t. 8, n° 828) et de Dalloz sur l'art. 31, n° 7 ; et rép. v° *aliénés*, n° 252, *in fine*.

C'est le président du domicile de l'aliéné qui a compétence (Code Fuzier Herman, sur l'art. 31, n° 8 ; Demolombe, t. 8, n° 809 ; — Dalloz, rép., v° *aliénés*, n° 245 .

L'article 33 est relatif à la nomination par le tribunal d'un mandataire *ad litem*.

D'après l'article 31, l'administrateur légal n'est désigné à l'aliéné que s'il s'agit d'un établissement public. S'il est privé, l'aliéné n'a de représentant que l'administrateur judiciaire, s'il lui en est nommé un (Code Fuzier Herman, sur l'art. 32, n° 1). De là, la disposition de l'article 36 qui stipule qu'à défaut d'administrateur provisoire, le président à la requête de la partie la plus diligente, commettra un notaire pour représenter les personnes non interdites placées dans les établissements d'aliénés, dans les inventaires, comptes, partages et liquidations dans lesquels elles seraient intéressées.

JOUR FÉRIÉ ;
ACTE DE JURIDICTION

251. — Sur les principes en cette matière, on reproduit ci-dessous un extrait d'un jugement de Châteauroux du 9 mai 1894. (*Gazette des Tribunaux* du 7 novembre 1894).

« Considérant que si, faisant abstraction de l'article
« 1033 du Code de procédure civile, on recherche quel
« est, sur ce point, l'esprit général de la législation, on
« doit reconnaître qu'en principe la vie judiciaire est
« suspendue les jours fériés ; que par un arrêt récent,
« la Cour de cassation a décidé que la disposition de
« l'article 57 de la loi organique du 18 germinal, an X,
« d'après laquelle « le repos des fonctionnaires est fixé
« au dimanche », n'a point été abolie par la loi du
« 12 juillet 1880 ; que la note de l'arrêtiste dans le recueil
« Sirey (1894, t. 137, note de M. Tissier) établit d'une
« façon générale ce principe de la suspension de la vie
« judiciaire ; que l'article 8 du Code de procédure civile
« y fait exception pour les audiences des juges de paix ;
« mais qu'il est confirmé par les dispositions des articles
« 63, 808, 828, 1037 du même Code, 134 et 162 du Code
« de commerce, 25 du Code pénal ; que, par l'arrêt précité, la Cour de cassation annule un règlement de
« qualités fait le dimanche ;

« Que ces diverses dispositions ou décisions montrent
« que le principe de la suspension du cours de la
« justice les jours fériés, n'a pas pour base l'interdiction
« pour les huissiers d'instrumenter les mêmes jours ;
« qu'une raison supérieure domine toutes ces dispositions ; que le législateur, par un sentiment d'humanité,

« a voulu établir une sorte de trêve périodique entre les
« parties contestantes, et, pendant quelques heures,
« les affranchir de toute préoccupation de cette nature;
« que c'est le même sentiment qui a dicté l'article 1037
« portant interdiction des significations pendant les
« heures de nuit…. ».

Pour l'explication de l'article 1037, on renvoie au mot
assignation à bref délai (n° 30).

LYCÉES: PRIX DE PENSION
POURSUITES

---

252. — L'assignation et la poursuite ont lieu contre
le représentant du mineur, à la requête du ministère
public ; les débats ont lieu en la chambre du conseil; le
défendeur peut comparaître en personne. Quant au jugement, il est préférable, dans le doute, qu'il soit rendu en
audience publique.

Voici les textes qui se réfèrent à cette procédure :

Décret du 1er juillet 1809, art. 11 : « Dans le cas où la
« pension d'un élève qui n'est pas à la bourse entière, ne
« serait point payée par les parents, après soumission
« par eux faite de l'acquitter, le proviseur prendra
« toutes les mesures convenables, même les voies judi-
« ciaires, pour en procurer le paiement ; à l'effet de quoi
« il s'adressera au procureur impérial, pour qu'il soit
« suivi sans frais à la chambre du conseil, comme pour
« pour les affaires du domaine. »

Ordonnance du 12 mars 1817, art. 16 : « Le paiement
« des sommes dues par les parents des élèves royaux,

« boursiers et particuliers, sera poursuivi par le pro-
« cureur du Roi, à la requête des proviseurs. »

Ordonnance du 12 octobre 1821, art. 10: « Le paiement
« des sommes dues par les parents des élèves royaux et
« particuliers, sera poursuivi à la requête des provi-
« seurs par les procureurs du Roi, conformément à
« l'article 11 du décret du 1er juillet 1809. »

On peut ajouter sur cette matière une note insérée au
bulletin du ministère de la justice, année 1894 (page 110)
et résumant une lettre du Ministre des finances et une
circulaire du Ministre de l'instruction publique ; elle est
relative à l'avance des frais de timbre et d'enregistrement qui est faite par les proviseurs.

Aux termes d'un décret du 1er juin 1891, les écoles
nationales d'enseignement primaire supérieur et professionnel sont assimilées aux lycées en ce qui concerne
la procédure à suivre pour le recouvrement de toutes
les créances qui leur appartiennent.

MARQUES DE FABRIQUE
ET DE COMMERCE

---

253. — La loi du 23 juin 1857, modifiée par la loi du
3 mai 1890 et complétée par les dispositions réglementaires du décret du 27 février 1891 détermine ce qui a
trait, soit au dépôt des marques de fabrique, soit à la
violation des dispositions de ladite loi.

Spécialement les articles 7 à 15 réglementent les délits
et les pénalités : l'article 15 est relatif à la confiscation ;
les articles 16 à 18 fixent les juridictions compétentes.

L'article 16 porte que les actions civiles sont jugées par les tribunaux civils comme affaires sommaires. En cas d'action intentée par la voie correctionnelle, si le prévenu soulève pour sa défense des questions relatives à la propriété de la marque, le tribunal correctionnel statue sur l'exception.

L'article 17 autorise le propriétaire d'une marque à faire procéder par huissier à la description avec ou sans saisie, des produits qu'il prétend marqués à son préjudice, en contravention aux dispositions de la loi. Il y procède en vertu d'une ordonnance du président du tribunal civil ou du juge de paix du canton, a défaut de tribunal dans le lieu où se trouvent les produits à décrire ou à saisir.

L'ordonnance est rendue sur simple requête et sur la présentation du procès-verbal contenant le dépôt de la marque. Elle contient, s'il y a lieu, la nomination d'un expert pour aider l'huissier dans sa description.

Lorsque la saisie est requise, le magistrat peut exiger du requérant un cautionnement qu'il est tenu de consigner avant de faire procéder à la saisie.

Il est laissé copie aux détenteurs des objets décrits ou saisis de l'ordonnance et de l'acte constatant le dépôt du cautionnement.

L'article 18 impose enfin au requérant l'obligation de saisir les tribunaux dans un délai fixé par ledit article, sous peine de nullité de plein droit de la description ou saisie, et avec réserve de dommages-intérêts au profit de la partie adverse.

Il est inutile, ainsi qu'on le dit en parlant de la saisie-arrêt, d'ajouter la réserve d'en référer: elle est de droit en cette matière.

Dans certaines formules, on autorise le requérant à faire cette saisie dans tous autres lieux qui seraient indiqués comme contenant des produits revêtus de marques contrefaites. Ainsi qu'on le dit, en traitant de la saisie-revendication, une semblable latitude pourrait donner lieu à des abus.

On ajoutera à la formule ce qui a trait au cautionnement, s'il est ordonné ; on y insérera aussi, à titre de rappel, la charge de saisir les tribunaux dans le délai imparti par l'article 18.

L'huissier saisit en indiquant qu'il va déposer les objets cachetés au greffe de la justice de paix et avertit le saisi d'y assister, si bon lui semble.

L'huissier est assisté de deux témoins.

MÉDECINS EXPERTS

254. — *Décret du 21 novembre 1893 :* Art. 1ᵉʳ : « Au « commencement de chaque année judiciaire, et dans le « mois qui suit la rentrée, les Cours d'appel en chambre « du conseil, le procureur général entendu, désignent « sur des listes de proposition des tribunaux de première « instance du ressort, les docteurs en médecine à qui « elles confèrent le titre d'expert devant les tribunaux.»

Art. 2 : « Les propositions du tribunal et les dési-« gnations de la Cour ne peuvent porter que sur les « docteurs en médecine français, ayant au moins cinq « ans d'exercice de la profession médicale, et demeurant « soit dans l'arrondissement du tribunal, soit dans le « ressort de la Cour d'appel, »

Art. 3 : « En dehors des cas prévus aux articles « 43, 44, 235 et 268 du Code d'instruction criminelle, les « opérations d'expertise ne peuvent être confiées à un « docteur en médecine qui n'aurait pas le titre d'expert.

« Toutefois, suivant les besoins particuliers de l'instruc-
« tion de chaque affaire, les magistrats peuvent désigner
« un expert près un tribunal autre que celui auquel ils
« appartiennent.

« En cas d'empêchement des médecins experts rési-
« dant dans l'arrondissement, et s'il y a urgence, les
« magistrats peuvent, par ordonnance motivée, com-
« mettre un docteur en médecine français de leur choix. »

MINORITÉ ET TUTELLE

I. — Administration légale du père

255 — Cette matière est traitée sous le mot *puissance paternelle* (n° 302).

II. — Nullité des actes intéressant le mineur

256. — On a beaucoup discuté sur ces questions. Pour rester fidèle à l'esprit et au titre de cet ouvrage, on se bornera à indiquer, en quelques mots, la théorie

qui paraît la plus exacte et tend d'ailleurs à dominer
Elle peut se résumer ainsi :

Les actes faits par le mineur en bas âge, et dans des
conditions qui excluent l'existence d'un libre consentement, sont nuls.

Les actes faits par le mineur sans vices du consentement, si la loi ne les soumet pas à des formes spéciales,
sont simplement annulables pour cause de lésion.
(Art. 1305).

Les actes faits par le tuteur, soit dans la limite du
droit que la loi lui accorde, soit dans les formes spéciales édictées par le Code civi'. sont valables.

Les actes faits par lui ou par le mineur en violation de
ces formes sont annulables.

III. — Du partage par attribution

257. — Suivant la disposition de l'article 466 du Code
civil, le partage, dans lequel est intéressé un mineur,
ne peut être fait qu'en justice, avec lotissement et tirage
au sort des lots. Il n'est pas douteux que dans beaucoup
de circonstances cette disposition est, non seulement
gênante, mais nuisible à l'intérêt des co-partageants et
du mineur lui-même qui est exposé à se trouver nanti
d'un lot sans convenance pour lui ; il sera dans la nécessité de le vendre, peut-être avec perte. Il est naturel
qu'on ait essayé d'échapper à cette prescription et de
trouver le moyen de consacrer valablement un partage
par attribution. Ce moyen est écrit dans l'article 467 qui
permet au tuteur la transaction avec l'autorisation du
conseil de famille, l'avis de trois jurisconsultes et l'homologation du tribunal. Il suffirait donc de dresser le
partage par attribution sous la forme d'une transaction,
avec les formalités édictées pour les transactions.

On a observé avec raison, à l'appui de cette solution,

qu'il est impossible de ne pas admettre la validité du partage, alors qu'on le fait sous la forme d'un contrat pour lequel la loi exige le maximum de formalités ; qu'en fait, la transaction est un acte plus grave, plus délicat à apprécier dans ses conséquences, qu'un partage par attribution.

Malgré ces raisons des auteurs, notamment Demolombe, ne valideraient le partage ainsi fait que si, dans l'espèce, il y avait réellement matière à transaction. Cette opinion paraît bien rigoureuse. Pourquoi obliger les parties co-partageantes à simuler une difficulté qui n'existe pas? Et comment apprécier s'il y a eu réellement simulation ? Le seul intérêt à sauvegarder est l'intérêt du mineur : on reconnaît qu'il l'est. Qu'importe le reste, alors que la loi est observée?

Consulter notamment sur cette question Demolombe (t. 15, n° 608) ; — Aubry et Rau (t. 1er, page 454) ; — Dalloz (sur l'art. 834, n° 7 et suivants) ; — Angers, 7 août 1874 (Sirey. 1875, 2, 105 et la note).

IV. — De la vente d'un fonds de commerce

258. — [Quelles sont les formalités à suivre par le tuteur pour une aliénation de cette nature?

Pour la solution de cette question assez usuelle, il faut se placer successivement avant et après la loi du 27 février 1880.

Deux dispositions sont à examiner, les articles 452 et 805 du Code civil.

Par l'article 452, le tuteur est tenu de faire vendre aux enchères les meubles échus au mineur. Il paraît constant que cet article ne vise que les meubles corporels ; or, un fond de commerce est essentiellement un meuble incorporel ; ainsi que le dit Demolombe, les meubles corporels qui en dépendent n'en sont que l'accessoire (t. 7, n° 589).

D'autre part, l'article 805 oblige l'héritier bénéficiaire à vendre aux enchères les meubles de la succession ; mais on admet aussi qu'il ne s'applique qu'aux meubles corporels.

Donc, sauf l'exception pour certaines valeurs, telles que la rente sur l'Etat ou les actions de la Banque de France, que visaient des dispositions spéciales, le tuteur pouvait vendre, même de gré à gré, le fonds de commerce. (Demolombe, t. 15, n° 279).

La loi du 27 février 1880 a évidemment modifié cet état de choses. Suivant les articles 1er et 2, les aliénations de meubles incorporels ne peuvent être faites qu'avec l'avis du conseil de famille, et, suivant les cas, l'homologation du tribunal. L'article 1er porte que le conseil de famille prescrira les mesures qu'il jugera utiles. En se reportant au rapport fait au Sénat, on constate, en outre, que le législateur entendait comprendre tous les meubles incorporels, et spécialement les fonds de commerce et que, pour ceux-ci, aucun mode spécial de vente n'était prescrit : « Si, dit le rapporteur, il est utile souvent de « les vendre aux enchères publiques, il est parfois « indispensable de les réaliser de gré à gré. Le conseil « de famille et, en cas d'homologation, le tribunal, pres- « criront ce qui leur semblera le plus utile. » (Sirey, lois annotées, 8e série, page 549, 1re colonne). Consulter aussi un arrêt de Bordeaux du 29 décembre 1890. (Sirey, 1891, 2, 221).

En résumé, le tuteur peut vendre le fonds de commerce, même de gré à gré, mais avec l'autorisation du conseil de famille, et, s'il y a lieu (art. 2 de la loi de 1880), l'homologation du tribunal.

V. — Observation genérale

259. — Il est essentiel, en ces matières, qui touchent à l'intérêt des mineurs, d'examiner avec le plus grand soin toutes les requêtes se rapportant aux questions à eux relatives, spécialement lorsqu'il s'agira d'homologuer des délibérations relatives à des emprunts ou à des aliénations.

VI. — Vente des immeubles

260. — Relativement à la vente des immeubles des mineurs, voir au mot *audience civile* (n° 112).

NOTAIRES

I. — Discipline

261. — Il est nécessaire de résumer brièvement les dispositions spéciales relatives à cette matière.

L'article 12 de l'ordonnance du 4 janvier 1843 énumère les différents agissements qui sont interdits aux notaires.

L'article 14 autorise la chambre à prononcer contre les notaires, suivant la gravité des cas, le rappel à l'ordre, la censure simple, la censure avec réprimande par le président au notaire en personne dans la chambre assemblée, la privation de voix délibératives dans l'assemblée générale, l'interdiction de l'entrée de la chambre pendant un espace de temps qui ne pourra excéder trois ans, pour la troisième fois, et qui pourra s'étendre à six ans en cas de récidive.

S'il s'agit de la suspension et de la destitution, la chambre ne peut que donner un avis (art. 15 à 17).

Aux termes de l'article 53 de la loi du 25 ventôse an XI, toutes suspensions, destitutions, condamnations d'amende et dommages-intérêts seront prononcées contre les notaires par le tribunal civil de leur résidence, à la poursuite et diligence des parties intéressées, ou d'office à la diligence du ministère public.

Il va de soi que le tribunal saisi peut prononcer l'une des peines énumérées à l'article 14 ci-dessus.

La procédure à suivre contre le notaire n'est pas précisée par la loi. Morin (de la discipline des cours et tribunaux, etc.) traite de cette matière (t. 1er, nos 418 et suivants).

Le notaire doit être cité à comparaître devant le tribunal ; on doit lui laisser un délai de huitaine franche au moins.

Le notaire peut, et doit même, constituer avoué, s'il est poursuivi par une partie civile. Si c'est à la requête du Parquet, il doit comparaître en personne et être interrogé ; l'affaire, en effet, offre plus d'analogie avec les matières criminelles.

Morin traite ensuite de la forme des enquêtes.

Les débats et le jugement doivent être publics.

On le voit, c'est un compromis entre la procédure civile et la procédure criminelle.

L'article 53 précité porte que le jugement est sujet à appel et exécutoire par provision, sauf quant aux condamnations pécuniaires.

Il est sujet à opposition en cas de défaut.

Une dernière observation pour terminer ce qui a trait à cette matière. Il importe, lorsqu'un notaire se trouve détenu préventivement sous une inculpation correctionnelle ou criminelle, et qu'il est poursuivi en vue de la destitution, de réserver expressément dans le jugement de destitution l'existence ou la non existence des faits délictueux. Le notaire est poursuivi en vue d'une destitution par le motif qu'il est détenu préventivement ; c'est ce fait seul qui, à raison de sa gravité et des présomptions qui en résultent, est la cause de sa destitution. S'il avait été condamné, ce serait alors la condamnation qui serait visée comme motif.

II. — Décès d'un notaire ; Article 61 de la loi de ventôse

262. — L'article 61 de la loi de ventôse est ainsi conçu : « Immédiatement après le décès du notaire ou « autre possesseur de minutes, les minutes et réper- « toires seront mis sous les scellés par le juge de paix « de la résidence, jusqu'à ce qu'un autre notaire en ait « été provisoirement chargé par ordonnance du prési- « dent du tribunal de la résidence. »

Cet article fort important mérite un examen tout particulier.

D'abord on paraît d'accord pour l'étendre aux cas absolument analogues à celui d'un décès, « si le « notaire, dit Dalloz (rép. v° notaire, n° 628), se trouve « par toute autre cause, telle que la destitution ou la « démission, privé de l'exercice de ses fonctions. » Cette formule est peut-être un peu large ; on pourrait la restreindre aux cas de destitution et démission.

Certaines décisions ont limité le choix du président ; Suivant ces décisions, le président ne peut faire ce choix qu'à défaut des héritiers du notaire décédé et il ne peut déléguer un autre notaire que celui qu'ils ont indiqué. On peut consulter à ce sujet les arrêts cités par Dalloz sur l'article 61 annoté (Code civil, t. 2, page 54, art. 61, n° 17), notamment un arrêt de Bourges du 8 mars 1871 (Dalloz, 1872, 2, 62), qui donne les motifs de cette restriction, par analogie avec les règles du notariat qui laissent aux notaires le droit de présenter leurs successeurs.

Un arrêt de Rouen du 18 août 1874 (Dalloz, 1875, 2, 167) décide que le choix du président n'est pas limité aux notaires de la résidence, et même du canton.

Quels sont exactement les pouvoirs du notaire commis ? Suivant les termes de l'article 61, il n'a que la garde des minutes et répertoires.

On en a induit, comme conséquence naturelle, le droit de délivrer des grosses et expéditions. Dalloz (rép. v° notaire, n° 622) cite en ce sens une décision ministérielle du 22 juin 1813. Elle contient notamment ces mots : « Son ministère est celui d'un successeur temporaire. » Cette formule, on doit le reconnaître, est beaucoup plus large que les termes de l'article 61. Aussi Dalloz constate-t-il (n° 623) qu'à Paris, le notaire commis est provisoirement chargé de recevoir les actes de l'étude. La formule de de Belleyme (t. 2, page 333) est, en effet, ainsi conçue : « Nommons M⁰ X... notaire à..., à l'effet de rece- « voir tous actes appartenant à ladite étude. »

Le formulaire spécial au tribunal de la Seine, édition de 1837 (t. 2, page 255) contient ce motif : « Attendu « qu'il est instant de pourvoir à la délivrance des « grosses, expéditions et extraits de minutes demandés « par les parties intéressées, et aussi de *pourvoir à la* « *passation de tous les actes* concernant la clientèle. »

Ajoutons que l'arrêt de Rouen précité admet cette extension : « Attendu que le notaire commis à la garde « des minutes et répertoires, et *chargé même de rece-* « *voir les actes* d'une étude sans titulaire, par suite de « la destitution et du décès, agit sous sa responsabilité « personnelle. » Plus loin, il aborde la question elle-même : « Attendu que cette administration ayant été « confiée à un notaire du chef-lieu de l'arrondissement, « rien ne s'oppose à ce que ce notaire soit chargé de « recevoir les actes de l'étude auxquels sa qualité lui « permet de conférer le caractère d'authenticité ; » il ajoute que ces actes devront être inscrits sur le répertoire de l'étude vacante et que les minutes seront restituées au successeur.

Il n'est pas douteux que cette manière d'entendre et d'étendre l'article 61 ne soit fort utile pour les intérêts de l'étude, mais est-elle bien juridique ? Le président peut-il, sans une disposition expresse, habiliter un notaire pour recevoir les actes d'une autre étude ? Il est vrai qu'il est déjà notaire et qu'on ne lui confère pas la fonction notariale. Quoiqu'il en soit, on ne peut que constater l'utilité de l'interprétation en question, sans se dissimuler qu'elle pourrait être contestée.

Si l'on n'adopte pas la formule étendue de de Belleymes on pourrait employer la suivante, calquée exactement sur l'article 61 : « Nous président, assisté du greffier ; « vu le décès de M⁰ ..., notaire à la résidence de ..., et « l'article 61 de la loi du 25 ventôse, an XI ; commettons « M⁰ ..., notaire à ..., conformément à la disposition de

« l'article 61 précité et le chargeons provisoirement du
« dépôt des minutes et répertoires du notaire ...; disons
« qu'à raison de l'urgence, la présente ordonnance sera
« exécutoire sur minute et avant enregistrement. Fait
« à ..., le ... ». Signatures du président et du greffier.

L'arrêt précité de Rouen admet que l'ordonnance peut
autoriser le notaire commis à transporter provisoirement
les minutes et répertoires dans son étude située hors du
canton du notaire destitué.

Dans l'espèce, l'ordonnance avait été rendue sous la
forme du référé et appel en avait été interjeté.

Il semble qu'on peut admettre en principe le droit
d'appel contre ces sortes d'ordonnances. (Dalloz, sous
l'article 61, n° 19).

On peut consulter avec intérêt la note de l'arrêtiste
sous l'arrêt de Rouen.

III. — Remplacement du notaire en cas de liquidation et partage

263. — Il suffit de rappeler ici la disposition de
l'article 969 (Proc. civ.), qui donne compétence au président du tribunal pour remplacer le notaire commis dans
une action en partage et licitation, et empêché (n° 162).

IV. — Renvoi devant le notaire : vente sur conversion

264. — On s'explique, en parlant de la vente sur conversion, au mot *saisie immobilière* (n° 379), sur la
question du renvoi de la vente soit à la barre, devant
un juge, soit devant un notaire.

V. — Taxe : compétence

265. — Aux termes de l'article 173 du tarif civil du

16 février 1807, la taxe des actes notariés est attribuée au président du tribunal civil de l'arrondissement du notaire.

Cette disposition peut cependant donner lieu à des questions de compétence assez délicates, si l'acte fait par le notaire peut être considéré comme l'accessoire d'un débat soulevé ou d'une procédure engagée devant un autre tribunal. Par exemple, le notaire a été commis par un autre tribunal pour une liquidation; l'acte est évidemment l'accessoire de l'instance en liquidation et la taxe a pu en être faite par le juge taxateur de l'arrondissement étranger. Il faut reconnaître que, s'il y avait opposition à taxe, elle serait portée devant le tribunal dont fait partie le juge taxateur. C'est une application du principe de la compétence à raison de la connexité.

VI. — Décret du 30 janvier 1890

266. — Pour compléter cette matière en ce qu'elle touche plus spécialement aux fonctions de la magistrature, il faut ajouter les dispositions du décret des 30 janvier et 2 février 1890 et de l'arrêté ministériel du 15 février de la même année, dont le but est d'interdire aux notaires de recevoir des dépôts de fonds et d'organiser, dans ce but, une surveillance spéciale.

L'article 3 du décret du 30 janvier prescrit la tenue de certains livres qui doivent être cotés et paraphés par le président du tribunal. L'arrêté du 15 février fixe avec précision la forme et les mentions de ces livres.

VII. — Principe de la responsabilité des notaires
en matière de placements hypothécaires

267. — Extraits des motifs d'un jugement de Châteauroux, du 7 juillet 1896 :

« Considérant que la responsabilité des notaires, spé-
« cialement en ce qui concerne la sécurité des placements
« hypothécaires reçus par eux, varie, suivant leur rôle
« dans l'opération, et la qualité de la partie créancière ;

« Qu'il peut se faire tout d'abord que le notaire se
« borne à constater des conventions arrêtées sans son
« concours ; qu'en pareil cas, sa responsabilité est limitée
« au rôle de conseil naturel des parties, dont il ne saurait
« se dépouiller ; que, si les déclarations relatives à
« l'origine de propriété sont insuffisantes ; que, s'il y a eu
« absence ou insuffisance des états d'inscriptions, ou
« s'il existe tout autre situation de fait apparente qui
« commande la prudence, le notaire doit en avertir le
« prêteur ; qu'il ne serait dispensé de le faire que si
« celui-ci, par sa situation ou ses fonctions, se trouvait
« avoir, en matière hypothécaire, une compétence aussi
« étendue que celle du notaire ;

« Que, relativement à la valeur des biens hypothéqués,
« son rôle, dans cette hypothèse, s'efface, et sa respon-
« sabilité tend à disparaître ; qu'elle n'existerait que si,
« l'insuffisance du gage étant évidente et connue du
« notaire, celui-ci s'était abstenu d'émettre un avis ;

« Que la responsabilité du notaire est plus étendue s'il
« a lui-même proposé le prêt, et surtout si le prêteur est
« son client habituel ; que, dans ce cas, il n'est plus
« seulement le conseil, mais le mandataire du prêteur ;
« qu'il ne se borne plus à donner l'authenticité à une
« convention arrêtée en dehors de lui, mais à proposer
« un prêt, c'est-à-dire à affirmer qu'il en a étudié les
« conditions et les garanties et qu'il les a jugées satisfai-
« santes ;

« Que cette responsabilité ne pourrait être atténuée
« que si le prêteur avait lui-même, soit en matière hypo-
« thécaire, soit relativement à la valeur du gage, une
« compétence spéciale ;

« Qu'enfin, si le notaire a fait lui-même le prêt, à la
« suite d'un mandat général du prêteur, et sans en avertir
« celui-ci, il est responsable, en principe, de tout vice du
« placement : que la force majeure seule pourra le
« dégager.... »

ORDRES ET CONTRIBUTIONS

I. — Désignation d'un juge

268. — Aux termes des articles 749 et 750 (Proc. civ.),
lorsqu'il n'y a pas de juge spécial aux ordres, le président désigne, sur un registre spécial, et à la suite de
chaque réquisition, un juge pour procéder au règlement
de l'ordre. Le fait qu'il n'y a pas de juge chargé spécialement du règlement des ordres indique suffisamment
qu'ils sont peu nombreux. Il sera alors utile de commettre
le même juge pour tous les ordres, il ne sera pas sur-
chargé ; et, en outre, il acquerra, par la multiplicité des
procédures, l'expérience qui est particulièrement nécessaire en cette matière délicate.

Le juge spécial n'étant pas chargé des contributions,
le président aura toujours, aux termes de l'article 658, à
désigner un juge pour les distributions par contribution.

Dans les tribunaux peu chargés, ce pourra être le même juge que pour les ordres.

II. — Confection du règlement

269. — Une première observation doit être faite, observation d'une extrême importance, c'est que le président devra veiller que, conformément aux circulaires, le règlement soit fait par le juge lui-même, et non par le greffier ou les avoués. Le magistrat, étant donnée souvent la complication de l'ordre, ne peut se rendre un compte exact de ce que contient le règlement, que s'il l'a fait lui-même. Autrement, certaines dispositions peuvent s'y glisser, sans qu'il s'en aperçoive, et il est essentiel que le juge soit à même de vérifier si certains droits ne sont pas sacrifiés, si certains avantages ne sont pas introduits, au détriment ou au profit des parties.

III. — Frais

270. — Les circulaires insistent beaucoup sur l'avantage d'arriver à des règlements amiables. La loi n'a pas fixé la taxe en ce cas, et beaucoup de tribunaux ont admis, par analogie, les droits alloués dans l'ordre judiciaire. Comment, en effet, attendre des avoués qu'ils emploient leurs efforts pour arriver au règlement amiable, s'ils n'obtiennent, comme compensation, que des honoraires restreints ? Mais alors l'ordre amiable n'offre plus guère d'autre avantage que la célérité. Si le règlement traîne en longueur à raison des difficultés soulevées, les parties auront, le plus souvent, intérêt à ce que l'ordre judiciaire soit ouvert sans retard.

Le président doit veiller à la rapidité des procédures.

IV. — Jugement sur contredits ; dépens

271. — Il est essentiel que, lorsqu'il y aura jugement sur des contredits, le tribunal tienne la main à l'exécution stricte de l'article 766 (Proc. civ.), sur le sort des dépens. Souvent on cherche à l'éluder, de façon à garantir certains frais ; il y a à sauvegarder l'intérêt du créancier sur lequel les fonds viennent à manquer.

V. — Règlement partiel

272. — Le juge devra, toutes les fois que la chose sera possible, recourir au règlement partiel.

ORGANISATION INTÉRIEURE

I. — Assemblées générales

273. — Voici les textes sur la matière :

Loi du 11 avril 1838; article 11 : « Dans tous les cas
« où les tribunaux de première instance statuent en
« assemblée générale, l'assemblée devra être composée,
« au moins, de la majorité des juges en titre. — Les
« juges suppléants n'auront voix délibérative que lorsqu'ils
« remplaceront un juge. — Dans tous les autres cas, ils
« auront voix consultative.

Ordonnance du 18 avril 1841 ; article 1er : « Lorsque
« la Cour de cassation, les Cours royales ou les tribunaux
« de première instance seront appelés par notre Garde
« des sceaux à donner leur avis sur un projet de loi ou
« sur tout autre objet d'un intérêt public, le premier
« président de chaque Cour et le président de chaque
« tribunal doivent immédiatement convoquer l'assemblée
« générale des Chambres et lui faire connaître l'objet
« sur lequel elle est appelée à délibérer. »

Article 2 : « Tous les membres du Parquet seront admis
« à l'assemblée ; ils délibéreront et voteront comme les
« autres membres de la Cour ou du tribunal. »

Une circulaire du 1er juin 1838 a réglé l'application de
l'article 11 précité.

274. — Les deux documents législatifs qu'on vient de
lire, ne sont contradictoires qu'en apparence ; ils prévoient deux cas différents.

S'agit-il d'une assemblée générale convoquée pour
donner un avis sur un projet de loi ou tout autre objet
d'un intérêt public, l'ordonnance de 1841 prévoit ce cas
spécial ; alors l'assemblée comprend tous les membres
du tribunal, non seulement les magistrats du Parquet,
mais les juges suppléants et le greffier ; tous également
ont le droit de voter.

S'agit-il de délibérer sur tous autres objets (voir Dalloz ; rép., v° *Organisation judic.*, n° 195 et 196) ; c'est alors le rôle judiciaire du tribunal qui réapparaît : les juges seuls ont voix délibérative ; les juges suppléants n'ont que voix consultative, à moins qu'ils ne remplacent un juge, c'est l'assemblée générale ordinaire, organisée par la loi du 11 avril 1838.

En pratique, la distinction entre les cas où l'assemblée générale doit revêtir l'une ou l'autre forme, est assez délicate. Il semble cependant que la raison d'être de la distinction est celle-ci : tantôt le tribunal rend réellement une décision, fait acte de juridiction ; tel est l'examen des avis émanés des chambres de discipline des officiers ministériels, les décisions en matière disciplinaire, la désignation d'un magistrat pour remplacer le juge d'instruction. Tantôt, au contraire, il s'agit, soit d'un avis, soit d'un règlement intérieur, tels que la désignation des membres du bureau d'assistance judiciaire et toutes les questions d'administration intérieure. Le premier cas est réglé par la loi de 1838 ; le second, par l'ordonnance de 1841.

En parlant des magistrats honoraires (n° 280 et 281), on établira que les magistrats honoraires des tribunaux n'ont que le droit d'assister aux cérémonies publiques, mais non de faire partie des assemblées générales ; que, suivant certaines distinctions, il peut en être autrement des magistrats honoraires des Cours d'appel.

II. — Congés

275. — Les principales dispositions législatives relatives aux congés des magistrats sont les suivantes :

Décret du 18 août 1810 ; article 30 : « Les vice-« présidents, juges et substituts, ne peuvent s'absenter « pour un temps moindre de huit jours, sans en avoir

« obtenu la permission, savoir, les vice-présidents,
« juges, du président du tribunal, et les substituts, du
« procureur impérial.

« S'il s'agit d'une absence de plus de huit jours et de
« moins d'un mois, les premiers devront se pourvoir
« d'une permission du premier président de la Cour
« impériale, et les seconds, de notre procureur général. »

« Les uns ou les autres ne pourront s'absenter plus
« d'un mois, sans un congé de notre ministre de la
« justice. »

Article 31 : « Les présidents et procureurs impériaux
« ne pourront également s'absenter plus de trois jours
« et moins d'un mois, sans en avoir obtenu, les premiers,
« la permission du premier président de la Cour impériale,
« et les seconds, la permission de notre procureur gé-
« néral.

« Si leur absence doit se prolonger au-delà d'un mois,
« elle devra être autorisée par le ministre de la justice. »

Ordonnance du 6 novembre 1822 ; article 1er : « Lorsque
« les premiers présidents et procureurs généraux de nos
« Cours royales, les présidents des tribunaux de pre-
« mière instance et nos procureurs près lesdits tribunaux,
« délivreront des congés aux membres de ces Cours et
« tribunaux, aux juges de paix et suppléants et aux
« greffiers des juges de paix, ils en rendront compte,
« dans le délai de trois jours à notre Garde des sceaux,
« ministre de la justice.

Article 2: « Tout congé énoncera l'époque à laquelle il
« devra commencer et celle à laquelle il devra finir.

Article 3: « Les premiers présidents de nos Cours et
« les présidents des tribunaux de première instance ne
« pourront accorder de congés aux juges d'instruction
« qu'après avoir pris l'avis, savoir : les premiers, de
« nos procureurs généraux ; et les seconds, de nos pro-

« cureurs près les tribunaux de première instance ; il
« en sera fait mention dans le congé. »

276. — Les prescriptions réglementaires sus-visées
peuvent donc se résumer ainsi en ce qui concerne plus
spécialement les présidents des tribunaux.

Ils ont la faculté d'accorder aux membres de leurs
tribunaux des congés de sept jours au maximum : cette
faculté concerne donc les juges, juges suppléants et
greffiers.

Le congé est, le plus souvent, demandé verbalement.
Le président qui l'a accordé, en avise, dans les trois
jours, le premier président et le garde des sceaux. S'il
s'agit du juge d'instruction, il doit, au préalable, prendre
l'avis du procureur de la République et énoncer cette
formalité dans les deux lettres d'avis.

Des circulaires avaient recommandé aux présidents de
ne pas comprendre dans le congé uniquement les jours
d'audience et, plus d'une fois, des observations ont été
faites en ce sens ; on devait présumer, y était-il dit, que
le magistrat, en outre de la durée du congé, s'absentait
pendant les jours libres qui avaient précédé et suivi les
jours d'audience. Il semble que, depuis quelques années,
on se soit départi de cette exigence.

S'il s'agit de congés dépassant sept jours, mais n'attei_
gnant pas un mois, soit de 29 jours au maximum, ils
sont accordés par le premier président. A cet effet, la
lettre de demande est transmise à ce magistrat par le
président du tribunal qui y joint son avis, en faisant
connaître que le service sera assuré.

Le président, s'il doit s'absenter plus de trois jours,
doit lui-même demander un congé au premier président.

Les dispositions précédentes ne règlent pas les absences
de trois jours que les présidents de tribunaux peuvent
faire sans demander de congés au premier président.

Est-ce une sorte de congé qu'ils s'accordent eux-mêmes ?
Est-ce une sorte d'autorisation de s'absenter pendant
trois jours sans congé ? Il semble que ce soit plutôt cette
dernière interprétation qui est celle du décret de 1810 ;
cette absence n'y est pas qualifiée de congé, et il semble
naturel qu'une facilité de ce genre soit laissée au chef
du tribunal qui, ayant la responsabilité de la conduite
du tribunal, n'en abusera pas, et qui, au surplus, peut
avoir à conférer avec les chefs de la Cour pour des
affaires de service. S'il en est ainsi, cette absence de
trois jours, pourrait être renouvelée plusieurs fois, sans
épuiser le droit au congé. Il faut reconnaître cependant
que les instructions de la Chancellerie excluent de ces
absences les jours d'audience ; si tel était le sens de la
disposition, il faut dire qu'elle n'aurait aucune portée ;
car avec la facilité des communications, il est malaisé
d'exiger des magistrats une résidence ininterrompue au
chef-lieu judiciaire. En fait cependant, les absences de
cette nature se produisent en dehors des jours d'audience ; car autrement, il faudrait soulever la question
à propos des mentions du registre de pointe, et il ne
paraît pas que les magistrats aient eu le désir de le
faire.

277. — Ajoutons que, suivant une circulaire du 8 janvier 1894, les congés se comptent, non plus par année
judiciaire, mais à partir du 1er janvier ; c'est dans la
période du 1er janvier au 31 décembre que doit se faire
le décompte des vingt-neuf jours qui peuvent être
accordés par le premier président en un ou plusieurs
congés, en y comprenant les congés délivrés par le président.

Il convient d'ajouter aux dispositions qui précèdent,
l'article 33 du décret du 18 août 1810 qui est ainsi conçu :
« Les dispositions des précédents articles (c'est-à-dire

« l'obligation de se munir d'un congé en cas d'absence),
« ne s'appliquent pas aux absences que pourront faire,
« pendant les vacations, les membres des tribunaux de
« première instance, lorsqu'ils ne seront pas employés à
« quelques services incompatibles avec les vacations.
« Toutefois ils ne pourront sortir du territoire de l'Em-
« pire, même pendant les vacations, sans une permission
« expresse du ministre de la justice. »

Cette dernière disposition est évidemment un peu
surannée, si l'on considère la facilité des communications et les habitudes de voyage qui ont changé les
conditions de l'existence depuis 1810 ; aussi parait-elle,
en fait, ne pas être appliquée.

Une dernière disposition est celle de l'article 16 du
décret du 9 novembre 1853 sur les pensions civiles. La
partie de cet article qui concerne les magistrats est
ainsi conçue : « Les membres des Cours et tribunaux qui
« n'ont pas joui des vacances, peuvent obtenir, en une ou
« plusieurs fois dans l'année, un congé d'un mois sans
« retenue. »

Cette disposition a donné lieu à plusieurs circulaires
ministérielles, divisant les magistrats en deux catégories, selon qu'ils jouissent ou ne jouissent pas de
vacances légales. Elles sont aux dates des 28 décembre
1853, 7 août et 10 octobre 1854.

III. — Délégation de substitut ou juge suppléant

278. — La loi du 30 août 1883 sur la réforme de l'organisation judiciaire, porte, dans son article 6 : « Un
« substitut ou un juge suppléant pourra, si les besoins
« du service l'exigent, être délégué par le procureur
« général pour remplir, dans le ressort de la Cour, près

« d'un autre tribunal que celui de sa résidence, les
« fonctions de ministère public. »

A ce sujet, un décret du 12 janvier 1884 (*Journal
officiel* du 17 janvier 1884) fixe à dix francs par jour
pour frais de déplacement l'indemnité due au substitut
ou au juge suppléant délégué. Cette indemnité sera
ordonnancée directement par le ministre, sur état arrêté
par le procureur général.

IV. — Franchise postale

279. — Des dispositions successives ont réglé la franchise postale accordée aux présidents des tribunaux de
première instance.

Elle leur est accordée avec les juges de paix et les
maires de l'arrondissement, le premier président et le
procureur général de la Cour d'appel et le président de
la Cour d'assises du département; relativement à ce
dernier, la franchise s'étend même au lieu de sa résidence ordinaire, c'est-à-dire à la ville où siège la Cour
d'appel dont il est membre.

Le président du tribunal a encore la franchise avec
les présidents des tribunaux sur tout le territoire de la
République et le préfet de son département; mais, à
l'égard de ces deux ordres de fonctionnaires, elle ne
s'applique qu'aux correspondances exclusivement relatives au service du jury et portant sur la suscription :
service du jury.

Il y a évidemment une lacune regrettable en ce qui
concerne la correspondance des présidents de tribunaux
les uns avec les autres; elle est relativement fréquente
et motivée par les renseignements à demander sur les
candidatures. On doit y suppléer, soit en affranchissant
la correspondance, soit en la faisant transmettre par
l'intermédiaire des parquets Il faut dire qu'en fait la

plupart des présidents envoient ces correspondances en
franchise en dehors du service du jury ; la nécessité a
été plus forte que les dispositions réglementaires.

Il faut ajouter que toutes les correspondances doivent,
en principe, être mises sous bande avec faculté de
fermer, mais seulement en cas de nécessité. En fait, elles
sont toujours fermées avec mention de la nécessité de
fermer.

V. — Magistrats honoraires

280. — Deux dispositions législatives règlent la situa
tion et les droits des magistrats honoraires.

L'article 3 du décret du 2 octobre 1807 est ainsi conçu :
« Les officiers de nos Cours et tribunaux en retraite
« conserveront leurs titres, leur rang et leurs préroga-
« tives honorifiques, sans néanmoins pouvoir exercer
« leurs fonctions ; ils continueront d'être portés sur le
« tableau et d'assister aux cérémonies publiques. »

D'autre part, l'article 77 du décret du 6 juillet 1810
porte : « Après trente ans d'exercice, les présidents et
« conseillers de la Cour impériale qui auront bien mérité
« dans l'exercice de leurs fonctions, pourront se retirer
« avec le titre de président ou de conseiller honoraire,
» lorsque nous leur aurons fait expédier nos lettres pour
« ce nécessaires ; ils continueront de jouir des honneurs
« et privilèges attachés à leur état ; ils pourront assister,
« avec voix délibérative, aux assemblées de chambres
« et aux audiences solennelles. Nous nous réservons, en
« outre, de leur donner, suivant les circonstances, des
« marques particulières de notre bienveillance. »

281. — Interprétées en dehors de tout autre texte, ces
dispositions se résumeraient ainsi :

1° Les magistrats qui sont admis à la retraite conser-

vent leur titre sans pouvoir exercer leurs fonctions ;
ils continuent de figurer au nombre de leurs anciens
collègues et assistent avec eux aux cérémonies publiques.

2° En outre de cette situation, on pourra conférer aux
membres des Cours d'appel le droit de délibérer aux
assemblées de chambres et aux audiences solennelles.

En fait, ces dispositions ont été interprétées autrement par l'instruction ministérielle du 5 avril 1820
(Dalloz, rép., v° *Organisat. judic.*, n° 288 ; — *Bulletin du
ministère de la justice*, t. 1er, page 99). Contrairement à
la teneur générale du décret de 1807, les magistrats mis
à la retraite sans l'honorariat ne conservent ni leur titre,
ni aucune prérogative. Les magistrats des tribunaux
civils à qui l'honorariat est conféré ne jouissent jamais
d'autres prérogatives que celles qui sont indiquées dans
l'article 3 du décret de 1807. Aux membres des Cours
d'appel seuls, et à titre exceptionnel, un décret peut
accorder, non seulement l'honorariat, mais, en outre, les
prérogatives particulières énumérées dans l'article 77
précité.

On peut ajouter une circulaire du 23 avril 1855 (*Bulletin
du ministère de la justice*, t. 2, page 206.)

VI. — Menues dépenses

282. — Chaque année le Conseil général vote une
somme destinée à couvrir les menues dépenses des
Parquets et tribunaux. Avant le décret du 28 janvier 1883,
cette somme consistait en un fonds d'abonnement dont
les tribunaux avaient la libre disposition sans contrôle.
Ce système avait l'avantage de permettre le report d'une
année sur une autre en prévision de dépenses importantes.

Le décret du 28 janvier 1883 a fait rentrer ces dépenses
sous les règles ordinaires de la comptabilité départe-

mentale. L'état de chaque dépense est dressé sur timbre par le bénéficiaire, visé par le président et le procureur de la République et remis au préfet qui mandate la somme due.

283. — La circulaire du ministre de l'intérieur du 15 décembre 1883 contient un tableau des pièces justificatives à produire pour chaque ordre de dépenses. Ce tableau est d'une grande utilité pratique pour éviter les difficultés inhérentes à toute comptabilité publique. Il a donc paru utile d'en rapporter ci-dessous les dispositions.

Les menues dépenses et frais de Parquet comprennent :

1° Le traitement de secrétaire, s'il y a lieu.

Les pièces à produire sont :

A. Mandat individuel quittancé (T) indiquant le chiffre du traitement annuel, la durée du service et la somme à ordonnancer.

B. A l'appui du premier payement, copie ou extrait de la décision fixant le traitement.

A l'appui des autres payements, mention de référence sur le mandat rappelant que cette copie ou cet extrait a été joint au mandat n° ..., chapitre ..., exercice ....

2° Les salaires des concierges et garçons de salle.

Les pièces à produire sont :

A. Mandats individuels quittancés T), indiquant l'emploi, le chiffre du traitement annuel, la durée du service et la somme à ordonnancer.

B. A l'appui du premier payement, copie ou extrait de la décision fixant les salaires.

A l'appui des autres payements, mention de référence sur le mandat rappelant que cette copie ou cet extrait a été joint au n° ..., chapitre ..., exercice ....

3° Le chauffage et l'éclairage.

Les pièces à produire sont:

En cas d'adjudication :

A. Mémoire (T) quittancé visé par le président du tribunal et le procureur de la République et arrêté par le préfet.

B. A l'appui du premier payement, copie (T), ou extrait (T) du cahier des charges et du procès-verbal d'adjudication approuvé par le préfet et enregistré.

A l'appui des payements subséquents, mention de référence sur le mandat rappelant que cette copie ou cet extrait a été joint au n° ..., chapitre ..., exercice ....

C. Certificat constatant la réalisation du cautionnement ou la dispense qui en a été donnée.

En cas de marché de gré à gré :

A. Mémoire (T) quittancé visé par le président du tribunal et le procureur de la République et arrêté par le préfet.

B. A l'appui du premier payement, copie (T) ou extrait (T) du marché.

A l'appui des payements subséquents, mention de référence sur le mandat rappelant que cette copie ou extrait a été joint au mandat n° ..., chapitre ..., exercice ....

En cas d'achat sur simple facture :

Facture (T) quittancée visée par le président du tribunal et le procureur de la République et arrêtée par le préfet.

Dans les trois cas prévus ci-dessus, le mémoire ou la facture dûment certifié et arrêté, devra contenir le détail des fournitures et quantités, les prix d'unités, la date des livraisons, la somme à payer, l'exécution du service fait ou la prise en charge des fournitures par le président du tribunal et le procureur de la République.

4° Les frais d'impression.

Les pièces à produire sont :

Mémoire (T) quittancé visé par le président du tribunal

et le procureur de la République et arrêté par le préfet.

Ce mémoire devra contenir le détail des fournitures et quantités, les prix d'unités, la date des livraisons, la somme à payer et l'exécution du service fait.

5° Les frais d'abonnements aux journaux et recueils.

Les pièces à fournir sont les quittances motivées des directeurs et éditeurs.

6° L'acquisition d'ouvrages.

Les pièces à produire sont :

Mémoire (T) quittancé visé par le président du tribunal et le procureur de la République et arrêté par le préfet.

Mention sur le mémoire du numéro d'inscription des ouvrages achetés sur l'inventaire ou le catalogue du tribunal.

7° et 8° Les frais occasionnés par les cérémonies publiques. Les frais de reliure, achat de fournitures de bureaux, etc.

On produira un mémoire (T) visé par le président du tribunal et le procureur de la République et arrêté par le préfet.

On doit ajouter que, conformément aux règles ordinaires de la comptabilité, toutes les dépenses de l'année doivent être mandatées avant le 31 mars de l'année suivante.

VII. — Mise à la retraite pour cause d'infirmités

284. — L'article 35 du décret du 9 novembre 1853 sur les pensions civiles fait mention à deux reprises du certificat délivré à l'appui de la demande, par le supérieur immédiat du fonctionnaire. Le président du tribunal civil peut donc avoir à délivrer ce certificat, soit aux juges et vice-présidents, soit aux juges de paix. Il se borne à attester le fait qui est invoqué à l'appui de la

mise à la retraite. Les articles 11 et 14 de la loi du
9 juin 1853 font l'énumération de ces causes : le premier
s'applique au fonctionnaire lui-même, le second à sa
veuve.

VIII. — Mobilier des tribunaux

285. — Le mobilier des tribunaux est fourni et entretenu
par les départements. A cet effet, une somme est votée
chaque année par le Conseil général.

286. — A cet égard, on s'est demandé à qui incombait
la fourniture et l'entretien du mobilier des greffes, au
greffier ou au département ?

Dans certains greffes, le mobilier appartient aux
greffiers ; ils ont alors évidemment la charge de l'entretien.

Dans la plupart, il appartient au département. Le
principe est alors celui-ci : le département fournit le
mobilier, le remplace, lorsqu'il est hors d'usage ; le
greffier l'entretient et le répare.

Cette formule est indiquée dans le *Bulletin des greffiers*,
5ᵉ série, n° 3, page 111. Elle est basée sur les dispositions des articles 8, 17 et 32 du décret du 30 janvier 1811,
qui chargent le greffier de toutes les dépenses relatives
au service et à l'entretien du greffe ; ce qui paraît, en
effet, exclure l'acquisition du mobilier.

Le *Bulletin* cite en ce sens deux solutions, l'une du
Conseil général de l'Isère, du 20 août 1870 ; l'autre, du
Conseil municipal de Paris, du 17 décembre 1889.

Tonnelier, dans son *Manuel des greffiers* (page 4, en
note), émet cependant l'avis que les charges du greffier
ne comprennent pas l'entretien du mobilier et les réparations du local qui seraient à la charge du département.

Pour les réparations du local, la chose est certaine.

Pour l'entretien du mobilier, il se fonde sur les dispositions précitées du décret de 1811, qui, il faut le reconnaître, ne précisent pas et parlent seulement de l'entretien du greffe. Il cite, en second lieu, l'article 16 de la loi du 21 nivôse, an VII, qui le charge des frais de bureaux, papier libre, rôles, registres, encre, plumes, lumière, chauffage des commis, et généralement de toutes les dépenses du greffe. Il est certain que cette disposition paraît bien exclure l'entretien du mobilier par la précision de son énumération. Lois annotées de Sirey, page 495.

Tonnelier cite, en ce sens, une décision du ministre de la justice du mois de septembre 1843.

Il existerait aussi, à ce sujet, une décision du ministre de l'intérieur du 22 février 1877.

Il faut reconnaître que l'opinion de Tonnelier paraît plus conforme aux textes. La pratique semble contraire et certains conseils généraux, en votant la somme destinée à l'entretien du mobilier des tribunaux en exceptent l'entretien du mobilier des greffes.

IX. — Préséances

287. — La base des prescriptions relatives aux préséances est toujours le décret du 23 messidor, an XII. L'article 1er donne l'ordre des préséances quant aux fonctionnaires principaux. L'article 7 fixe l'ordre des différents corps. Les membres du Parquet ne figurent pas dans le décret de messidor ; une circulaire ministérielle du 23 août 1816 rapportée dans le Code Rivière, sous la loi de messidor, doit être citée ici, parce qu'elle pose avec précision le principe de l'indépendance des corps judiciaires à l'égard de l'autorité administrative. Elle est ainsi conçue : « Les membres de chaque autorité « se rendront directement et de la manière qui leur « paraîtra le plus convenable, dans le lieu de la céré-

« monie, pour occuper la place qui leur est assignée par
« le décret du 24 messidor, an XII, sans être obligés de
« se réunir préalablement chez celui qui tient le premier
« rang ».

288 — Le décret des 4 octobre 5 décembre 1891 portant règlement sur le service dans les places de guerre
et les villes ouvertes, règle, dans son article 299, l'escorte
à laquelle ont droit les corps judiciaires. En voici un
extrait : « Lorsque le Sénat, la Chambre des députés, les
« grands corps de l'Etat et les Cours de justice se ren-
« dent en corps et en costume officiel auprès du
« Président de la République ou à une cérémonie publi-
« que, ils sont escortés par une garde à cheval, à défaut,
« par une garde à pied qui est répartie en avant, en
« arrière et sur les flancs du cortège ; — les escortes se
« composent pour les tribunaux de première instance,
« pour les tribunaux de commerce, d'un demi-peloton de
« troupes à cheval, ou d'une demi-section d'infanterie,
« sous le commandement d'un sous-officier ; — Si ces
« divers corps ne sont représentés que par des députa-
« tions, l'escorte est réduite de moitié. — Les escortes
« spécifiées dans le présent article sont composées d'in-
« fanterie ou de troupes à cheval, suivant que les per-
« sonnages ou les corps à escorter sont à pied ou en
« voiture et à cheval».

Le décret spécifie bien qu'il s'agit de cérémonies
publiques auxquelles le tribunal se rend en corps et en
costume officiel, c'est-à-dire en robes.

Bien que le contraire ait été soutenu et pratiqué par un
commandant d'armes dans une cérémonie, il est indis-
cutable que le droit à l'escorte existe aussi bien au retour
qu'à l'aller : les motifs sont exactement les mêmes, et la
convenance de l'escorte est la même dans les deux cas.
L'article 325 du décret du 4 octobre 1891, spécial au cas

d'honneurs funèbres, est inapplicable aux cérémonies publiques où les honneurs sont rendus, non pas à un défunt, mais à l'autorité que représentent les corps constitués.

289. — En ce qui concerne les visites, il faut noter, en premier lieu, l'article 10 du décret de messidor (2ᵉ partie, titre XX, section 1ʳᵉ), ainsi conçu : « Les premiers présidents des autres Cours et tribunaux recevront, lors de leur installation, les visites des autorités dénommées après eux et résidant dans la même ville ; ces visites seront faites dans les vingt-quatre heures de leur installation. Les dits présidents iront, dans les premières vingt-quatre heures de leur installation, visiter les autorités supérieures en la personne de leurs chefs ; ceux-ci leur rendront leurs visites dans les vingt-quatre heures suivantes. »

En outre des visites d'arrivée visées par cet article, on a à parler des visites, ayant un caractère officiel, du 1ᵉʳ janvier.

En l'état des dispositions réglementaires sur la matière, il semble que le principe est celui-ci : les présidents doivent visite aux autorités figurant avant eux dans le décret de messidor. Les tribunaux ne doivent pas de visites en corps.

Ce dernier point résulte d'un avis du Conseil d'État du 26 mai 1876 : « Le Conseil d'État consulté par M. le Ministre de la guerre, a émis l'avis que l'obligation des visites de corps, à l'occasion du jour de l'an, imposée par l'article 392 du décret du 13 octobre 1863, ne s'applique pas aux *fonctionnaires civils* des divers ordres, dénommés dans les décrets qui règlent les rangs, honneurs et préséances. — En Algérie, comme en France, les compagnies judiciaires ne doivent pas se rendre en corps chez les généraux, alors même qu'ils sont commandants de région.

« Les magistrats font leurs visites individuellement et
« en habit de ville.

« (Lettre de M. le Ministre de la guerre à M. le garde
« des sceaux du 22 mai 1876. — Lettre de M. le garde des
« sceaux à M. le premier Président de la Cour d'appel
« d'Alger du 26 mai 1876). » Bulletin officiel 1876, p. 81.

Une exception paraît cependant résulter du décret du
29 septembre 1876, relatif aux honneurs attribués aux
généraux de division gouverneurs de Paris et de Lyon,
aux généraux de division commandant les corps d'armée
et les régions de corps d'armée, aux vice-amiraux commandants en chef, préfets maritimes : « Lorsque ces
« officiers généraux entreront pour la première fois
« dans les villes comprises dans l'étendue de leur com-
« mandement, les maires et les adjoints se trouveront à
« leur logis avant leur arrivée. — Ils seront visités par
« les personnes nommées après eux dans l'ordre des
« préséances. Les corps qui ont rang et séance dans les
« cérémonies publiques se rendront chez eux ; les Cours
« d'appel s'y rendront par une députation composée d'un
« président, du procureur général ou substitut, du quart
« des conseillers ; les tribunaux par une députation com-
« posée de la moitié du tribunal. »

Suivant une décision ministérielle insérée au *Bulletin
du Ministère* (1883, p. 55), les délégations visitant des
ministres doivent être en robes.

X. — Présentations

290. — Les présidents et les procureurs de la République ont le droit et l'obligation de présenter aux premiers présidents et procureurs généraux des candidats
pour les postes de juges de paix et suppléants de juges de
paix vacants dans leurs arrondissements. Chacun d'eux
envoie ses présentations à chacun des deux chefs de la

Cour d'appel. Elles sont écrites sur des tableaux portant les nom et prénoms, l'âge, la profession et le domicile du candidat. Une dernière colonne est destinée à contenir une courte notice sur lui. La feuille en question doit être rédigée en double pour chaque candidat et adressée ainsi à chacun des chefs de la Cour. D'ordinaire la lettre d'envoi contient l'ordre de classement des candidats et une sorte de rapport sur les motifs du classement et sur chacun d'eux.

291. — Pour les suppléants, ce sont d'ordinaire les juges de paix qui recherchent et indiquent les candidats aux chefs du tribunal. Il est essentiel de leur recommander de s'assurer de l'acceptation éventuelle des candidats qu'ils proposent.

En principe, toutes les incompatibilités applicables aux magistrats en général, le sont aux suppléants de juges de paix, sauf certaines fonctions, telles que celles d'officier ministériel ou d'avocat inscrit. Notamment s'applique l'incompatibilité avec l'exercice d'un commerce. Plus d'une fois, en présence de la difficulté de trouver des candidats à ces fonctions dans les petits cantons, on a dû passer sur cette objection. On ne doit le faire, en tout cas, que s'il y a nécessité absolue. Dans beaucoup de cantons, le service peut être assuré avec un seul suppléant. Il est préférable alors de surseoir et d'attendre que le hasard fournisse une candidature sans une objection de cette nature.

Il est à peine besoin de dire qu'en cette matière particulièrement grave par la responsabilité qui incombe à celui qui propose des candidats, le magistrat qui a cette charge, ne doit tenir compte que des renseignements et recommandations qui ont trait au mérite même, c'est-à-dire à l'honorabilité et à l'aptitude du candidat, et non à ses relations avec telle ou telle personne.

XI. — Sectionnement

292. — Les principes en cette matière sont posés par la circulaire ministérielle du 27 novembre 1883 et par deux arrêts de la Cour de cassation en date des 4 et 15 mars 1889 (Sirey, 1889, 1, 163 et 182).

La circulaire contient la prescription suivante qui, au surplus, est absolument rationnelle : « En principe, tout « magistrat doit sa présence à la chambre à laquelle il « est attaché ; il convient cependant d'observer que les « besoins multiples du service judiciaire peuvent tenir « éloignés d'une ou plusieurs audiences un certain « nombre de juges, notamment pour le service des « enquêtes et de l'instruction. En outre, on s'est demandé « si, dans les sièges n'ayant qu'une seule Chambre, et « où le nombre des magistrats permettrait une telle « combinaison, la Cour ou les tribunaux pourraient ré-« partir leurs membres de telle sorte que quelques-uns « d'entre eux fussent alternativement dispensés d'assister « à certaines audiences. Un tel mode de procéder « permettra d'augmenter le nombre des audiences et « facilitera ainsi l'expédition des affaires ; rien, au point « de vue légal, ne s'oppose à ce qu'il soit adopté. Il est, « tout au contraire, implicitement autorisé par les « articles 1er et 4 de la loi ; les arrêts, d'après ces dispo-« sitions, peuvent être rendus par cinq conseillers, « président compris, et les jugements par trois seule-« ment des magistrats du siège. »

Ce qui est licite, c'est donc la combinaison consistant à faire siéger alternativement tels et tels magistrats, de façon à fournir un plus grand nombre d'audiences. En raison de la formalité du registre de pointe, cette combinaison devra être déterminée dans le règlement particulier du tribunal, règlement soumis à l'approbation du Garde des sceaux ; l'absence, au point de vue du registre de pointe, sera donc expliquée et motivée par l'application du règlement.

En l'absence de dispositions réglementaires en ce sens, le même résultat peut être atteint en fait, quoique de façon moins pratique ; il suffira que tels magistrats ne siègent, à certaines audiences, que quelques instants, par exemple, pour assister au prononcé d'un jugement ; le registre de pointe pourra alors constater leur présence.

Le principe posé par les arrêts sus-visés, c'est qu'un décret seul peut autoriser la création d'une nouvelle chambre. La faculté reconnue par la circulaire doit se concilier avec ce principe. En fait, il suffit que les deux sections créées ne siègent pas simultanément. Il ne s'agit pas alors de deux chambres, mais de la même chambre composée de magistrats différents. Dans le cas contraire, ce sont bien deux chambres ou deux sections distinctes. La distinction faite par la Cour de cassation est évidemment fondée, quoique peut-être un peu subtile. La législation pourrait y remédier en autorisant expressément une pratique qui n'aurait que des avantages et permettrait, dans certains tribunaux, d'écouler l'arriéré, sans causer aux magistrats une fatigue toujours préjudiciable à la bonne administration de la justice.

Ces considérations montrent qu'il convient de restreindre strictement le principe posé par la Cour de cassation Ainsi, il paraît certain que rien ne s'opposerait à ce que, dans les tribunaux. composés d'une seule Chambre, l'audience ordinaire se tint pendant que l'un des juges présiderait à une vente renvoyée devant lui. Il remplit une délégation du tribunal, de même qu'il procéderait à une enquête ou à un interrogatoire sur faits et articles. Il agit comme juge commis ; il ne préside pas une section du tribunal, ce qui supposerait trois juges siégeant ensemble.

XII. — Vacations

293. — Le décret du 4 juillet 1885 a modifié ainsi la date des vacations : « Les vacances des chambres civiles « de la Cour de cassation, des Cours d'appel et des « tribunaux de première instance commenceront le « 15 août et se termineront le 15 octobre. Le procès- « verbal constatant les noms des membres présents à « l'audience de rentrée et les lettres d'excuse des magis- « trats absents sera immédiatement transmis au Garde « des sceaux. »

Un décret du 15 juillet 1885 porte que « le règlement « du service des vacations et les opérations relatives « au roulement des magistrats dans les Cours d'appel et « les tribunaux de première instance se feront dans la « seconde quinzaine du mois de juillet ».

Le décret du 12 juin 1880 avait antérieurement fixé ce qui a trait aux audiences de vacations :

Article 1er : « Les audiences réglementaires, pendant « les vacances judiciaires, seront à l'avenir fixées con- « formément aux dispositions suivantes : Une audience « sera tenue chaque quinzaine dans les tribunaux de « première instance n'ayant qu'une chambre ; la chambre « des vacations des tribunaux de deux chambres tiendra « une audience par semaine. Les jours d'audience seront « fixés à intervalle, soit de quinzaine, soit de huitaine.

Article 2. « La chambre des vacations des tribunaux « de première instance ayant trois chambres ou un plus « grand nombre, tiendra deux audiences hebdomadaires « à des jours différents fixés de huitaine en huitaine. »

L'article 3 règle les vacations du tribunal de la Seine.

L'article 5 porte la faculté de tenir des audiences sup- plémentaires.

Enfin le même article donne au procureur de la République le droit de demander une réunion spéciale du tribunal pour l'application de la loi du 20 mai 1863 sur les flagrants délits.

Il importe de remarquer que, d'après les prescriptions du décret, les audiences doivent être fixées à des intervalles périodiques. Ainsi, dans les tribunaux a une chambre, l'audience doit être fixée au même jour de chaque quinzaine, de façon qu'il s'écoule un délai préfixe de quinze jours entre chaque audience. Des observations ont toujours signalé les infractions à cette règle.

XIII. — Concierges et gens de service attachés aux tribunaux.

294. — Une circulaire ministérielle rapportée au *Bulletin du Ministère* (année 1885, p. 144 et 191, porte que ces agents sont nommés, révoqués et remplacés par arrêté préfectoral; cet arrêté ne pourra être pris que sur la proposition conforme de la compagnie judiciaire intéressée. La circulaire contient des dispositions relatives aux traitements de ces agents et à leur admission à la retraite.

PIÈCES A CONVICTION

295. — Disposition de l'article 1er de l'ordonnance du 22 février 1829 : « Les greffiers, geôliers et tous autres « dépositaires d'effets mobiliers déposés à l'occasion des « procès civils ou criminels définitivement jugés, et qu'il « serait nécessaire de vendre, soit à raison de leur détério-

« ration, soit pour toute autre cause, devront présenter
« requête au président du tribunal civil pour être auto-
« risés à faire remise des dits objets aux préposés de
« l'administration des domaines qui procéderont à la
« vente dans les formes suivies pour l'aliénation des
« objets non réclamés, et sur lesquels l'État a un droit
« éventuel.

« Les dispositions ci-dessus sont applicables aux gref-
« fiers des conseils de guerre et tribunaux maritimes,
« et aux geôliers ou concierges des prisons militaires et
« maisons de détention de la marine. »

Cette disposition est complétée par les articles 2 à 4 de
l'ordonnance du 9 juin 1831, dont voici la teneur :

Article 2 : « Les sommes en deniers comptants sont
« comprises au nombre des objets mobiliers qui doivent
« être remis au domaine. »

Article 3 : « Les procureurs du Roi près les tribunaux
« de première instance sont tenus de vérifier et de certi-
« fier l'exactitude de la requête que les greffiers, geôliers
« et autres dépositaires doivent présenter au président
« du tribunal civil, pour être autorisés à faire la remise
« au domaine des objets susceptibles d'être vendus. »

Article 4 : « Sont exceptés de cette remise les papiers
« appartenant à des condamnés ou à des tiers, lesquels
« papiers resteront déposés dans les greffes pour être
« remis à qui de droit s'il y a lieu. »

Ces dispositions contiennent ce qui a trait soit aux
personnes qui ont le droit de présenter requête, soit aux
objets qui sont susceptibles d'être remis à l'administration des domaines. Il convient d'ajouter que, conformément à l'article 3 sus rapportée, la requête présentée au
président devra être suivie de réquisitions du Parquet
constatant la vérification par lui faite et certifiant l'exactitude de la requête.

PRISONS : MAISON D'ARRÊT ET DE JUSTICE

296. — *Paraphe des registres.*

L'article 603 du code d'instruction criminelle établit la distinction des maisons d'arrêt, des maison de justice et des prisons. L'article 607 fait mention du registre spécial de ces diverses maisons ; ils sont paraphés, celui des maisons d'arrêt par le juge d'instruction ; celui des maisons de justice par le président de la Cour d'assises, ou, en son absence, par le président du tribunal civil ; celui des prisons par le préfet.

Il existe, en outre, un registre spécial aux individus détenus en vertu de la contrainte par corps. Il est fait mention de ce registre dans l'article 790 (Proc. civ.) et dans l'article 14 du règlement général pour les prisons départementales du 30 octobre 1841 (Dalloz, rép. v° *prisons*, p. 1003), lequel impose au gardien chef de tenir un registre spécial pour les détenus pour dettes.

Par qui ce registre doit-il être paraphé ?

L'article 607 susvisé n'en a pas fait mention. Il semble que, dans le silence de la législation nouvelle, on doit s'en référer aux lois anciennes ; or, la loi sur la justice criminelle des 16-29 septembre 1791, s'exprime ainsi dans l'article 4 du titre XIII : « Les gardiens des maisons « d'arrêt, maisons de justice, ou geôliers des prisons, « seront tenus d'avoir un registre spécial signé et para- « phé à toutes les pages par le président du tribunal. »

On a ainsi procédé pour les anciens registres anté-rieurs à la loi de 1867 sur la contrainte par corps.

PRIVILÈGES ET HYPOTHÈQUES

I. — Si l'hypothèque judiciaire peut être inscrite en vertu d'une ordonnance du président

297. — Pour opérer l'inscription, porte l'article 2148 du Code civil, le créancier représente au conservateur l'original en brevet ou une expédition authentique du jugement ou de l'acte qui donne naissance au privilége ou à l'hypothèque.

En cas d'urgence, le demandeur qui sollicite une condamnation au paiement d'une somme, peut conclure en même temps à ce que le tribunal autorise à prendre l'inscription d'hypothèque judiciaire au vu de la minute. Le greffier est alors autorisé, et même contraint, par cette disposition, à transporter sa minute au bureau du conservateur.

Il peut arriver que le créancier ait négligé de demander cette autorisation, ou que l'urgence ne se soit manifestée qu'après le prononcé du jugement. A-t-il, pour prendre l'inscription sans retard, d'autre mode de procéder que de presser la délivrance de l'expédition? Dans plusieurs tribunaux, on présente requête au président, afin d'être autorisé par lui à prendre inscription de suite, au vu de la minute de son ordonnance, ordonnance en brevet, c'est-à-dire revêtue de la signature seule du magistrat et non déposée au greffe. Cette procédure est-elle régulière ?

Un point est constant, c'est que la disposition en question de l'article 2148 n'est pas prescrite à peine de nullité. Paul Pont constate (n° 940) que la doctrine et la jurisprudence sont unanimes à cet égard. Le conservateur peut exiger les titres énumérés par la loi ; il peut se contenter de titres équivalents, pourvu qu'il demeure convaincu que le titre d'où résulte l'hypothèque judiciaire existe réellement. Il n'est pas davantage douteux qu'il pourrait se contenter d'une ordonnance constatant l'existence du jugement et autorisant l'inscription. C'est une question d'appréciation abandonnée à la prudence du conservateur. Supposons un instant qu'il se soit contenté d'une justification insuffisante, que le droit hypothécaire soit inexistant ; il serait assurément responsable, sinon envers le créancier qui ne pourrait exciper de sa faute, tout au moins envers le propriétaire dont l'immeuble aurait été indûment chargé, et qui se serait trouvé dans la nécessité de faire prononcer la nullité de l'inscription.

Peut-on donc procéder par voie d'ordonnance ? Il ne paraît pas que cette procédure soit régulière.

Quel est, en effet, le véritable sens de l'ordonnance ? Est-ce de suppléer au jugement qui n'a pas autorisé la prise de l'inscription sur la minute? Non ; car on ne peut, en principe, suppléer par ordonnance aux dispositions d'un jugement ; on le peut d'autant moins que peut-être est-ce intentionnellement que le tribunal a laissé les parties sous l'empire du droit commun de l'article 2148. On peut ajouter que les pouvoirs du président sont exceptionnels ; or ce pouvoir spécial ne lui a pas été donné.

L'ordonnance a-t-elle simplement pour objet d'affirmer l'existence du jugement ? Considéré à ce point de vue, l'acte du président sort encore plus des limites de sa compétence normale. Il n'a pas qualité pour attester la substance des jugements ; le greffier seul en délivre des expéditions.

Les conservateurs se contentent, il est vrai, de l'ordonnance et ils se basent sur les termes de l'instruction du 13 avril 1865 dont voici un extrait : « D'après l'article « 2148, les titres que le créancier doit représenter, soit « par lui-même, ou par un tiers, sont l'original en brevet « ou une expédition authentique du jugement ou de « de l'acte qui donne naissance au privilège ou à l'hypo- « thèque. Les conservateurs justifieront de cette repré- « sentation par une mention spéciale inscrite au registre « de dépôt. La forme de cette mention variera suivant « la nature même des titres représentés. Ainsi, s'il s'agit « de jugements en minute, d'expéditions de jugements ou « d'actes authentiques en brevet, les conservateurs « indiqueront, dans la colonne intitulée « date des « titres », l'ordre du juge, si le jugement n'est pas « enregistré, et, dans les autres cas, la date de l'enre- « gistrement, soit de l'expédition du jugement, soit de « l'acte en brevet, le nom du bureau, le folio et la case. »

Il est assurément très douteux que, par les mots « l'ordre du juge », l'auteur de la circulaire ait entendu parler d'une ordonnance suppléant aux titres énumérés par l'article 2148 ; il semble que la circulaire ait voulu simplement exiger l'indication de la date de l'enregis- trement du titre, ou, s'il n'est pas enregistré, la mention que le juge, c'est-à-dire d'une façon générale, l'auteur de la décision, a dispensé le titre de l'enregistrement préalable.

D'ailleurs, il n'importe. Les conservateurs, en fait, se contentent de l'ordonnance et opèrent l'inscription.

La conclusion de cette discussion est quelque peu étrange. Le président n'a pas qualité pour rendre l'ordonnance sollicitée. Si, en fait, il la rend, le conservateur inscrit au vu de l'ordonnance. Tout autre créancier qui, par cette procédure rapide, se trouverait primé, serait sans droit de se plaindre, car l'inscription est régulière, pourvu que le titre existe, et en l'absence de sanction de la disposition de l'article 2148, le résultat final est donc que l'ordonnance irrégulière a le même effet que si elle était régulière et c'est peut-être cette considération qui en a fait adopter l'usage dans certains tribunaux.

Il pourrait cependant se présenter un cas où le vice de cette procédure se manifesterait. Supposons que l'ordonnance contienne une erreur, soit sur l'existence même du droit hypothécaire, soit sur le chiffre de la créance : le propriétaire grevé indûment conserverait, semble-t-il, malgré l'ordonnance, une action en responsabilité contre le conservateur. Celui-ci ne pourrait, ni se couvrir par l'ordonnance qui est irrégulière, ni s'abriter derrière le magistrat qui n'est responsable que de son dol. Le défaut de cette manière d'agir retomberait en dernier lieu sur le conservateur.

Ajoutons qu'il peut résulter de cette procédure des inégalités entre créanciers ayant des droits concurrents.

Il est donc préférable de s'en tenir aux dispositions du droit commun.

II. — Commission d'huissier pour notification de contrat et de surenchère du dixième ; quel est le président compétent ?

298. — L'article 832 (Proc. civ.) porte : « Les notifi-

« cations et réquisitions prescrites par les articles 2183
« et 2185 du Code civil seront faites par un huissier
« commis à cet effet, sur simple requête, par le président
« du tribunal de première instance de l'arrondissement
« où elles auront lieu ; elles contiendront constitution
« d'avoué près le tribunal où la surenchère et l'ordre
« devront être portés ».

Quel est exactement le président compétent pour faire
cette commission ? L'article paraît clair, et cependant
il présente une difficulté dont la solution est d'une
extrême délicatesse.

Il s'agit, à la fois, de la notification du contrat
d'acquisition par l'acquéreur aux créanciers inscrits
(art. 2183) et de la réquisition de surenchère du dixième
par l'un des créanciers inscrits (art. 2185).

Ce qui a trait à la surenchère du sixième est prévu par
les articles 708 et suivants (Proc. civ.) ; il ne s'agit ici
que de la surenchère sur aliénation volontaire.

Parlons d'abord de la notification de contrat.

Elle est faite aux créanciers inscrits. Aux termes de
l'article 2148 du Code civil, l'inscription doit contenir
élection de domicile dans l'arrondissement de la situation
de l'immeuble.

Aucune difficulté, dit-on (Carré et Chauveau, n° 2461 ;
Chauveau et Glandaz, en note sous la formule 1028) ; la
notification devant être faite aux domiciles élus, et
domicile devant être élu dans l'arrondissement, l'huissier
est désigné par le président du tribunal de la situation
de l'immeuble.

Mais, parmi les inscriptions, il peut se trouver l'inscription d'office prise par le conservateur des hypothèques, lors de la transcription du contrat de vente, au
profit du vendeur (art. 2108). Si l'acte de vente contenait
élection de domicile en l'étude d'un notaire de l'arrondissement, il est probable que le conservateur fera

figurer cette élection de domicile dans l'inscription. Mais si l'acte n'en contient pas, l'inscription d'office ne contiendra pas d'élection de domicile. Il faudra alors faire la notification au domicile réel. Suivant Paul Pont (n° 272), même si le conservateur avait fait une élection de domicile dans son bureau, elle n'aurait pas d'effet utile, et on devrait notifier au domicile réel. Mais ce domicile peut être dans un autre arrondissement. Quel président sera compétent ? Celui de la situation des biens ou celui du domicile du vendeur ?

Même question peut se présenter pour les inscriptions d'hypothèque légale prises par le Parquet. L'élection de domicile est souvent faite au Parquet ; d'autres fois elle l'est au domicile du subrogé-tuteur qui peut être dans un autre arrondissement.

Enfin, comme troisième hypothèse, il peut arriver qu'il y ait eu omission de l'élection du domicile. Suivant Paul Pont (n° 1303), il y a dispense de notifier. Ne serait-il pas néanmoins prudent de notifier au domicile réel ? Même question s'il est hors de l'arrondissement.

Passons à la surenchère.

Suivant l'article 2185, elle doit être signifiée au propriétaire surenchéri et au précédent propriétaire.

Pour le premier, aucune difficulté. C'est lui qui a fait notifier son contrat ; il a dû constituer avoué et, par conséquent, élire domicile dans l'arrondissement de la situation des biens.

Pour le second, il faut signifier au domicile réel ; la question plus haut posée, se présente à nouveau. Ici Chauveau et Glandaz tranchent formellement la question (en note sous la formule 1030 ; — Carré et Chauveau, question n° 2461) ; suivant ces auteurs, l'huissier sera commis par le président du domicile.

Il est évident que si cette opinion est exacte au cas de surenchère, elle doit l'être également pour la notification.

Quelle opinion faut-il donc suivre ?

L'opinion de Chauveau, celle qui attribue compétence à plusieurs présidents, s'appuie sur les termes stricts de l'article 832 ; il donne compétence au président du tribunal où les actes doivent être signifiés ; s'ils le sont dans plusieurs arrondissements, il y a autant de magistrats compétents.

L'opinion contraire, qui a contre elle le texte, peut se prévaloir de bien puisssantes raisons.

D'abord celle qui a été présentée plusieurs fois ici même. Quelle est la raison d'être de cette vieille prescription de la signification par huissier commis ? Le seul résultat qu'elle peut avoir, c'est de créer des nullités de pure forme, sans autre avantage que de compromettre des droits et d'engager des frais. Il est vrai que Chauveau ne va pas jusqu'à la nullité (quest. n° 2461) : l'acte serait nul, si l'huissier n'avait pas été commis; mais il sera valable si l'huissier avait été commis par un président autre que celui de l'arrondissement où la signification devait être faite; et encore hésite-t-il à admettre cette concession ; la nullité en tout cas, dit-il, ne serait proposable que par celui qui aurait reçu la signification vicieuse. Un arrêt de Toulouse du 27 novembre 1888 prononce la nullité (Gaz. du Palais du 8 décembre 1888).

La seconde considération, c'est que, suivant toute probabilité, la pensée des rédacteurs de l'article 832 n'a pas été d'exiger des formalités aussi compliquées pour une commission d'huissier.

Le motif principal est qu'en réalité, la loi n'a pas voulu procéder ainsi ; que, par son contexte même, elle paraît supposer qu'un seul président est compétent : or, c'est le président de la situation des biens. Il s'agit d'une seule procédure : ce n'est que par exception, dans des cas très particuliers, que les significations doivent se faire en dehors de l'arrondissement ; le même président demeure compétent en vertu du principe de la connexité, de cet axiome que l'accessoire suit le principal.

Ces deux thèses exposées, il est peut-être difficile d'admettre avec certitude l'une d'elles : la seconde est évidemment préférable ; mais la première a pour elle la matérialité du texte. Dans la crainte d'une nullité, ne serait-il pas prudent de suivre le premier système, tout en reconnaissant qu'il ne s'appuie que sur l'argument brutal du texte, qu'il ne satisfait en aucune façon la raison.

III. — Cote et paraphe des registres

299. — Aux termes de l'article 2201, les registres de la conservation des hypothèques sont cotés et paraphés à chaque page, par première et dernière, par l'un des juges du tribunal dans le ressort duquel le bureau est établi. Il va de soi que le président est compris dans la désignation des *juges*.

IV. — Cautionnement des conservateurs : réception ; décharge

300. — Cette matière est réglée par la loi du 21 ventôse, an VII, la loi de finances du 8 juin 1864, articles 26 et suivants, et le décret du 11 août 1864.

Aux termes de l'article 5 de la loi de ventôse, le conservateur doit fournir un cautionnement en immeubles ; d'après l'article 6, il doit faire recevoir son cautionnement dans un certain délai.

L'article 26 de la loi de 1864 autorise les conservateurs à fournir leurs cautionnements en totalité ou en partie, soit en immeubles, soit en rentes nominatives 3 % sur l'État.

Suivant l'article 28, le cautionnement peut être fait au moyen de rentes appartenant à des tiers.

Le cautionnement en immeubles doit être reçu par jugement sur requête. Le tribunal compétent est naturellement celui de la situation des immeubles. La requête est communiquée au ministère public et il est nommé un juge rapporteur. Le jugement est rendu en chambre du conseil.

Le tribunal a à examiner d'abord la valeur des immeubles affectés au cautionnement, si elle est au moins égale au chiffre du cautionnement obligatoire. Il lui est loisible, à cet égard, d'ordonner une expertise préalable.

Il doit rechercher, en second lieu, si la propriété de l'immeuble est fixée de façon incommutable sur la tête du propriétaire, s'il n'est pas grevé de privilèges ou actions résolutoires, d'hypothèques conventionnelles judiciaires ou légales ; de saisies.

Le dispositif du jugement peut être ainsi conçu : « le tribunal reçoit, conformément à l'article 5 de la loi « du 21 ventôse, an VII, le cautionnement dont s'agit, « pour la garantie, jusqu'à concurrence de la somme « de ...., des sommes et dommages-intérêts dont M. X... « pourrait être tenu envers les parties, au sujet de la « gestion de la conservation des hypothèques de ..... ou « de toute autre conservation à laquelle il pourrait être « appelé, et ce, pendant toute la durée de son exercice « et dix ans après; dit qu'au moyen du dépôt de l'expé-« dition du présent jugement au greffe du tribunal « de ..., de l'inscription à prendre en exécution de « l'article 7 de la loi du 21 ventôse, an VII et de la « production de nouveaux certificats négatifs d'ins-« criptions, de transcriptions et de saisies, ledit cau-« tionnement se trouvera définitivement constitué ; « condamne le sieur X... aux dépens. »

Les mêmes formalités seront observées, s'il y a lieu à augmentation du cautionnement (art. 10).

301. — Dix ans après la cessation des fonctions, le

conservateur peut demander la décharge du cautionnement en immeubles ou en titres de rente (art. 8 de la loi de ventôse ; art. 30 de la loi du 8 juin 1864 ; article 11 du décret du 11 août 1864).

D'après l'article 30, le tribunal compétent est celui de l'arrondissement dans lequel le conservateur aura exercé ses fonctions en dernier lieu.

L'article 11 du décret de 1864 règle les formes : requête, communication au ministère public, qui donne ses conclusions. L'affaire n'ayant pas le caractère contentieux, il semble que le jugement, comme celui de réception du cautionnement, devrait être rendu en chambre du conseil. Dans le silence de la loi, on le rend en audience publique.

Il est produit à l'appui (art. 11) :

1° Un certificat du directeur de l'Enregistrement constatant la date à laquelle le conservateur a cessé ses fonctions ;

2° Un certificat du greffier près le tribunal appelé à statuer sur la requête, et constatant qu'il n'existe ni opposition, ni action en garantie ou responsabilité contre le conservateur.

Le dispositif peut être ainsi conçu au cas où il s'agit d'un cautionnement en rentes sur l'État : « Le tribunal « déclare libéré le cautionnement constitué par le sieur « X..., en qualité de conservateur des hypothèques en « dernier lieu a..., consistant dans les titres de rente « ci-dessus énoncés, ou tous autres qui auraient été « fournis en remplacement ; ordonne que, sur la remise « du bordereau d'annuel, et de la grosse du présent « jugement, les inscriptions de rente sus-visées ou toutes « autres affectées au dit cautionnement et versées au « Trésor public, seront remises au titulaire, affranchies « de la mention prescrite par l'article 7 du décret du « 11 avril 1864, condamne le sieur X..., aux dépens. »

S'il s'agit d'immeubles, le tribunal ordonne la radiation de l'inscription prise en vertu de l'article 7 de la loi de ventôse.

V. — Controverse sur le sens de la loi du 19 février 1889.

301 A. — Voir au n° 69 A.

PUISSANCE PATERNELLE

I. — Administration légale du père : opposition d'intérêts

302. — Dans le silence de la loi sur le caractère de l'administration légale du père de famille, de graves controverses se sont élevées, soit sur l'étendue de ses pouvoirs, soit sur la question de savoir comment il devait y être suppléé au cas d'opposition d'intérêts entre le mineur et son père. Doit-on nommer un tuteur *ad hoc* ou un administrateur *ad hoc*, et qui est appelé à faire cette nomination ?

Voici la réponse proposée à ces questions :

1° Le père, administrateur légal, a le droit de faire tous

actes autres que ceux de disposition, et même d'intenter des actions immobilières.

2° En cas d'opposition d'intérêts, il est remplacé par un administrateur *ad hoc* qui a les mêmes pouvoirs et est désigné par le tribunal.

3° Toutes dispositions contraires des testaments sont nulles et doivent être réputées non écrites.

Les motifs de ces solutions sont exposés dans un jugement de Châteauroux du 6 mars 1894 (aff. Berlan-Verdier), dont voici des extraits (Dalloz, 1895, 2, 75 :

« Considérant que l'article 389 du Code civil, en disant que le père est, durant le mariage, administrateur des biens personnels de ses enfants mineurs, a écrit une disposition dont la raison et la portée apparaissent avec évidence ; qu'il se produit des hypothèses nombreuses, tel que le cas de litige sur la propriété de biens, où les tribunaux sont dans l'obligation d'en confier l'administration à des tiers ; que la décision de justice précise alors les pouvoirs de l'administrateur judiciaire et les étend ou les restreint suivant les cas ; que l'article 389 vise un cas analogue ; que la loi a estimé, avec raison, que le père est l'administrateur naturel des biens de ses enfants mineurs ; qu'à raison de la confiance qu'il inspire, on doit admettre que son administration doit être entendue au sens le plus étendu du mot ; qu'il a donc le pouvoir de faire tous actes autres que ceux de disposition, et même d'intenter une action immobilière.

« Que, suivant une théorie, cependant ses pouvoirs devraient être assimilés dans une mesure plus ou moins large, suivant la diversité des opinions, à ceux de tuteur ; que cette assimilation ne saurait être admise à aucun degré ; que toutes les opinions sont d'accord pour reconnaître qu'il n'y a place, dans l'administration légale, ni pour une subrogée-tutelle, ni

« pour l'hypothèque légale ; que le terme même d'admi-
« nistrateur légal exclut l'application de la loi de la
« tutelle ; que la loi a entendu assimiler les fonctions du
« père à celles d'un administrateur à pouvoirs étendus ;
« que l'organisation de la tutelle forme un ensemble de
« protection ayant un caractère spécial et ne pouvant
« être fractionné, pour être transporté partiellement dans
« une autre matière ; que cette opinion, par la diversité
« même des systèmes auxquels elle a donné lieu, révèle
« le caractère arbitraire de son principe ;

« Que les actes d'aliénation seront seuls interdits à
« l'administrateur ; que, si l'utilité de ces actes apparaît,
« il devra recourir à la seule autorité pouvant en appré-
« cier l'opportunité ; qu'il ne pourra donc passer outre à
« ces actes qu'avec l'autorisation de justice ;

« Qu'il en résulte qu'en aucun cas l'existence du conseil
« de famille ne saurait trouver place dans l'administra-
« tion légale ; que, si le législateur avait eu l'intention
« contraire, il lui eût été facile d'indiquer que l'adminis-
« tration légale emprunterait tout ou partie des règles
« de la tutelle, ce qu'il n'a pas fait, ce qu'il paraît même
« avoir voulu exclure, en employant le terme d'adminis-
« trateur ;

« Considérant que si, pour un motif quelconque, l'ad-
« ministrateur désigné par la loi se trouve empêché de
« remplir ses fonctions, il ne peut être remplacé que par
« un administrateur désigné par justice ; que recourir
« aux modes de nomination du tuteur, ce serait, ainsi
« qu'il a été dit ci-dessus, méconnaître absolument la
« différence radicale qui sépare la tutelle de l'adminis-
« tration légale ; que l'administrateur ne peut pas plus
« être remplacé par un tuteur, que le tuteur ne le
« serait par un administrateur ; que, la désignation
« légale faisant défaut, c'est le tribunal qui doit nommer
« un administrateur suppléant ; que la personne ainsi

« désignée, agissant aux lieu et place du père, aura
« nécessairement les mêmes pouvoirs que lui, c'est-à-
« dire ceux d'une administration étendue... » Dans le
même sens, jugement du tribunal civil de Rouen du
18 novembre 1896 (Gaz. du Palais, 24, 25 janvier 1897).

Dans l'espèce, il y avait ceci de particulier, que le
testateur, en excluant le père de l'administration des
biens légués, avait dit que l'administrateur qui le rem-
placerait serait nommé par un conseil de famille ; le
tribunal a décidé que cette clause devrait être réputée
non écrite. Le vice du système contraire apparaissait
bien dans l'espèce ; en effet, le testament avait ordonné
des mesures spéciales pour cumuler les revenus des
biens légués, jusqu'à ce que le mineur ait atteint sa
25ᵉ année ; et, chaque année, l'administrateur devait
rendre compte au conseil de famille. En validant ces
clauses dérogatoires au droit commun, on serait arrivé à
maintenir partiellement le légataire en un état de minorité relative jusqu'à l'âge de 25 ans. Il est évident que
des dispositions de ce genre sont frappées d'une nullité
d'ordre public. Le tribunal supprimait aussi la clause
relative à l'obligation de rendre compte, comme intime-
ment liée à l'institution d'un conseil de famille.

II. — Correction paternelle

303. — Les articles 376 et 377 du Code civil précisent
exactement les deux cas où le père peut exercer le
droit de correction, suivant qu'il peut agir par voie
d'autorité ou par voie de réquisition.

La loi, dans l'article 378, dit qu'il n'y aura aucune
écriture, ni formalité judiciaire ; quelques personnes en
ont conclu que la réquisition pouvait être faite par
simple lettre, et même oralement. Ce serait prendre
trop à la lettre les termes de l'article 378. Il est difficile

de se rattacher sérieusement à l'idée d'une réquisition orale : le magistrat serait, le plus souvent, dans l'incertitude sur la portée exacte des paroles du père de famille. Si on exige un écrit, on a déjà violé les termes de l'article 378 et rien n'empêche dès lors de se poser la question de savoir si le ministère de l'avoué doit être exigé. La pratique montre que ce recours à l'avoué, l'appareil de la procédure, le délai écoulé ont suffi le plus souvent à calmer une irritation passagère et ont amené le père de famille à recourir à des moyens plus efficaces que la détention, surtout si elle s'exerce dans une maison de détention ordinaire.

Lorsque le président reçoit la plainte, il doit faire au père toutes les observations qu'il juge utiles, et, si celui-ci persiste, le renvoyer à l'avoué pour la rédaction de la requête. Elle portera, outre la signature de l'avoué, celle du requérant.

On devra joindre à la requête l'acte de naissance de l'enfant.

Au cas de correction par voie de réquisition, le président ordonne par écrit la communication au ministère public, qui insère à la suite ses conclusions écrites.

Les deux magistrats, soit séparément, soit collectivement, se livrent à une enquête officieuse sur l'exactitude des faits allégués et l'utilité de la correction.

Il est inutile de dire que le président ne doit autoriser une mesure aussi grave, au cas d'action par voie de réquisition, où la loi lui laisse un droit d'appréciation, que s'il lui apparaît que les faits sont graves et que la mesure peut être utile.

304. — Voici une ordonnance rendue au cas de l'article 377 : « Nous président ; vu l'article 377 du Code « civil, la réquisition du sieur X..., afin de faire détenir « par voie de correction paternelle le sieur X..., âgé de

« 19 ans, son fils ; et l'acte de naissance de l'enfant ; vu
« l'avis de M. le Procureur de la République, avec qui
« nous en avons conféré, et ses conclusions écrites ;
« ordonnons que .... sera arrêté et conduit à la maison
« de correction paternelle de .... pour y être détenu
« pendant trois mois, à moins que le père n'abrège la
« durée de cette détention ; à la charge par lui de payer
« la somme prévue par les règlements de l'établissement
« ou convenue entre lui et le directeur. Fait à ...,
« le .... » Signature du président.

III. — Déchéance de la puissance paternelle

305. — Malgré son rappel des articles 892 et 893
(Proc. civ.), les termes de l'article 4 de la loi du 24
juillet 1889 ne sont pas très explicites en ce qui concerne
les délais et la forme de la notification de la requête.

Avant de rédiger la requête, le ministère public doit
procéder à une enquête officieuse ; l'article 4 paraît
indiquer comme obligatoire l'avis du juge de paix. Il
doit également faire entendre les ascendants contre
lesquels la déchéance est demandée.

C'est alors que le ministère public rédige la requête.
L'ordonnance du président, mise à la suite, peut être
conçue dans les termes suivants, mais de façon que,
même dans le silence de la loi, le délai de huit jours
francs se trouve toujours observé. « Nous président, vu
« le mémoire ci-dessus, et l'article 4 de la loi du 24 juillet
« 1889, commettons M. le juge ..., pour faire son rapport
« le ..., à midi, en l'audience de la chambre du conseil.
« Fait à ..., le ... »

L'article 5 autorise le demandeur à solliciter des
mesures provisoires en cas d'urgence ; dans ce cas, elles
sont, d'ordinaire, demandées dans les conclusions du

mémoire. Le tribunal statue de suite, en chambre du conseil, sur la présentation du mémoire par le président, et sur le rapport du juge commis et les conclusions orales du ministère public. Ce jugement provisoire n'est pas, comme le jugement définitif, inscrit à la suite du mémoire ; le mémoire doit, en effet, être transmis pour la notification. Le jugement est donc rédigé sur feuille séparée.

La loi s'étant servie du terme de *notification* au lieu de celui de *signification*, on en a conclu qu'elle avait eu en vue une notification dans la forme administrative. En pratique le mémoire et l'ordonnance, de même que plus tard le jugement sont notifiés par la police ou la gendarmerie qui en dressent procès-verbal.

Le jugement est rendu en audience publique. Conformément à l'article 12, il devra s'expliquer sur la pension ; le plus souvent il contiendra une dispense de la fournir.

306. — Sur la question du fond, une seule observation est à faire ; mais elle est importante. L'administration, dans certains départements, a une tendance à exagérer le nombre de ces poursuites. Les tribunaux doivent se montrer plus réservés et pour un double motif. D'abord il en résulterait un surcroît de charges pour les contribuables ; mais, et surtout, il arrivera souvent que la surveillance des parents, même non irréprochable, sera préférable à la séparation complète et à la rupture du lien familial. Les tribunaux pourront, à cet égard, suivre une règle de conduite qui les trompera rarement : quand le père ou la mère réclamera avec énergie ses enfants, il faudra les lui laisser ; le sentiment de la famille est encore vivant et le foyer, avec toutes ses défectuosités, est encore le lieu le plus sûr pour l'enfant.

307. — Une circulaire ministérielle du 11 juillet 1894

(*Bulletin du Min.*, 1894, p. 172), porte que les tribunaux doivent attribuer la tutelle des mineurs à l'Assistance publique d'une façon générale, et non à l'Assistance publique de tel département.

Les articles 15 et suivants traitent de la restitution de la puissance paternelle.

Les articles 17 et suivants traitent du cas où, soit des administrations, soit des particuliers, ont accepté la charge de mineurs de seize ans. La loi règle suivant certaines distinctions, le mode de procéder pour que les droits de la puissance paternelle soient remis à l'établissement ou au particulier qui a recueilli l'enfant. Ces dispositions sont d'ailleurs sagement conçues et peuvent produire d'excellents résultats pour la protection de l'enfance abandonnée.

IV. — Droit de contrainte « manu militari »

308. — L'article 374 du Code civil porte que l'enfant ne peut quitter la maison paternelle sans la permission de son père, si ce n'est pour enrôlement volontaire, après l'âge de dix-huit ans révolus.

La doctrine est d'accord pour reconnaître que cette disposition doit avoir pour sanction le droit de contrainte *manu militari* (voir les commentateurs sur l'article 374.) Par qui l'ordre doit-il être donné ? Par le tribunal, par le président ou par le parquet ? Pour raison de célérité, et par analogie avec le droit de correction paternelle, on décide généralement en faveur de la compétence du président.

La requête est présentée par le ministère d'un avoué. Voici la teneur d'une ordonnance rendue en un cas analogue : « Nous président du tribunal civil de .... ; vu « la requête qui précède ; vu la disposition de l'article 374

« du Code civil, dont il y a lieu d'assurer l'exécution ;
« vu l'acte de naissance de la fille ..., en date du ... ;
« autorisons l'exposant à se faire assister de la force
« armée pour contraindre sa fille mineure sus-nommée,
« à réintégrer le domicile paternel. Fait à..., le ... »
Dans l'espèce de cette ordonnance, la gendarmerie a
exécuté l'ordonnance et a dressé procès-verbal de la
remise de la fille mineure au domicile de son père.

RECOURS CONTRE LES
ORDONNANCES SUR REQUÊTE

I. — Controverses sur la question

309. — La question de savoir quel est exactement le
caractère des ordonnances rendues sur requête et quels
sont les modes de recours dont elles sont susceptibles,
a soulevé depuis longtemps des controverses longues et
animées; il est peu de matières sur lesquelles il ait été
plus discuté dans la jurisprudence et la doctrine.

Rapporter ici toutes les théories émises, les discuter
en détail, ce serait sortir des limites de ces *notes* qui ont
pour but, moins de discuter des théories, que d'indiquer

des solutions pratiques en les confortant de leurs principaux arguments.

Les auteurs se sont livrés d'abord à de longues dissertations sur la question de savoir si les ordonnances sur requête appartiennent à la juridiction gracieuse ou contentieuse ; si elles constituent des actes d'administration ou de juridiction, et ils ont cherché à répartir les diverses ordonnances dans l'une ou l'autre classe.

II. — Principe que les ordonnances sont susceptibles de recours

310. — Se livrer à ces examens théoriques, c'est chercher un peu loin la solution, et, paraît-il, sans avantage réel.

En réalité, le juge accorde ou refuse ce qui est sollicité de lui.

S'il refuse, il peut y avoir préjudice pour celui qui a sollicité telle mesure, telle autorisation.

S'il accorde, il peut y avoir sérieux dommage pour celui contre qui l'ordonnance a été rendue, sans qu'il ait été appelé, sans qu'il ait pu contredire.

Nos lois de procédure sont fondées sur ce principe, que les décisions sont soumises à deux recours principaux, l'opposition pour celui qui n'a pas été entendu ; l'appel, si l'intérêt est important, pour celui qui croit avoir à se plaindre de la décision rendue. On se demande pourquoi ces deux modes de recours de droit commun, fondés sur des motifs d'équité indiscutables, ne seraient pas admis en principe contre une ordonnance, aussi bien que contre un jugement ; alors surtout que l'ordonnance est rendue par un seul juge, sans garantie de mesures d'instruction préalables, presque sans discussion, à raison de la célérité.

On a cité, dans ce sens, la disposition analogue de

l'ordonnance de 1667. « L'opposition mentionnée au « présent article, dit Jousse, dans son commentaire sur « l'article 2 du titre 35 de l'ordonnance, ne regarde « que les jugements rendus contre une partie sans « assignation préalable et sur une simple requête non « signifiée ni communiquée ». On a relevé aussi quelques dispositions éparses dans le Code de procédure civile, les articles 192, 263, 417, 809.

Il n'importe d'ailleurs que l'ordonnance ait le caractère de juridiction gracieuse ou d'acte d'aministration, si elle préjudicie à un droit.

Il n'importe davantage que le président ait ou non réservé le droit d'en référer. En traitant de la saisie-arrêt (nᵒ 352), on examinera cette question. En effet, ou le droit d'agir en référé est général et absolu, ce qui paraît incontestable; ou il est interdit dans telle matière. Dans l'une ou l'autre solution la réserve de référer est superflue.

En principe donc, toutes les ordonnances sont soumises aux modes de recours de droit commun. Il est essentiel que le magistrat ne puisse, soit interdire l'accès d'une procédure, soit, au contraire, autoriser une poursuite, sans que la partie atteinte par sa décision, puisse jouir des garanties ordinaires des lois de la procédure. (Voir arrêt de Bourges du 4 janvier 1897; *Gazette des Tribunaux* du 10 mars 1897.

III. — Exceptions

311. — Il est constant cependant que certaines ordonnances font exception; la difficulté consiste à définir quelles elles sont exactement.

Tout d'abord il paraît évident qu'on doit ranger dans cette catégorie les ordonnances qui ne sont pas des décisions proprement dites; par exemple qui fixent un jour pour une enquête, pour un interrogatoire d'interdit, qui donnent acte d'un dépôt, d'un dire. Elles ne peuvent léser personne.

Il faut ajouter les ordonnances par lesquelles le juge, autorisé par la loi et agissant par pure faculté, dispense d'un délai, d'une formalité. Le type de cette seconde catégorie, c'est l'ordonnance permettant d'assigner à bref délai ou dispensant du préliminaire de conciliation. Si la requête est refusée, le requérant ne peut se plaindre ; son droit reste intact ; le magistrat a seulement apprécié que la cause ne méritait pas une faveur spéciale. Si elle a été répondue, la partie adverse ne peut davantage y trouver grief : son droit subsiste ; la procédure a seulement été abrégée et cette urgence même exclut le recours.

Prenons un autre exemple qui sera plus démonstratif.

L'article 819 (Proc. civ.) permet au bailleur de faire saisir-gager un jour après le commandement, mais il peut obtenir du juge l'autorisation de saisir-gager à l'instant, sans commandement préalable, en cas d'urgence. Si la requête est refusée, le requérant aura-t-il un recours ? Non ; car son droit reste intact ; le magistrat a seulement estimé qu'il n'y avait pas lieu de le dispenser de la nécessité du commandement. Même décision au regard de la partie adverse, si la saisie a été autorisée. Le but de la loi, agir sans que le locataire soit averti, implique qu'il ne peut y avoir de recours contre l'ordonnance.

Mais reportons-nous à l'article 826. La saisie-revendication (et on se demande vraiment quelle est la raison de cette restriction), ne peut être pratiquée qu'avec l'autorisation du président. S'il refuse, elle ne pourra avoir lieu, et notons qu'aux termes de l'article 2102 du Code civil, si elle n'est pas pratiquée dans le délai imparti, le locateur perd son privilège. Encore une fois, on se demande pourquoi la loi a exigé l'autorisation du président. Il ne pourra assurément la refuser ; car il causerait ainsi la perte du privilège ; mais s'il refuse, comment ne pas admettre le recours du requérant ? S'il autorise la saisie, la partie saisie n'aura pas de recours : elle expliquera ses moyens dans la procédure de validité.

En dehors de ces exceptions, il faut maintenir le principe de la possibilité du recours contre toutes les ordonnances non soumises à des règles spéciales.

IV. — Modes de recours

312. — Mais quel sera le recours ?

Ici la controverse n'est pas moins vive.

Voici le système qui est proposé.

Tout d'abord, pour certaines matières, il existe des règles spéciales, ainsi pour la saisie-arrêt, le divorce : on s'y référera.

En second lieu, ainsi qu'il a été dit, il importe peu que le président ait ou non réservé le droit d'en référer.

Supposons une ordonnance sur requête rendue sans contradiction.

Le président a refusé d'accueillir les conclusions de la requête. Si la matière comporte l'appel, il y aura lieu à appel. Devant quelle juridiction ? Certains ont dit devant le tribunal : c'est inadmissible. Le tribunal n'est pas juge d'appel des décisions du président qui agit comme son délégué. L'appel sera porté devant la Cour d'appel ; il y a analogie avec l'ordonnance de référé.

Le président a accueilli favorablement la requête ; l'ordonnance vise un tiers. Quel mode de recours aura-t-il ? Il faut admettre que c'est l'opposition. On a contesté, il est vrai, la possibilité juridique de l'opposition qui suppose le défaut de comparution sur une assignation : or il n'y a pas eu assignation. C'est un peu une querelle de mots. Disons que c'est une sorte de tierce opposition, l'opposition formée par un tiers contre une ordonnance qui lui porte préjudice : ainsi l'héritier, au regard d'une ordonnance prononçant l'envoi en possession au profit d'un légataire universel. Peu importe d'ailleurs le nom : mais il paraît convenable de qualifier ce recours d'opposition, mode de recours de la partie qui n'a pu contredire la décision sollicitée contre elle.

L'opposition est jugée par le magistrat qui a rendu la première décision et non par le tribunal, malgré les autorités qui ont soutenu l'opinion contraire ; c'est le principe général en matière d'opposition.

L'ordonnance rendue sur l'opposition est analogue à une ordonnance de référé ; elle sera susceptible d'appel devant la Cour.

S'il s'agit d'une ordonnance rendue après mise en cause de la partie adverse, ainsi l'envoi en possession de legs universel après sommation aux héritiers opposants, on procédera comme en cas de référé, avec faculté d'appel, non d'opposition.

Il faut enfin ajouter que, dans certains cas, le législateur s'est exprimé formellement : ainsi l'article 7 de la loi du 15 juin 1872 relative aux titres au porteur, qui, au cas de refus du président de rendre l'ordonnance visée par les articles précédents, autorise la partie à saisir le tribunal par voie de requête. Il est évident que les rédacteurs de la loi n'ont pas eu la prétention de se référer à une théorie sur la matière ; ils ont édicté le mode de recours qui leur a paru le plus rapide et qui se présentait à leur esprit.

V. — Dernier état de la jurisprudence

313. — L'un des derniers arrêts rendus sur la matière est l'arrêt de Cassation du 3 avril 1895 (Sirey, 1895, 1, 221),

en matière d'envoi en possession de legs universel. Il
pose le principe que les ordonnances sur requête sont
susceptibles de recours, lorsqu'elles ont pour effet de
compromettre les droits des tiers. Il admet comme mode
de recours l'opposition devant le président qui a rendu
la décision ; ce point avait été particulièrement contesté
par le conseiller rapporteur dans une affaire précédente
(Sirey, 1868, 1, 73) ; et l'appel devant la Cour, quand la
décision a été contradictoire. La note précédente du
recueil Sirey (1886, 1, 9) renvoyait aux diverses autorités
et résumait la question. Elle paraît aujourd'hui devoir
être tranchée en principe par l'arrêt de 1895. Voir aussi
l'arrêt de Bourges du 4 janvier 1897 ; *Gaz. des Tribun.*,
du 10 mars 1897.

RECUSATION DE JUGE DE PAIX

314. — Les articles 44 à 47 (Proc. civ.), règlent la
procédure et la compétence au cas de récusation d'un
juge de paix.

Voici la formule du jugement à rendre par le tribunal
civil en pareil cas :

« Le tribunal, après en avoir délibéré ; — vu la décla-
« ration faite le..., au greffe de la justice de paix de...,
« par laquelle X... forme sa récusation contre M..., juge
« de paix, et la déclaration de ce magistrat à la date
« du... ; — vu la copie d'un exploit de l'huissier...,
« requérant le greffier du juge de paix d'envoyer à M. le
« procureur de la République copie des deux actes ci-
« dessus ; — vu la copie des pièces ci-dessus remise à
« M. le procureur de la République ; — vu le réquisi-

« toire de transmission de ce magistrat à la date du... ;
« — vu l'ordonnance du président de ce siège en date du
« même jour, se désignant pour faire rapport à l'au-
« dience de ce jour ; — ouï à l'audience publique de ce
« jour, M. le président en son rapport, M. le procureur
« de la République en ses conclusions ; — vu les arti-
« cles 44 et suivants du Code de procédure civile ; —
« considérant... (suivent les motifs) ».

RÉFÉRÉ

I. — Principes généraux sur le référé

§ 1er. — Observations préliminaires. — 815. — La

matière du référé est extrêmement étendue, puisqu'elle comprend tout l'ensemble du droit ; c'est une procédure particulière et rapide qui a la faculté de se superposer à toutes les matières qui rentrent dans le domaine du juge civil. On ne peut donc que formuler les principes généraux touchant soit la forme, soit la compétence, et, dans un autre ordre d'idées, indiquer les règles qui doivent guider le juge dans l'appréciation même du fond du référé et en prenant pour base les deux grandes divisions de la matière du référé, telles qu'elles sont posées dans l'article 806 du Code de procédure civile.

§ 2. — **Compétence.** — **316**. — En principe, les règles ordinaires de la compétence, telles qu'elles sont formulées dans l'article 59 (Proc. civ.), sont applicables au référé. En matière personnelle, la compétence est celle du juge du domicile du défendeur ; en matière réelle, celle de la situation de l'immeuble. Dans certains cas, où l'urgence est très grande, il semble bien qu'on ne pourrait pas contester la compétence du juge même de la résidence du défendeur, autrement le référé ne remplirait pas son but.

Il a été jugé que, lorsqu'il s'agit de l'exécution d'un jugement, il faut s'adresser au président du tribunal du lieu de l'exécution (Dalloz, Code de proc. civ. annoté supp., n° 9180).

§ 3. — **Délais.** — **317**. — Il y a controverse sur la question de savoir si le délai ordinaire de huitaine est applicable au référé. L'opinion qui applique en cette matière le droit commun ne paraît pas tenir suffisamment compte de la nature de la procédure du référé dont l'avantage principal est la célérité. Il semble donc préférable de laisser au juge le droit d'apprécier si le délai a été suffisant pour lui permettre de donner défaut ; s'il le juge insuffisant, il remettra le référé à une autre date. L'ordonnance sera signifiée avec assignation à comparaître à cette date.

Les partisans du délai ordinaire de huitaine objectent que, si le délai est insuffisant, on pourra demander une ordonnance d'abréviation. On répond que le temps nécessaire pour prendre cette ordonnance fera perdre des instants qui seraient plus utilement laissés à la partie défenderesse pour présenter ses moyens.

Le règlement du tribunal contient fixation des jours de l'audience des référés. L'article 808 indique qu'au cas d'urgence le président peut permettre d'assigner soit à l'audience, soit à son hôtel à heure indiquée, même les jours de fête.

Si, comme on l'a dit plus haut, il n'y a pas de délai obligatoire pour l'assignation en référé, il n'y aura lieu de recourir à l'ordonnance du président permettant d'assigner, que lorsque l'assignation doit être donnée à jour et heure autres que le jour et l'heure de l'audience ordinaire des référés.

A moins d'urgence extrême, surtout si le défendeur n'habite pas au siège du tribunal, il sera bon de laisser toujours en général un délai d'un jour franc entre l'assignation et la comparution.

318. — L'article 808 contient encore l'obligation, absolument surannée et injustifiable, de commettre un huissier par l'ordonnance pour poser l'assignation. On décide ordinairement que cette prescription est à peine de nullité ; mais il semble bien qu'on pourrait rejeter une nullité qui n'est fondée ni sur la raison, ni sur le texte.

§ 4. — Usage et abus du référé. — 319. — L'utilité du référé est incontestable ; il permet de faire ordonner des mesures rapides presque sans formalités. Ce qui fait son avantage fait aussi son danger. L'affaire est à peine préparée, à peine discutée ; le magistrat est seul et, s'il est bon que le juge conciliateur soit seul, le juge unique est mauvais, s'il s'agit d'une véritable et délicate décision. Il faut ajouter que la délibération est rapide ; elle se fait pendant la discussion ; la décision est, le plus souvent, immédiate.

Aussi est-il bon de laisser le référé ce qu'il doit être réellement, un procédé commode, lorsque l'urgence interdit le recours au tribunal. En principe donc, le référé doit être exceptionnel dans les tribunaux d'une importance minime ou moyenne ; le plus souvent on pourra arriver à un résultat aussi rapide par une assignation à bref délai. Sa véritable place est dans les tribunaux très chargés où, même les affaires introduites, à bref délai, subissent des retards inévitables. Il sera alors indispensable et d'une utilité certaine.

Le président devra donc s'inspirer de cette distinction dans l'appréciation qu'il sera appelé à faire du degré d'urgence que comporte l'affaire.

§5. — **Matières administratives.** — **320.** — La jurisprudence est unanime pour décider que le juge du référé est incompétent dans les matières qui sont de la compétence de la juridiction administrative. (Dalloz, rép., v° *Référé*, n°s 173 et suivants ; — suppl n° 170 et suivants ; — supp. au Code de proc. civ. annoté, n°s 9158 et suivants). Cette incompétence étant *ratione materiæ*, est même absolue.

321. — Cependant on paraît d'accord pour apporter à ce principe certaines restrictions ; c'est évidemment l'avantage du référé et l'impossibilité d'y suppléer utilement au point de vue administratif qui ont conduit à ces restrictions.

On a cité d'abord différents cas où l'acte qui motive le référé n'est pas la conséquence directe de l'acte admi-

nistratif, mais constitue un abus ; par exemple, on a
jugé que le juge des référés était compétent pour ordonner
une expertise à l'effet de rechercher si des travaux
exécutés en vertu d'un arrêté préfectoral qui a autorisé
l'occupation temporaire d'un terrain, n'ont pas excédé
les limites de cet arrêté et porté atteinte à une propriété
privée. (Dalloz, suppl. au rép., n° 9172).

Il en serait de même si, quoique s'agissant d'une
matière administrative, la question soulevée était réellement de la compétence des tribunaux civils. Il ne faut
pas oublier, en effet, que la juridiction civile est le juge
de droit commun; qu'elle n'a été entourée de garanties
multiples, que parce qu'elle a la garde du droit de propriété, et qu'elle reprend ses droits aussitôt qu'une question de propriété ordinaire vient à être soulevée. Beaucoup
de décisions ont été rendues en ce sens relativement à des
baux administratifs et à des questions de laïcisation.
(Dalloz, rép. suppl. n° 78; — suppl. à l'art. 806, annoté,
n°° 9161 et suivants).

Il a été jugé ainsi en matière de travaux publics.
L'ordonnance suivante (Châteauroux, 29 décembre 1892)
pose le principe de la compétence : « Sur l'exception
« d'incompétence soulevée par B..., considérant qu'il est
« constant en droit que le juge civil des référés est
« incompétent, lorsque le litige au fond est de la compé-
« tence de la juridiction administrative ; — qu'aux
« termes de l'article 4 de la loi du 28 pluviôse an VIII,
« le conseil de préfecture est compétent pour statuer sur
« les dommages causés aux particuliers au cours de tra-
« vaux publics ; — que cette compétence spéciale doit
« être restreinte au cas prévu par la loi de pluviôse ;
« qu'il est constant en jurisprudence que si, même à
« l'occasion de travaux publics, les parties soulèvent,
« soit des questions de propriété ou de servitude, soit
« des contestations sur le sens d'actes ou conventions,

« la juridiction administrative, dont la compétence est
« spéciale, doit se dessaisir et renvoyer les parties à se
« pourvoir devant les tribunaux de droit commun ; —
« considérant, en fait, que la ville de Châteauroux,
« acquéreur de l'immeuble G. ., fait procéder à sa démo-
« lition; qu'elle articule que le mur pignon de l'immeuble
« de B..., contigu à l'immeuble G..., paraît n'avoir pas
« de fondations, ou n'avoir que des fondations insuffi-
« santes et établies sur des terrains rapportés et sans
« consistance ; que, s'il en était ainsi, l'enlèvement des
« terres et décombres se trouvant sur l'immeuble G...,
« pourrait découvrir les fondations de la maison B...,
« causer des dégâts à la dite maison, et peut être en
« amener la ruine ; — qu'en présence de cette articula-
« tion, B..., tout en concluant à l'incompétence du juge
« des référés, paraît soutenir, en contradiction avec la
« ville, que la construction de son immeuble est établie
« dans des conditions normales de solidité; qu'il n'est
« tenu lui-même à aucune précaution; que c'est à la ville
« qu'il appartient de prendre toutes les mesures de pré-
« caution qu'elle jugera utiles; qu'il n'a pas à y contri-
« buer et qu'il se réserve de demander lui-même des
« dommages-intérêts ; — qu'il a été fait, en outre, allusion
« à des conventions qui seraient intervenues en 1822 entre
« les propriétaires des deux maisons et qui viseraient pré-
« cisément le cas où des démolitions auraient lieu dans
« l'immeuble G...; — considérant que tel paraît, en l'état,
« le caractère du litige éventuel qui peut naître entre les
« parties en cause; que si le juge des référés n'a pas à le
« juger, il doit l'envisager au point de vue de la compé-
« tence au fond, pour déterminer sa propre compétence ;
« — considérant qu'il n'est pas douteux, au vu des prin-
« cipes ci-dessus établis que, si ces questions étaient
« soulevées devant la juridiction administrative au cours
« d'une instance en réparation de dommages, cette juri-

« diction se déclarerait incompétente : que la juridiction
« civile seule aurait à apprécier, soit le sens des conven-
« tions de 1822, soit l'état des fondations de la maison
« B..., soit la légitimité des actes exécutés par la ville
« sur le terrain acquis par elle ; que les tribunaux auraient
« à appliquer soit les conventions, soit les dispositions
« légales sur les relations entre propriétaires d'immeu-
« bles contigus ; — que ces questions étant de la com-
« pétence des tribunaux civils, le juge civil des référés
« est compétent pour faire faire les constatations et
« ordonner les mesures provisoires préalables à l'instance
« civile ; — que, dans l'espèce, le juge civil des référés
« est d'autant plus compétent que le référé administratif
« créé par l'article 24 de la loi du 22 juillet 1889 serait
« insuffisant pour garantir les droits des parties ; qu'aux
« termes de cette disposition et des travaux préparatoi-
« res de la loi, le juge administratif peut seulement
« désigner un expert pour faire des constatations ; qu'il
« ne peut ordonner aucun travail ; que cependant, si les
« prévisions de la ville sont fondées, la sécurité de l'im-
« meuble B..., serait sérieusement menacée ; qu'elle
« sollicite donc, non-seulement des constatations mais
« encore des mesures de sauvegarde que le juge civil
« peut seul ordonner ; que la voie civile est donc, en fait
« aussi bien qu'en droit, la seule qui puisse garantir et
« réserver utilement les droits des parties ; — Au
« fond... »

Conformément à l'un des derniers considérants de
l'ordonnance, on remarquera combien le référé administratif institué par la loi de 1889, est insuffisant pour
remplacer le référé civil.

§ 6. — **Matières de la compétence du juge de paix.**
— **822**. — La jurisprudence et la majorité des auteurs
ont consacré le principe de l'incompétence du juge des

référés en ces matières. (Dalloz, rép. suppl., v° *Référé*, n° 63 et suivants; — le même, sous l'art. 806 annoté, suppl., n°° 9150 et suivants.

Cette solution a été, et à bon droit, contestée. Il ne s'agit pas d'abord, dans l'espèce, d'incompétence *ratione materiæ*, le tribunal civil étant institué juge d'appel. On ajoute que l'article 806 est général, qu'il s'applique à toutes les matières ressortissant de la justice civile; qu'enfin le référé peut avoir son utilité dans ces matières, comme dans celles qui rentrent dans la compétence des tribunaux civils.

§ 7. — **Matières commerciales**. — **323**. — Ici encore la jurisprudence et la plus grande partie de la doctrine sont d'accord dans le sens de l'incompétence. Cette solution est assurément plus admissible que pour les matières attribuées aux juges de paix; la matière est ici différente. On a fait exception pour quelques mesures urgentes au cas de société commerciale; l'exception ne paraît pas se justifier suffisamment, si le principe est admis. (Voir Dalloz, suppl. au rép., n° 66 et suivants; et sur l'art. 806 annoté, suppl., n°° 9155 et suivants.

§ 8. — **Instance pendante**. — **324**. — On paraît également d'accord pour décider que le référé ne peut pas être introduit, si l'instance principale est pendante. (Dalloz, suppl. au rép., n° 81), Dans ce cas encore, et malgré l'accord unanime, il semble que le principe posé est trop absolu. L'article 806 ne distingue pas. Or peut-on soutenir que, même pendant l'instance au principal, il ne sera pas quelquefois utile de procéder à des constatations qui ne peuvent être demandées et obtenues avec une suffisante célérité, même par conclusions incidentes. L'utilité peut se présenter notamment pendant la durée des vacations. Rousseau et Laisney (v° *Référé*, n° 75 et 90) indiquent deux cas dans lesquels ils estiment que le juge des référés peut être saisi, alors même que la juridiction principale l'est déjà. Sans doute le plus souvent le magistrat, appréciateur souverain de l'intérêt et de l'urgence, refusera la mesure sollicitée par le motif que le tribunal est saisi ; mais pourquoi le frapper d'impuissance s'il y a réellement utilité et urgence, alors que la loi ne l'impose pas, que les intérêts des parties pourront souffrir du défaut d'une constatation utile? Il convient souvent de réagir contre ces opinions admises par tous et dont la raison d'être ne se perçoit pas.

§ 9. — Caractère provisoire de la décision. — 325. — L'un des principes essentiels du référé, c'est de ne pas préjuger le fond et de ne pas empiéter sur la décision au principal. L'objection ordinaire du défendeur au référé, c'est que la mesure sollicitée préjuge le fond. Elle ne le préjuge pas, si elle a seulement pour but de faire une constatation qui sera indispensable au cas où le tribunal jugerait dans tel sens, et qui ne pourrait plus être faite, si on attendait le résultat du procès ; elle ne préjuge pas la décision au principal ; elle la prévoit seulement.

L'ordonnance rapportée plus haut ordonnait la confection de travaux de consolidation; le tribunal aurait plus tard à décider à la charge de laquelle des parties ils devraient être mis.

Voici deux espèces :

Un sinistré demande en référé la nomination d'un tiers expert pour l'évaluation du dommage. L'assureur répond qu'il a été nommé, à sa requête, par le président du tribunal de commerce. L'assuré conteste la validité de cette désignation. Le magistrat ne peut statuer; ce serait préjuger la décision sur la contestation, et sans utilité, puisque l'expertise est forcément arrêtée (Châteauroux, 28 mai 1890).

Un individu jouit d'une propriété rurale, en vertu d'un acte dont le véritable sens, bail ou acte de société, est contesté. Le propriétaire demande en référé la remise des lieux à un séquestre. En dehors d'une solution de la difficulté du fond, le juge du référé ne pourrait motiver et ordonner la dépossession du détenteur (Châteauroux, 13 novembre 1889).

§ 10. — **Dépens.** — **326.** — C'est par suite du même principe qu'il est admis que le juge des référés ne peut statuer sur les dépens du référé et doit les réserver. On a vainement essayé de soutenir le contraire. Une condamnation aux dépens a un caractère définitif qui est contradictoire avec le caractère provisoire de l'ordonnance de référé.

§ 11. — **Du référé en matière de saisie-arrêt.** — **327.** — Ce sujet est traité au mot *saisie-arrêt, réserve de référer* (nos 352, 353).

§ 12. — **Du référé en matière de divorce et de séparation de corps.** — **328.** — L'exercice du droit de référé entre la première et la seconde ordonnance rendue par le président a donné lieu à des controverses; ce point est traité au mot *divorce et séparation de corps* (nos 201 à 204).

§ 13. — **Expert : dispense de serment.** — **329.** — L'ordonnance de référé a souvent pour objet la nomination d'experts. Dans la plupart des cas, le magistrat dispense d'office les experts de prêter serment. La chose est-elle régulière ? Bien qu'il n'y ait pas de texte se référant spécialement à ce cas, nul doute que cette dispense ne soit licite. Le juge des référés ordonne telle mesure urgente qu'il juge utile; il peut ordonner une vérification par experts ne prêtant pas serment; c'est, au besoin, une forme spéciale de vérification.

Les ordonnances de de Belleyme portent la mention du serment ; mais l'ancien formulaire de Paris contient la formule suivante : « Disons que par... expert, dispensé « du serment, du consentement des parties, ou d'office, « à cause de l'urgence.... » (édition de 1837, notamment pages 60 et 61).

Cette forme paraît donc régulière ; en cas de grande urgence, il serait, au surplus, difficile de procéder autrement.

§ **14.** — **Renvoi du référé à l'audience.** — **830.** — Le président a la faculté de renvoyer le référé à l'audience. Il ne doit user que de façon extrêmement rare de cette faculté, et la raison, c'est que, si la loi lui a confié la mission de rendre des décisions dans cette forme, c'est pour qu'il en use.

On ne voit que deux cas dans lesquels il convienne de recourir à ce moyen. Le premier, c'est s'il s'agit d'une décision soulevant des questions d'une importance telle que le président estime qu'elles doivent être tranchées par le tribunal lui-même et après des débats moins sommaires que ceux de l'audience des référés. Le second, c'est lorsque la question soulevée est le préalable d'un procès important et que la décision en référé se trouve avoir une étroite connexité avec les questions sur lesquelles le tribunal aura lui-même à statuer. On répète d'ailleurs que les motifs devront être particulièrement graves et que la mesure devra être d'une extrême rareté.

La formule est simple ; après les considérants : « Par « ces motifs, renvoyons la cause devant le tribunal sta- « tuant en état de référé, à l'audience du.... »

Il est à peine utile de dire que le tribunal est soumis aux règles ci-dessus, qu'ainsi sa décision ne doit pas préjudicier au fond ; il juge *en état de référé*.

Il semble qu'il n'y a pas à donner de nouvelles assignations, sauf à celles des parties qui seraient défaillantes devant le président.

§ 15. — Des référés sur procès-verbaux. — 381. — Dans certains cas, tels que ceux prévus par les articles 829, 916, 921 et 944 du Code de procédure civile, pendant une apposition de scellés, un inventaire, ou une saisie-revendication, certaines difficultés s'élevant, il doit en être référé au président par le juge de paix, le notaire, l'huissier, ou même les parties. Dans ces cas, les articles 922 et 944 indiquent que l'ordonnance est écrite sur le procès-verbal même et signée par le président seul. Comme il ne s'agit pas d'un acte dont la minute doive rester au greffe, le président n'est pas assisté du greffier.

II. — Référés en cas d'urgence

382. — L'article 806 note en première ligne cette cause de référé, l'urgence.

À cet égard, il est impossible d'entrer dans le détail de toutes les espèces dans lesquelles l'urgence sera invoquée. C'est au magistrat qu'il appartiendra d'apprécier la réalité de l'urgence, en s'attachant, ainsi qu'il a été dit plus haut, à la facilité plus ou moins grande qu'aura la partie demanderesse de saisir à bref délai le tribunal.

Les cas les plus fréquents seront les expertises en cas d'incendie ou en cas de fin de baux ruraux ; la constatation d'états de lieux entre voisins et la confection de travaux provisoires et urgents ; la nomination de séquestre aux biens saisis réellement ; l'expulsion de gens à gages, de locataires à fin de bail.

Il a été fait plus haut allusion aux référés en matière

de divorce et de séparation de corps, dont il est traité dans la matière du divorce.

Dans toutes ces décisions, il sera essentiel de réserver absolument et de laisser intact le fond même du droit et la décision au principal.

333. — C'est le lieu de s'expliquer sur un cas qui se présente assez fréquemment, mais dont la solution ne paraît pas douteuse. Il s'agit de la vente des meubles saisis-gagés sur un locataire. Certaines décisions de la Cour de Paris ont reconnu au juge des référés le droit d'en ordonner la vente, lorsqu'ils sont de minime valeur. Cette solution est assurément inspirée par le désir d'économiser les frais ; mais il est clair qu'elle est absolument injustifiable en droit. (Dalloz, v° suppl., n° 30)

III. — Exécution d'un titre exécutoire ou d'un jugement

384. — Ainsi que le dit le texte de l'article 806, le juge des référés a pouvoir de statuer provisoirement sur les difficultés relatives à l'exécution d'un titre exécutoire ou d'un jugement.

Il rend une décision provisoire ; ce n'est pas à dire qu'il puisse réellement trancher une contestation qui n'est pas de sa compétence, mais de celle du tribunal. Le sens vrai de la disposition, c'est qu'il fait exécuter le titre exécutoire ou le jugement, malgré les obstacles matériels ou juridiques qui sont apportés à l'exécution ; en un mot, il procure l'exécution du titre, de façon à réserver la solution de toutes les questions contentieuses connexes. Provision est due au titre exécutoire. Il ne doit s'arrêter que si, à l'encontre de ce titre, est produit un titre semblable et contradictoire, auquel la même foi est due ; ou si on excipe de faits ou circonstances tels

que la loi due au titre s'en trouve sérieusement atteinte.

335. — Voici quelques cas d'application de ces principes.

L'espèce la plus ordinaire est celle où un adjudicataire
demande sa mise en possession de l'immeuble à lui
adjugé et l'expulsion du propriétaire évincé.

Une première objection est faite par le magistrat lui-
même. Pourquoi solliciter une ordonnance de référé,
quand l'adjudicataire est nanti de la grosse de son adjudication, titre qui a la même valeur que l'ordonnance ?
Il peut se présenter telle circonstance d'où il résulte que
la grosse n'est pas en possession de l'adjudicataire, et
qu'il y a urgence pour lui à obtenir l'expulsion.

Le défendeur excipe le plus souvent d'une promesse
qui lui a été faite de le laisser en possession, d'un bail
qui lui a été consenti. Si le magistrat est en présence
d'une simple affirmation, il passe outre.

Si réellement le défendeur produit un bail, et si ce
bail paraît, en effet, justifier sa résistance, il rejettera la
demande.

S'il y a contestation sur ce bail, son étendue, les
immeubles auxquels il s'applique, sans trancher la
question, il appréciera si réellement la prétention du
défendeur se présente avec des apparences sérieuses.

Si celui-ci conteste le titre même du demandeur, en
principe, le magistrat passera outre ; cependant les
circonstances peuvent être telles qu'il se croie autorisé
à surseoir, par exemple, dans l'espèce suivante. Le
demandeur présente son titre d'acquisition. Le défendeur allègue que l'adjudicataire n'était qu'un prête-nom ;
qu'il n'a payé aucune partie du prix ; que lui-même est
resté détenteur de l'immeuble à titre de propriétaire
pendant de longues années et a donné à bail des dépen-

dances de l'immeuble; que jamais il n'a payé de loyers
au prétendu propriétaire; qu'enfin il est en instance
pour se faire déclarer propriétaire. L'ordonnance a
rejeté la requête (Châteauroux, 5 mai 1892); en outre des
faits, elle porte les motifs généraux suivants : « Qu'il est
« constant que le rôle du juge des référés ne saurait
« se borner à l'examen matériel du titre et à la déli-
« vrance de l'ordre d'exécution ; qu'il lui appartient
« d'apprécier les obstacles qui s'opposent à l'exécution,
« et d'accorder ou refuser en conséquence l'ordre d'exé-
« cution ; que les termes de l'article 806 du Code de
« procédure civile confirment cette interprétation en
« l'appelant à statuer provisoirement « sur les difficultés
« relatives à l'exécution d'un titre exécutoire » ; que sa
« décision doit seulement s'inspirer du principe que
« provision est due au titre authentique, et ne refuser
« l'exécution que si les titres ou les motifs allégués par
« le défendeur lui paraissent présenter un caractère
« d'extrême gravité et jeter sur le titre authentique une
« grave suspicion; qu'il en est ainsi spécialement au
« cas où ledit acte est argué de faux... »

Tels sont, d'une façon générale, les principes dont
l'application sera aussi variée que les espèces différentes qui seront présentées au magistrat. On a résumé
ces principes en disant que le juge des référés statue
sur les difficultés d'exécution, et non sur celles qui ont
trait au fond.

On peut signaler encore une espèce offrant un intérêt
particulier. Le demandeur concluait à sa mise en possession de partie d'immeubles à lui vendus par un individu représenté actuellement par ses héritiers, et à la
remise d'objets déposés chez le même individu. Les héritiers excipaient du délai pour faire inventaire et délibérer.
Il a été jugé que si aucune action ne pouvait être introduite contre eux, il en était autrement du référé dont la

voie est toujours ouverte au profit des tiers intéressés, réserve étant faite d'ailleurs de tous droits et dommages-intérêts (Châteauroux, . février 1890).

SAISIE-ARRÊT

I. — Observation préliminaire

336. — Il est à peine besoin de dire qu'on n'a pas l'intention de présenter ici un traité, même très résumé, de la saisie-arrêt. On ne veut que toucher les matières principales de cette procédure particulière, les questions qui s'offrent le plus fréquemment à l'attention du magistrat, qui constituent en quelque sorte l'ossature de la saisie-arrêt et en fixent le caractère général. Cette étude est faite exclusivement au point de vue pratique de façon à ne toucher à la théorie que pour admettre ou rejeter tel ou tel usage.

II. — Compétence

337. — La première préoccupation du magistrat de qui on sollicite l'autorisation de procéder à une saisie-arrêt, est de rechercher sa compétence. Elle est déterminée par l'article 558 (Proc. civ.) : « S'il n'y a pas de « titre, le juge du domicile du débiteur, et même celui « du domicile du tiers-saisi, pourront sur requête permettre la saisie-arrêt ou opposition. » Seul est donc incompétent le juge du domicile du créancier.

III. — Rôle du président en cette matière ; compétence du juge de paix et du président du tribunal de commerce

338. — Quel est exactement l'office du président de qui est sollicitée l'autorisation de pratiquer une saisie-arrêt ? Certains magistrats n'accordent ces autorisations qu'à titre un peu exceptionnel, ou tout au moins, les refusent souvent. Il ne parait pas qu'en ce faisant ils rentrent dans le véritable esprit de la loi et tirent de cette procédure tous les services qu'elle est susceptible de rendre aux parties. Ce qui prouve le défaut de cette manière de procéder, c'est l'impossibilité de faire reposer sur des motifs sérieux l'appréciation du magistrat. En effet, le créancier présente sa requête ; il est créancier de telle somme, mais n'a pas de titre ; il craint pour sa créance, ayant des doutes sur la solvabilité de son débiteur. S'il n'est pas autorisé à arrêter la somme due par un tiers à ce dernier, il n'aura plus de gage. Quel est le rôle du magistrat ? Est-il dans l'obligation de rechercher si réellement la situation du débiteur est précaire ? Mais la requête est présentée sans contradiction ; comment se livrer à une pareille enquête ? Faudra-t-il que le président apprécie d'après la connaissance personnelle qu'il peut avoir de la situation du débiteur ? D'abord il la connaît rarement, et on risque de tomber dans tous les inconvénients d'une décision basée sur des faits à la connaissance personnelle du magistrat. Le moindre de ces inconvénients, c'est l'inégalité dans l'appréciation des diverses ordonnances qu'il rendra en cette matière, les débiteurs connus de lui, échappant à la saisie-arrêt, alors que les autres y sont seuls exposés.

Le rôle du magistrat est tout autre et sa base d'appréciation différente. Le créancier porteur d'un titre peut saisir-arrêter sans autorisation ; l'autorisation a donc pour but de suppléer au titre. La mission du magistrat se bornera donc à rechercher s'il y a présomption de créance. Il se fera représenter les factures, lettres ou autres documents, lesquels rendent vraisemblable l'existence d'une créance. Sa signature supplée au titre absent et évitera, dans la mesure du possible, les saisies purement vexatoires. Quant à la question de solvabilité du débiteur, au caractère plus ou moins utile ou vexatoire de la saisie-arrêt, le magistrat n'a pas à s'en préoccuper, parce qu'il ne possède aucun moyen d'investigation ou de contrôle de ce chef. Il se borne à affirmer que, de son examen il résulte, qu'il y a apparence de créance. Son autorisation ne fera pas obstacle à ce que la partie saisie prouve, lors de la demande en validité, qu'il y a eu mauvaise foi du créancier ou excès dans sa procédure, et qu'il convient de lui allouer pour cette cause des dommages-intérêts.

Tout se trouve donc réservé : l'examen du magistrat est facilité et, en même temps, l'accès de la procédure de saisie-arrêt, avec ses avantages incontestables, est ouvert à toute personne.

339. — En principe donc, et sauf l'examen sur la vraisemblance de la créance, toute saisie-arrêt sollicitée doit être accordée. Il est inutile d'ajouter que, si le caractère vexatoire apparaissait avec évidence, elle devrait être refusée, par exemple, si la solvabilité de la partie saisie était notoire.

Mais le principe doit subir une autre limitation. On se plaint souvent des frais excessifs de la procédure, et surtout de la disproportion entre les frais et l'intérêt en litige ; on cite ces saisies d'immeubles adjugés cinquante francs, avec plusieurs centaines de francs de frais. Le magistrat peut réagir indirectement contre ces procédures, il n'a pas le moyen de les empêcher. Ici il le pourra. Si l'intérêt est très minime, il n'autorisera pas la saisie-arrêt qui ruinerait le débiteur au profit des hommes d'affaires, sans avantage pour le créancier. En thèse générale, le magistrat refusera toute saisie-arrêt, si la créance est inférieure à 200 francs. On peut adopter tout autre chiffre ; celui-ci paraît une moyenne équitable.

340. — Cette question conduit à une autre qui y

paraît cependant étrangère, celle de savoir si les juges
de paix ont le droit d'autoriser des saisies-arrêts dans
les limites de leur compétence. La plupart des auteurs
l'admettent (Roger, *Traité de la saisie-arrêt*, n° 142).
Cependant n'y a-t-il pas là quelque contradiction ? Tous
sont d'accord qu'il n'y a pas lieu d'autoriser la saisie-
arrêt pour des sommes minimes, et cependant ils accordent ce droit au juge de paix dont la compétence suppose
une somme peu importante. Qu'arrivera-t-il ? On sait
que le président refuserait, a refusé peut-être d'autoriser
une saisie-arrêt pour une créance de 50 ou de 100 francs ;
on s'adressera au juge de paix qui l'autorisera. Les
frais n'en seront pas moins considérables, la demande
en validité devant être portée devant le tribunal civil.
Qu'en conclure ? que dans le silence de la loi, le juge de
paix n'a pas le droit d'autoriser une saisie-arrêt. Il y
aura ainsi unité de jurisprudence ; on évitera les faux-
fuyants pour obtenir une ordonnance ; et surtout on
n'ouvrira pas la voie à des frais considérables et hors
de proportion avec l'intérêt en litige. Il sera bon que le
président s'entende à ce sujet avec les juges de paix, et
spécialement avec celui du chef-lieu.

841. — On s'est demandé aussi si, en matière commerciale, le président du tribunal de commerce n'avait
pas le droit d'autoriser une saisie-arrêt. La jurisprudence paraît l'admettre, par analogie avec la saisie
conservatoire (art. 417, Proc. civ.). La dernière décision
en ce sens est un jugement du tribunal civil de Nîmes
du 23 décembre 1895 rapporté à la *Gazette des Tribunaux*
du 20 mai 1896 ; car le tribunal civil était appelé à statuer
sur la demande en validité qui ne pouvait appartenir au
tribunal de commerce. Cette solution est assurément
pratique ; est-elle bien juridique ? Il est permis d'en
douter ; on agit sans texte de loi et on organise une

procédure un peu fantaisiste. Dalloz, rép. suppl., v° Saisie-Arrêt, n° 48).

342. — Il n'est pas douteux que, même en matière commerciale, le président du tribunal civil peut autoriser la saisie-arrêt.

IV. — De la créance : créance certaine

848. — La jurisprudence et la doctrine ont longuement discuté sur le caractère de certitude que devait présenter une créance pour asseoir une saisie-arrêt. On paraît d'accord pour reconnaître que la créance doit être certaine, qu'une créance éventuelle ou douteuse serait insuffisante.

Il est nécessaire d'établir par des exemples la limite exacte entre la créance susceptible d'être garantie par une saisie-arrêt, et celle qui ne l'est pas.

On peut poser comme base le principe suivant : il faut, mais il suffit que le principe de la créance soit certain.

Nombre d'arrêts ont annulé des saisies-arrêts dans des espèces où la créance devait résulter d'un compte non encore établi ou sujet à contestation.

344. — Il y aurait, semble-t-il, une distinction à faire dans cet ordre d'idées. Solution exacte si, d'ores et déjà, et dans l'éventualité d'un compte à faire, il n'était pas certain que le saisissant dût rester créancier. Solution inexacte, si, dès maintenant il était certain que le saisissant était créancier, le compte devant seulement déterminer le chiffre de la créance.

845. — Mêmes solutions, même distinction au cas de créance soumise à l'éventualité d'un litige. Ce litige touche-t-il au principe même ou seulement au chiffre de la créance?

Dans tous ces cas, il y a lieu a une appréciation de fait. Il est certain que le magistrat aurait à apprécier si, même au cas où le principe de la créance est contesté, cette contestation a un caractère sérieux.

346. — La question se présente souvent, et avec un intérêt considérable, pour des saisies-arrêts pratiquées sur des indemnités dues par des compagnies d'assurances contre l'incendie.

Un propriétaire de meubles en fait le dépôt chez un tiers. Ils sont détruits par un incendie chez le dépositaire. Celui-ci est créancier d'une indemnité de sinistre. Le déposant fait, dès après l'incendie, une saisie-arrêt entre les mains de l'assureur. La créance du sinistré contre l'assureur n'est pas liquidée, pas plus que celle du déposant contre le dépositaire ; mais la créance du déposant existe ; elle a son principe dans le contrat de dépôt. La saisie-arrêt est valable (Orléans, 26 août 1858, Dalloz, 1859, 2, 2).

Il en est de même dans le cas suivant. Un immeuble loué a été détruit par l'incendie. Le locataire est assuré et a droit à une indemnité. Le bailleur ou la compagnie d'assurances subrogée à son droit a un recours contre le locataire en vertu de l'article 1733 du Code civil. Il fait saisie-arrêt entre les mains de l'assureur. Son titre ici n'est plus seulement dans un contrat ; sa créance a pour base le bail et l'article 1733. (Voir toutefois le n° 69 A, relatif à la loi du 19 février 1889).

347. — L'article 557 (Proc., civ.,) autorise la saisie-arrêt sans l'intervention du juge, lorsque le créancier est muni d'un titre. Il peut cependant, même dans ce cas, être obligé d'avoir recours à l'ordonnance du juge, c'est lorsque la créance n'est pas liquidée dans le titre. Il est en effet, de principe que la saisie-arrêt doit toujours faire mention du montant de la créance ; le chiffre en est déterminé soit par le titre, soit par l'ordonnance du président. Dans l'espèce donc, le président autori_sera la saisie-arrêt et fera la liquidation que le titre ne contenait pas.

Il arrive aussi que le créancier, porteur d'un titre, demande l'autorisation, pour éviter de mettre au jour le titre et de le soumettre à la formalité de l'enregistrement. Il est clair que le magistrat doit alors refuser l'autorisation, pour ne pas sanctionner ainsi une fraude à la loi fiscale.

V. — Du tiers-saisi

348. — Suivant les termes de l'article 557, le créancier peut faire saisir-arrêter entre les mains d'un tiers, les sommes et effets appartenant à son débiteur. Il est donc constant qu'on peut frapper de saisie-arrêt soit des créances, soit des meubles corporels.

349. — En ce qui concerne les unes et les autres, il est nécessaire que la chose saisie-arrêtée se trouve entre les mains d'un *tiers*. On ne pourrait donner cette qualification à un préposé, comptable, caissier ou serviteur du débiteur; alors il n'a pas une personnalité distincte ; elle se confond avec celle du débiteur ; c'est en réalité lui qui détient. On ne trouve plus les trois personnes que suppose toute saisie-arrêt.

Sont des tiers, au contraire, le débiteur du débiteur, s'il s'agit d'une créance ; le dépositaire s'il s'agit d'objets mobiliers. La saisie-arrêt trouve ici sa place, et non la saisie-exécution qui peut être employée dans les cas précédents. (Dalloz, suppl., au rép., v° *saisie-arrêt*, n°s 16 et suiv.) Le mandataire est considéré comme un tiers (id., n° 17).

350. — On est d'accord aujourd'hui pour reconnaître

que le créancier peut pratiquer une saisie-arrêt sur lui-même. Elle aura pour effet, s'il s'agit d'une créance, d'arriver à la compensation judiciaire, et, pour cela, de mettre obstacle à tout transport de la part de la partie saisie ; s'il s'agit de meubles corporels, de faire ordonner la conversion en saisie-exécution, et, par suite, la vente des objets saisis. (Dalloz, rép., v° *saisie-arrêt*, n° 467).

VI. — Mentions de l'ordonnance

351. — Il a été dit que l'ordonnance doit contenir nécessairement la liquidation de la créance en principal et accessoires, c'est-à-dire intérêts et frais approximatifs de l'instance en validité.

S'il s'agit de traitements saisissables seulement pour partie, il sera utile aussi de dire que la saisie-arrêt n'est ordonnée que jusqu'à concurrence de la partie saisissable seulement. Le tribunal la déterminera s'il y a lieu.

Il est bien évident que, s'il y avait insaisissabilité absolue, il y aurait à refuser l'autorisation.

VII. — Réserve de référer ; rétractation de l'ordonnance

352. — De très graves controverses ont été et sont encore soulevées sur la question de savoir quels sont les modes de recours contre l'ordonnance rendue en cette matière. Il est utile, sans entrer dans le fond de ces controverses, de formuler un système aussi rationnel que possible, aussi conforme que possible à la jurisprudence.

D'abord, ce n'est pas le lieu de formuler une théorie générale sur les voies de recours ouvertes contre les

ordonnances sur requête en général ; cette théorie est
proposée au mot *recours contre les ordonnances sur
requête* (nᵒˢ 309 à 313). Il faut se borner aux règles spéciales qui régissent la matière de la saisie-arrêt.

Un premier point qui paraît certain c'est que si le président a refusé l'autorisation de saisir-arrêter, le
requérant n'a aucun moyen de recours contre l'ordonnance.

La controverse se soulève dans l'hypothèse où l'autorisation a été accordée. Elle s'est élevée autour de la
formule employée par certains présidents qui n'autori-
saient la saisie-arrêt qu'à la charge d'en référer.

Il semble d'abord que c'est bien à tort qu'on a si fort
débattu sur le mérite et la régularité de cette réserve.
En effet, ou la partie saisie a, de par les principes
généraux, le droit de faire rétracter en référé l'autorisation ; auquel cas la réserve écrite à l'ordonnance est
surabondante. Ou ce droit d'agir par voie de référé
n'existe pas, et alors ce n'est pas le magistrat qui peut
le concéder. Le mieux est donc de s'abstenir d'employer la formule en question.

353. — Ceci posé, voici quelle est la théorie consacrée
par la Cour de cassation ; l'un de ses derniers arrêts a
été rendu à la date du 5 mars 1895. (Sirey, 1895, 1, 168).

La loi a organisé contre l'ordonnance qui autorise une
saisie-arrêt, un mode de recours spécial : c'est la procédure en validité contenue aux articles 563 et suivants
(Proc. civ.) ; donc, dès l'instant où cette action a été
introduite, c'est-à-dire, semble-t-il, dès l'assignation en
validité, la partie saisie ne peut user d'une autre voie
de recours contre l'ordonnance. Suivant une opinion, la
partie saisie ne se trouverait ainsi forclose qu'après
qu'elle aurait lié l'instance par une constitution d'avoué.
La Cour de cassation paraît attacher cet effet à l'assi-

gnation elle-même, et avec raison, à ce qu'il semble ; en effet, dès ce moment, la juridiction ordinaire est saisie et ne peut être dessaisie au profit d'une autre.

Jusqu'à l'assignation on doit donc admettre que la partie saisie peut recourir à la juridiction ordinaire du référé, et, sur cette action, faire modifier ou rétracter l'autorisation accordée. Cette seconde ordonnance est nécessairement sujette à appel dans les termes du droit commun.

Suivant une opinion, cette faculté d'aller en référé n'existerait pas en la matière. On se demande pourquoi une faculté de droit commun serait enlevée à la partie. Elle y aura recours rarement, car elle ne le pourra que dans le court délai qui précède l'assignation en validité, et le plus souvent elle sera donnée avant l'expiration du délai. Mais enfin c'est une faculté qui peut être précieuse ; car la saisie-arrêt peut léser gravement les intérêts de la partie saisie. Et pourquoi ne pas lui permettre de demander par cette voie soit une rétractation, soit une modification, en offrant des garanties de nature à sauvegarder les droits du saisissant ?

On peut consulter utilement sur cette matière une note, dans le recueil Sirey, sous un arrêt de Cassation du 10 novembre 1885 (1886, 1, 9).

VIII. — Cantonnement de la saisie-arrêt ; consignation

354. — Sous ce titre, on doit dire quelques mots d'une question à la fois très pratique et très délicate, de façon à extraire des longues controverses une solution qui soit, s'il est possible, pratique et juridique tout à la fois.

On connaît les nombreux systèmes qu'a fait naître la question de savoir quel est l'effet de la saisie-arrêt sur

la créance de la partie saisie à l'encontre du tiers saisi.
En résumé, et malgré ce qu'on a pu dire en sens contraire, il paraît bien que la saisie-arrêt se borne à
empêcher le paiement aux mains de la partie saisie ;
qu'elle ne confère sur la somme saisie-arrêtée aucun
droit privatif au saisissant et que c'est la partie-saisie
qui demeure créancière du tiers saisi.

D'où la conséquence que, s'il survient des saisies-
arrêts postérieures, tous les saisissants viennent en
concours au marc le franc.

D'où la conséquence encore, et ici on touche à la
question, que, si minime que soit la créance du saisissant, sa saisie arrêtera la créance totale de la partie
saisie. Si, en effet, le tiers saisi payait l'excédant de la
créance du saisissant, celui-ci venant plus tard en
concours avec des saisissants postérieurs, et se trouvant
ainsi ne toucher qu'un dividende, critiquerait le paiement
fait au mépris de l'opposition et aurait ainsi, contre le
tiers saisi, un principe de dommages-intérêts.

L'inconvénient est assurément considérable. La saisie-
arrêt pour une somme minime va arrêter le paiement de
toute la créance. La partie saisie subira un grave préjudice. Le saisissant lui-même pourra craindre une
action en dommages-intérêts de la partie saisie, si, par
une raison quelconque, la saisie était invalidée.

On a donc imaginé à Paris le moyen suivant. La partie
saisie assigne en référé le saisissant et le tiers saisi ;
elle demande que le tiers saisi soit autorisé à consigner
une somme représentant à peu près la créance du saisissant en principal et accessoires, avec attribution éventuelle de cette somme au saisissant ; le tiers saisi est
autorisé à payer le surplus à la partie saisie. Tous les
inconvénients signalés sont évités. La partie saisie
reçoit son paiement ; le saisissant, en vertu de l'attribution qui lui est faite, n'a plus à craindre le concours

des saisissants postérieurs et n'a pas, par conséquent,
la réserve d'une action contre le tiers saisi. Quant aux
créanciers saisissants postérieurs, ils n'ont pas à se
plaindre, n'ayant pas été diligents.

On a généralement trouvé cette combinaison ingé-
nieuse, mais peu juridique.

Elle est en effet peu juridique, à divers points de vue.

D'abord elle contredit la théorie plus haut exposée
sur l'impossibilité de saisir le juge des référés après
l'introduction de la demande en validité.

En second lieu, il est douteux qu'un pouvoir de cette
nature rentre dans les attributions du juge des référés ;
ici la décision touche évidemment au fond du droit.

A un autre point de vue on s'est demandé si la somme
consignée n'était pas demeurée dans le patrimoine de la
partie saisie et si le juge des référés pouvait ainsi supprimer le droit de gage des créanciers postérieurs.

355. — Il semble que le seul moyen pratique d'éviter
ces objections de nature juridique, ce serait de demander
cette décision, non pas au juge des référés, mais au
tribunal lui-même par voie d'incident sur la demande en
validité. Le tribunal ferait, et il en aurait le droit, une
réelle attribution au saisissant, de la somme consignée,
attribution provisoire, et avec la condition de ne pouvoir
toucher la somme qu'après la décision sur le fond. On
réalise ainsi tous les avantages du système de Paris et
le moyen paraît absolument régulier au point de vue du
droit.

Sur cette question, on peut consulter Dalloz, suppl. du
répertoire, v° *saisie-arrêt*, n° 54, et v° *référé*, n° 39 ; on y
trouvera l'indication des autorités se référant à cette
question.

On s'expliquera plus loin (n° 361 et 362) sur l'effet du
jugement de validité.

IX. — De la saisie-arrêt en matière de divorce et de séparation de corps

356. — Il est traité de ce sujet sous la matière *du divorce et de la séparation de corps* (n° 203), à laquelle il se rattache plus spécialement.

X. — Saisie-arrêt sur un dépositaire public

357. — Le décret du 18 août 1807, spécial à cette matière, porte dans son article 2, qu'il sera signifié aux receveurs, caissiers ou administrateurs, copie ou extrait en forme de titre du saisissant (Dalloz, Code de proc., civ., annoté, en note sous l'art. 561). On s'est demandé si cette exigence n'excluait pas la faculté de pratiquer une saisie-arrêt avec l'autorisation du président et en l'absence de titre.

On a repoussé avec raison cette restriction. L'article 2 précité vise le cas ordinaire et ne déroge pas à l'article 558; le titre alors, c'est l'ordonnance du juge.

Cette solution paraît dans l'esprit d'un arrêt de Besançon du 20 mars 1837 rapporté au répertoire de Dalloz, v° *saisie-arrêt*, en note sous le n° 237.

XI. — Saisie-arrêt sur les fonds dus aux entrepreneurs de travaux publics

358. — La loi du 26 pluviôse an 11 était spéciale aux fonds dus par l'État aux entrepreneurs de travaux publics « pour le compte de la nation. » Elle interdit toutes saisies-arrêts sur ces fonds pour d'autres créances que celles provenant des salaires des ouvriers employés par les dits entrepreneurs, et les sommes dues pour

fournitures de matériaux et autres objets servant à la
construction des ouvrages.

La loi du 25 juillet 1891 étend l'application de la loi du
26 pluviôse à tous les travaux ayant le caractère de
travaux publics.

XII. — Saisie-arrêt sur les salaires et petits traitements ; loi du 12 janvier 1895

359. — Il est utile de noter la loi du 12 janvier 1895,
parce qu'elle transfère du président du tribunal civil et
du tribunal au juge de paix, non seulement l'autorisation de pratiquer la saisie-arrêt, mais aussi le jugement
sur l'action en validité, et même la procédure de distribution. L'examen de la loi, qui est faite d'ailleurs dans
un excellent esprit, ne rentre donc pas dans les limites
de ce travail.

Le seul point à relever, c'est de relater à quelles créances exactement s'applique la loi du 12 janvier. Elle
s'applique, suivant l'article 1er : 1° aux salaires des ouvriers et gens de service ; 2° aux appointements ou
traitements des employés ou commis et des fonctionnaires, lorsqu'ils ne dépassent pas 2,000 francs. Le
président est donc désormais incompétent pour autoriser
des saisies-arrêts sur ces salaires et traitements.

XIII. — Formule de l'ordonnance

360. — « Nous président, vu la requête ci-dessus,
« les pièces à l'appui et l'article 558 du Code de procé-
« dure civile ; — autorisons le sieur A..., à saisir-arrêter
« entre les mains du sieur B..., les sommes et effets
« qu'il peut devoir au sieur C..., pour conservation de la
« somme de ...., à laquelle nous évaluons provisoire-

« ment la créance du sieur A..., en principal, accessoires
« et frais.

« Fait à ..., le .... » (Signature du président).

XIV. — Effets du jugement de validité et leur conséquence sur la formule du dispositif

361. — A propos de la formule du dispositif de ce jugement, il est indispensable de toucher incidemment à une question théorique qui présente quelque difficulté, celle de l'effet du jugement de validité.

La jurisprudence paraît fixée en ce sens que le jugement de validité a pour effet d'opérer, au profit du saisissant, transport de la créance saisie-arrêtée ; l'arrêt de Cassation du 2 février 1891 (Dalloz, 1891, 1, 217) ajoute, il est vrai, que cet effet n'est produit que si le jugement a acquis l'autorité de la chose jugée ; mais c'est là un principe général applicable à l'exécution de toutes les décisions judiciaires, et on peut dire que le principe est posé d'une façon absolue. C'est comme conséquence de cette solution que le jugement de validité, suivant les formules usuelles, dispose que le tiers saisi sera tenu de verser la somme saisie-arrêtée entre les mains du saisissant, en déduction ou jusqu'à concurrence de sa créance en principal et accessoires.

Et cependant il est permis de douter que cette solution théorique soit exacte.

D'abord elle est contraire à l'esprit général de la loi de procédure sur les saisies. La saisie, même déclarée fondée, ne transfère pas la propriété ; elle autorise seulement la transformation de la chose saisie en deniers et l'introduction d'une procédure de répartition. Au cas de saisie-arrêt d'une somme d'argent, la transformation n'a pas d'objet ; il reste seulement à répartir. Mais on sait que la saisie-arrêt peut frapper, non seulement des sommes d'argent, des créances, mais aussi des meubles corporels ; personne ne paraît contester que, dans ce cas, il soit nécessaire de suivre, pour la transformation de la chose en argent, les formes de la saisie-exécution. (Dalloz, rép., v° *Saisie-Arrêt*, n° 467. Il est évident qu'alors la théorie de la jurisprudence fait complètement défaut ; on est bien forcé de reconnaître que le jugement de validité ne peut pas, en pareil cas, nantir le saisissant de la propriété de la chose saisie; la théorie se dérobe et les vrais principes de la saisie-arrêt apparaissent par la force des choses.

Mais alors même qu'il s'agit de saisie de créances, il faut bien reconnaître que le jugement de validité ne fait attribution au saisissant que sauf les droits concurrents des autres saisissants qui ont obtenu ou obtiendront des jugements de validité analogues. Il était, en effet, impossible d'aller jusqu'à accorder un droit de priorité à la première saisie validée. Qu'est-ce à dire, sinon que le jugement de validité ne contient pas transport de la créance ? Le transport constitue un investissement complet et sans réserve, ce qui est incompatible avec l'obligation de subir les hasards d'une procédure de distribution et d'une répartition au marc le franc.

Il est donc exact de dire que le jugement de validité n'opère pas transport ; il se borne à valider la saisie dans la forme et au fond. Le droit de gage qui appartient à tout créancier sur la fortune de son débiteur se trouve ainsi consacré et rendu effectif, sauf à répartir la valeur du gage.

Tel est aussi l'avis de M. Reger, dans son traité de la saisie-arrêt : « Tout ce que le saisissant, dit-il, a « demandé et obtenu du juge, c'est la déclaration « authentique qu'il avait saisi valablement les sommes « de son débiteur, et que le tiers qui les détient les lui

« paiera selon les règles en matière de distribution par
« contribution. Le jugement qui statue de la sorte, ne
« change en rien la nature de ces sommes. Elles restent
« telles qu'elles étaient auparavant, c'est-à-dire le gage
« commun de tous les créanciers du saisi. Ils y ont un
« droit *préexistant* au jugement de validité, puisque-
« avant ce jugement, la loi (art. 2093, Code civil), décla-
« rait qu'elles étaient affectées au paiement de tous.
« Ce droit acquis ne peut leur être enlevé par le même
« jugement qui est pour eux *res inter alios acta.* »
(n° 643).

362. — On peut seulement se demander à quel
moment le droit des saisissants se trouvera alors transporté définitivement sur la somme saisie-arrêtée. La
solution est facile.

S'il y a accord entre les parties pour une répartition
amiable, c'est le paiement seul qui paralysera le droit de
saisir ultérieurement.

Si une distribution a été ouverte, il y a controverse
sur le droit des créanciers qui, n'ayant pas fait opposition, n'ont pas été sommés de produire. L'opinion la plus
fondée leur donne le droit de se présenter à la distribution jusqu'au règlement provisoire (voir la note sous
Alger, 11 février 1878; Dalloz, 1879, 2, 185). On devrait
donc admettre que le droit de faire saisie-arrêt s'arrête-
rait également à ce moment de la procédure de distribution. Le règlement provisoire est, en effet, le premier
acte de la répartition.

Si on admet ces diverses solutions, la formule ordinaire du dispositif du jugement de validité serait
évidemment à rectifier. Il est inexact de dire que le tiers
saisi paiera valablement aux mains du saisissant,
puisqu'en réalité, s'il le faisait, il aurait mal payé au
regard des autres saisissants. Il semble donc qu'il serait

préférable de formuler le dispositif à peu près en ces termes : « Valide la saisie-arrêt pratiquée à la requête « du sieur A..., entre les mains du sieur B..., au préju- « dice de C...; dit, en conséquence, que le tiers-saisi « paiera les sommes dont il est débiteur envers la partie « saisie, soit directement au saisissant, s'il n'y a pas « d'autre saisie-arrêt entre ses mains, soit dans le cas « contraire, en suivant la procédure de distribution par « contribution. »

XV. — De la saisie-arrêt et de la loi du 19 février 1889

362. A. — Voir n° 69 A.

SAISIE-BRANDON

---

363. — Les articles 626 et suivants (Proc. civ.) traitent de la saisie-brandon, c'est-à-dire de la saisie des fruits pendants par racine. C'est en réalité une forme particu- lière de saisie-exécution, qui est faite après commande- ment, comme la saisie-exécution.

Mais il ne paraît pas contestable qu'il ne puisse y être procédé par le bailleur dans les mêmes conditions que la saisie-gagerie, c'est-à-dire par application de l'article 819, avec autorisation du président et sans commande- ment préalable. C'est alors réellement une saisie- gagerie.

Des arrêts l'ont décidé en ce sens (Dalloz, sous l'art. 626, n°s 34 et suiv.) C'est aussi l'avis de Dutruc, dans le supplément alphabétique de Chauveau (v° saisie-brandon, n° 39, tome 9, page 374 .

Comme pour la saisie-gagerie, il faut qu'il y ait des loyers échus. Le président ou le juge de paix seront compétents suivant le taux annuel du loyer. Mais il y aura, en outre, à observer l'article 626, aux termes duquel la saisie-brandon ne peut être autorisée que dans les six semaines qui précéderont l'époque ordinaire de la maturité des fruits.

SAISIE CONSERVATOIRE

364. — On a appelé de ce nom la saisie particulière qui est autorisée par les articles 172 du Code de commerce, et 417 du Code de procédure civile.

On s'est demandé si le président du tribunal civil ne pouvait pas aussi ordonner cette saisie particulière. L'opinion la plus générale s'est prononcée dans le sens de la négative, et avec raison. Les deux articles cités sont exclusivement relatifs aux matières commerciales, et, lorsqu'ils parlent du président, ils entendent le président du tribunal de commerce. Consulter à ce sujet Dalloz, sous l'article 417 annoté, n°s 16 et suivants et la note sur l'arrêt cité, volume 1875, 2, 151.

SAISIE-EXÉCUTION

365. — Les articles 605 à 607 (Proc. civ.) prévoient le

cas où le gardien à la saisie peut demander sa décharge.
Il y est statué en référé, ainsi que sur les difficultés
auxquelles peut donner lieu l'opération du recolement.

L'article 617, en édictant que la vente aura lieu au
plus prochain marché public, donne toutefois la faculté
de demander au tribunal de permettre de vendre en un
autre lieu plus avantageux ; en fait, c'est sur le lieu
même où se trouvent les meubles saisis. La loi dit que
c'est le *tribunal* qui accorde cette autorisation. Dans
un certain nombre de tribunaux, elle est donnée sur
requête par le président. Ce procédé a l'avantage d'éviter les frais d'un jugement, alors surtout qu'il s'agit le
plus souvent d'une autorisation de pure forme. Cependant il n'est pas douteux que l'article 617 donne compétence au tribunal et non au président; la régularité de
cette procédure pourrait donc être contestée.

SAISIE FORAINE

366. — L'article 822 (Proc. civ.) porte : « Tout créan-
« cier, même sans titre, peut, sans commandement préa-
« lable, mais avec permission du président du tribunal
« de première instance et même du juge de paix, faire
« saisir les effets trouvés en la commune qu'il habite,
« appartenant à son débiteur forain. »

D'abord quel est le sens du mot *débiteur forain ?*

Suivant Dalloz (sous l'article 822), il y aurait deux
interprétations possibles. Ou bien le mot désignerait les
individus dont la vie est ambulante et le domicile inexistant ou inconnu, tels que les colporteurs et marchands
forains. Ou bien il s'appliquerait à tout débiteur n'ayant

ni domicile, ni résidence dans la commune qu'habite le créancier.

Cette seconde interprétation paraît dominer de Belleyme, t. 1er, page 254 ; — Bertin, ordonn. sur req., n° 493 ; — ordonn. du présid. du trib. de la Seine, v° *saisie foraine*).

367. — Le président et le juge de paix compétents sont ceux du lieu de la saisie.

368. — La condition *sine quâ non* de l'autorisation est que les effets soient trouvés dans la commune qu'habite le créancier.

369. — Dans sa formule, de Belleyme autorise à saisir même un jour férié et après l'heure légale ; ce dernier point serait contestable, à cause de l'interprétation de l'article 1037 (Proc. civ.) ; voir ci-dessus n° 30. Son ordonnance contient une évaluation de la créance, pour, dit-il, faciliter la consignation. Il y ajoute la condition de former la demande principale en validité dans les vingt-quatre heures de la saisie, et à trois jours, par un huissier commis. Enfin il est dit qu'en déposant entre les mains de l'huissier le montant de l'évaluation, la permission sera sans effet. La formule se termine par la réserve de référé sur le procès-verbal, en cas de difficulté.

Le soin pris par de Belleyme d'organiser en quelque sorte une procédure spéciale, montre quel peut être le danger de cette saisie qui constitue, en quelque façon, une main mise sur les effets du débiteur par le créancier, sans autre titre que l'autorisation du juge. Le magistrat ne doit évidemment l'accorder qu'avec une extrême circonspection, et après s'être fait fournir tous les renseignements nécessaires.

Il faut ajouter l'article 823 pour le gardien.

SAISIE-GAGERIE

I. — Différence avec la saisie-revendication

370. — On explique sous la *saisie-revendication* la différence entre ces deux sortes de saisies (n° 382). La saisie-gagerie suppose que les meubles, gage du bailleur, n'ont pas été déplacés.

Aux termes de l'article 819 (Proc. civ.), les propriétaires et principaux locataires de maisons ou biens ruraux peuvent faire saisir-gager sans commandement préalable, en vertu de la permission qu'ils en auront obtenue, sur requête, du président du tribunal.

II. — Compétence du président et du juge de paix

371. — D'après les dispositions de l'article 10 de la loi du 25 mai 1838, l'autorisation sera demandée au juge de paix, si les causes rentrent dans sa compétence, c'est-à-dire s'il s'agit d'un bail dont le loyer n'excède pas annuellement 400 francs. Le président ne serait assurément pas incompétent, ayant plénitude de juridiction, comme le tribunal qu'il représente ; mais il doit

se garder d'empiéter sur la compétence du juge de paix
en cette matière, dans un intérêt d'économie de frais ;
il doit renvoyer au juge de paix.

Le président et le juge de paix compétents sont ceux
du lieu de la saisie.

III. — Examen du magistrat

372. — Ainsi qu'il est dit pour la saisie revendication,
il est difficile, sinon impossible, que le magistrat apprécie
si le bailleur a juste sujet de craindre le détournement
de son gage. Il ne peut guère que s'en rapporter à l'affirmation du requérant. Dans le doute, il pourra lui faire
observer qu'au cas où la saisie-gagerie serait jugée
sans cause légitime et vexatoire, il s'expose à une action
en dommages-intérêts, et qu'il ne saurait, en aucune
façon, se couvrir par l'ordonnance qui a statué sans
contradiction et sur sa seule déclaration.

373. — La condition exigée par l'article 812 pour que
l'autorisation soit accordée, c'est qu'il y ait des loyers
ou fermages échus. On a quelquefois essayé de se soustraire à cette obligation ; elle est absolue et doit être
observée. Il est naturel que le locataire qui ne doit rien
et qui n'a pas détourné son mobilier, soit garanti contre
une saisie.

IV. — Décès du locataire insolvable ;
succession vacante

374. — L'étude de la saisie-gagerie fournit l'occasion
de parler d'une question qui est souvent soumise aux
présidents de tribunaux, dans l'espérance d'une solution
qu'elle ne comporte pas. Voici l'espèce :

Une maison est louée à un locataire indigent. Il vient
à mourir ; les scellés sont apposés d'office. Aucun héritier

ne se présente ; le défunt était insolvable. Que peut faire le bailleur ? Il présente requête pour que le président ordonne la vente, ou tout au moins, l'enlèvement des meubles ; ces mesures ne peuvent être ordonnées sans contradiction ; or il n'existe pas de contradicteur.

Une seule solution est possible ; le bailleur s'y refuse souvent à cause des frais ; c'est un mauvais calcul, car il lui faudra s'y résoudre, et, en attendant, il perdra ses loyers. Cette solution, c'est de requérir la nomination d'un curateur à la vacance de la succession, contre lequel il agira, ou plutôt avec lequel il s'entendra pour liquider le plus économiquement possible la succession délaissée.

SAISIE IMMOBILIÈRE

I. — Articles 681, 697, 734 et 738 (Proc. civ.)

375. — Diverses dispositions éparses aux titres XII et XIII du Code de procédure civile, relatifs à la saisie immobilière, intéressent le rôle particulier du président dans cette procédure, qui se poursuit en général en dehors du tribunal.

L'article 681 prévoit le cas où les immeubles saisis ne sont pas loués ou affermés; le saisi reste alors en possession comme séquestre judiciaire, à moins que, sur la demande d'un créancier, et par ordonnance de référé, le président n'en confie la garde à un séquestre étranger. L'assignation est donnée au saisi.

376. — L'article 697 autorise le poursuivant, le saisi, ou l'un des créanciers inscrits, à demander au président la permission de faire, outre la publication légale, des insertions extraordinaires. A cet égard, il y aura lieu de s'attacher surtout au chiffre de la mise à prix et de ne surcharger la vente de nouveaux frais que s'il paraît y avoir un intérêt réel pour la vente à augmenter la publicité. Le président pourra, soit refuser, soit restreindre le nombre des insertions et celui des journaux.

377. — Art. 734. — Si la folle enchère est poursuivie avant la délivrance du jugement d'adjudication, celui qui poursuivra la folle enchère se fera délivrer par le greffier un certificat constatant que l'adjudicataire n'a point justifié de l'acquit des conditions exigibles de l'adjudication. S'il y a eu opposition à la délivrance du certificat, il sera statué, à la requête de la partie la plus diligente, par le président du tribunal, en état de référé.

378. — Art. 738. — Si le fol enchérisseur justifiait de l'acquit des conditions de l'adjudication et de la consignation d'une somme réglée par le président du tribunal pour les frais de folle enchère, il ne serait pas procédé à l'adjudication. Ce règlement est fixé par ordonnance rendue sur requête.

379. — L'article 743 est relatif à la requête tendant à la vente sur conversion.

Sur cette question de la conversion, on a beaucoup discuté, parce qu'en réalité le seul motif de la demande

en conversion est le renvoi de la vente devant notaire.
Certains tribunaux l'accordent toujours, d'autres, rarement, sinon jamais. Comme toujours, c'est dans l'opinion
intermédiaire que se trouve la vérité. Une seule considération doit guider les magistrats, l'intérêt de la vente ;
un seul principe peut être invoqué, c'est celui-ci : la
vente judiciaire, c'est la vente en justice, c'est-à-dire
devant le tribunal. Le renvoi devant notaire est l'exception ; on devra y recourir toutes les fois qu'il apparaîtra
que la vente se fera dans des conditions plus favorables
sur les lieux. On devra le présumer lorsque deux circonstances se présenteront réunies : valeur minime de
l'immeuble et éloignement relatif du siège du tribunal ;
alors, en effet, on peut craindre que les frais de déplacement ne soient pas en rapport avec la valeur de
l'immeuble et que les acquéreurs n'hésitent à se déplacer.
S'il y a, au contraire, proximité du tribunal, le motif
n'existe plus. Il en est de même si l'immeuble est important ; non seulement l'amateur n'aura pas égard
au déplacement ; mais, s'il n'habite pas le pays même,
il trouvera plus de facilités pour se rendre et séjourner
au chef-lieu que dans telle commune éloignée de tout
moyen facile de communication.

Il faut ajouter, bien qu'on ait beaucoup discuté à cet
égard, qu'avec les frais de transport des avoués, il n'y
aura pas économie de frais ; qu'au contraire, il pourra y
avoir lieu à faire ensuite la procédure de purge que la
loi a jointe à la procédure de saisie immobilière. Il arrive
même souvent que la vente sur conversion est demandée
après le dépôt du cahier des charges au greffe ; ce qui
donnera lieu, de ce chef, à double frais ; ce sera souvent
un motif de repousser la requête.

Le tribunal devra examiner avec soin si tous les intéressés sont bien représentés à la requête tendant à la
conversion.

Cette manière d'envisager l'opportunité des jugement de conversion est indiquée et développée dans un remarquable ouvrage de M. de Coston, président du tribunal civil de Vienne, intitulé : « De l'office du juge en matière « de ventes judiciaires d'immeubles, » publié en 1891.

III. — Du rôle du juge commis

380. — Sur le rôle du juge commis pour procéder à une vente, on renvoie à ce qui est dit à ce sujet, au mot *successions* (n° 434).

IV. — Délais pour l'adjudication

381. — Sur les délais pour l'adjudication, on renvoie au mot *audience civile* (n°⁵ 107 à 110).

SAISIE-REVENDICATION

I. — Différence entre la saisie-revendication et la saisie-gagerie

382. — On s'est souvent mépris sur le sens du terme de *saisie-revendication* ; on a voulu y voir une question

de propriété, impliquée par le mot de *revendication*. En
réalité, il ne s'agit que de la revendication du gage. Le
gage affecté à la garantie du bailleur a été détourné ; il
ne garnit plus les lieux loués ; après un certain délai
édicté par l'article 2102, la désaffectation sera consom-
mée, le privilège du gagiste sera perdu. Le bailleur
revendique son gage détourné. Peu importe que la propriété en ait été transférée à un tiers, ou qu'elle soit
demeurée au locataire. Le gage a été détourné ; il est
revendiqué à titre, non de propriété, mais de gage.

C'est là, du reste, ce qui explique la différence entre
les prescriptions de l'article 826 (Proc. civ.) relatives à
la saisie-revendication, et celles de l'article 819 qui vise
la saisie-gagerie. La saisie-gagerie ne peut être pratiquée que s'il y a des loyers ou fermages échus ; cette
revendication n'est pas nécessaire pour pratiquer la saisie-
revendication. La raison en est simple ; la loi se montre
plus favorable au bailleur dont le gage est détourné ;
si le preneur continue de tenir les lieux garnis, le
bailleur doit prouver qu'il est créancier de loyers échus,
que le locataire est en faute. Dans l'interprétation contraire, la distinction n'a plus de sens.

II. — Examen du président

383. — La permission de saisir-revendiquer est accordée sur requête par le président.

Sur quels points doit porter plus spécialement son
attention ?

Sur le fait même du détournement, il ne peut que s'en
rapporter à l'affirmation du requérant, aux risques et
périls de celui-ci, tout contrôle étant impossible.

Le président doit préciser autant que possible les
objets détournés pour éviter des erreurs ou des discussions lors de la saisie.

Son attention doit surtout être appelée, dans la rédaction de l'ordonnance, sur la détermination précise du lieu où doit se faire la saisie-revendication. Le plus souvent l'ordonnance préparée porte autorisation de saisir dans tel local « et partout où les meubles enlevés pourront être retrouvés. » Cette formule doit être proscrite énergiquement ; il est impossible de donner ainsi à l'huissier le pouvoir de s'introduire et de faire perquisition dans une habitation quelconque. Il faut préciser, sauf ensuite à rendre une seconde ordonnance, si les meubles ont été transférés dans un autre local.

L'article 828 a exprimé formellement que la saisie-revendication pouvait être autorisée, même un jour de fête légale.

III. — Référé

884. — L'article 829 prescrit qu'il en soit référé au magistrat si le détenteur des meubles refuse les portes ou s'oppose à la saisie ; il s'agit d'un référé sur procès-verbal ; l'assignation est donnée sur le procès-verbal même de saisie.

IV. — Compétence

385. — Le président compétent est celui de l'arrondissement où la saisie-revendication doit être pratiquée.

SCELLÉS ; INVENTAIRE

I. — Scellés

§ 1ᵉʳ. — Apposition. — 386. — Les articles 907 à 944
(Proc. civ.) relatifs aux scellés et à l'inventaire contiennent un certain nombre de dispositions intéressant
la compétence du président. Il convient de les résumer
(art. 819 et suivants du Code civil).

387. — Art. 909. — L'apposition des scellés peut être
requise par un certain nombre de personnes, parmi
lesquelles sont compris tous créanciers fondés en titre
exécutoire ou autorisés par une permission, soit du
président, soit du juge de paix. (Art. 820, Code civil).

On s'est demandé si le créancier d'un des héritiers
avait le même droit. L'opinion négative paraît dominer.
(Dalloz, sur l'art. 909, nᵒˢ 32 et suivants; — de Belleyme, t. 2, page 238).

388. — Art. 915. — Les scellés apposés, le juge ni le
greffier ne pourront aller, jusqu'à la levée, dans la
maison où est le scellé, à moins qu'ils n'en soient requis,
ou que leur transport n'ait été précédé d'une ordonnance
motivée.

L'ordonnance, en principe, doit émaner du président
statuant en référé. Suivant Dalloz (sur l'art. 915), elle
pourrait même émaner du juge de paix, en cas d'urgence

extrême; ce second point paraît plus contestable ; la disposition semble supposer une ordonnance du président.

§ 2. — Papiers et testaments. — 889. — Art. 916 à 920. — Ces dispositions règlent ce qui a trait aux papiers ou testaments trouvés lors de l'apposition des scellés.

Sur la réquisition de toute partie, le juge de paix fera la recherche du testament. S'il trouve, soit le testament, soit des papiers cachetés, après paraphes et description, il indique au procès-verbal le jour et l'heure où ils seront présentés au président.

Ce magistrat en fera l'ouverture, en constatera l'état et en ordonnera le dépôt.

Si c'est un testament, le président en fera la description par procès-verbal séparé, assisté du greffier et en ordonnera le dépôt à un notaire, conformément à l'article 1007 du Code civil.

Si ce sont des papiers dont le contenu intéresse la succession, il en ordonne la remise au notaire, pour que les parties intéressées puissent y recourir au besoin.

L'article 919 règle le cas où les papiers contestés paraissent appartenir à des tiers; il ordonne leur appel à jour fixé pour qu'ils puissent assister à l'ouverture ; et, s'il y a lieu, il les leur remettra.

§ 3. — Compétence pour les testaments. — 390. — De Belleyme traite (p. 248) la question de savoir quel est le président compétent pour la description et le dépôt du testament, lorsqu'il est trouvé dans un arrondissement autre que celui de l'ouverture de la succession. Cette question présente pour sa solution des difficultés de droit et de fait.

Suivant de Belleyme, l'article 916 n'a pas dérogé à l'article 1007 qui donne compétence au président de l'ouverture de la succession. Cette appréciation paraît exacte ; mais alors s'élèvent les difficultés de fait relatives au transport du testament jusqu'à la résidence du président compétent. C'est au président du lieu des scellés à régler, avec le plus de sécurité possible, le mode de transmission. Il faut ajouter qu'en fait, il arrive que la description et le dépôt en sont effectués par un président autre que celui de l'ouverture de la succession, par exemple, au cas de grand éloignement. Quoiqu'il en soit à cet égard, il est certain que cette pratique est contraire à l'article 1007.

§ 4. — **Dispositions diverses.** — **391.** — Art. 921. — Si les portes sont fermées, ou s'il se rencontre des obstacles à l'apposition des scellés, s'il s'élève, soit avant, soit pendant le scellé, des difficultés, il y sera statué en référé par le président, devant lequel les parties se transporteront de suite.

L'article 921 ajoute que, s'il y a péril, le juge de paix pourra statuer de suite, sauf à en référer ensuite.

392. — Art. 922. — Dans tous les cas de référé, et sauf ce qui a été dit, relativement à la description et au dépôt d'un testament, l'ordonnance est écrite sur le procès-verbal du juge de paix, sans assistance du greffier du tribunal.

393 — Art. 923. — Lorsque l'inventaire sera parachevé, les scellés ne pourront être apposés, à moins que l'inventaire ne soit attaqué, ou qu'il n'en soit autrement ordonné par le président. Il est alors le plus souvent saisi par voie de requête ; il pourrait l'être en référé, si, par exemple, la question ne se soulevait que lors d'une apposition de scellés contestée.

§ 5. — **Opposition à la levée.** — **394.** — Les articles 926 et 927 ont trait aux oppositions à la levée des scellés.

Le texte principal en cette matière est l'article 821 du Code civil, qui donne aux créanciers le droit de former cette opposition, même sans titre exécutoire, ni permission du juge.

§ 6. — Levée des scellés avant le délai ou provisoire : forme.— 395. — Les articles 928 et suivants sont relatifs à la levée des scellés.

Suivant l'article 928, le scellé ne peut être levé que trois jours après l'inhumation, s'il a été apposé auparavant, et trois jours après l'apposition, si elle a été faite depuis l'inhumation.

396. — Le même article autorise à demander au président la levée avant l'expiration de ce délai, pour des causes urgentes, dont il sera fait mention dans l'ordonnance. Dans ce cas, si les parties qui ont le droit d'assister à la levée ne sont pas présentes, il sera appelé pour elles, tant à la levée qu'à l'inventaire, un notaire nommé d'office par le président.

Suivant Chauveau et Glandaz (formule n° 939), la levée avant le délai légal est autorisée par une ordonnance rendue sur requête. Suivant de Belleyme, et tel paraît être l'usage de Paris, cette demande se fait par un dire sur le procès-verbal du juge de paix qui ajourne les parties en référé, et l'ordonnance s'inscrit sur le procès-verbal (page 262).

Il y a évidemment là une divergence assez notable, non pas seulement sur la forme, mais sur le fond. En effet, la formule de Chauveau porte l'autorisation de lever les scellés *dans le jour*, avec commission de notaire pour représenter les parties non présentes, ce qui suppose évidemment qu'elles ne sont pas appelées : le temps ferait défaut.

Au contraire, la formule de de Belleyme suppose un référé ; par suite, l'appel des parties qui ont droit d'as-

sister à la levée ; appel sinon au référé, tout au moins à
l'opération ; en effet, la formule d'ordonnance porte :
« parties intéressées, présentes à la recherche ou dû-
« ment appelées par..... huissier audiencier. »

Il est certain que cette manière de procéder offre
plus de garanties aux intéressés. Mais si la loi a voulu
organiser une levée de scellés rapide, avant l'expiration
du délai légal, il semble que la formule de Chauveau,
est plus conforme à son esprit, et même à la lettre de
l'article 928.

Cet article est applicable, non seulement à la levée
des scellés avant l'expiration du délai légal, mais aussi
à la levée provisoire, pour rechercher par exemple, le
testament. Elle est ordonnée par le président, avec mention que les scellés seront réapposés aussitôt après la
recherche.

En pratique, peut-être pourrait-on appliquer la procédure sommaire de Chauveau à la levée provisoire, et
celle de de Belleyme à la levée définitive avant le délai
légal.

**§ 7. — Levée définitive ; controverse sur les droits
des héritiers en présence du légataire universel. —
397.** — Les articles 930 et suivants traitent de la levée
définitive des scellés et des formes dans lesquelles elle
est demandée et effectuée.

L'article 930 se réfère en partie à l'article 909 pour
régler quelles personnes ont le droit de demander la
levée des scellés : ce sont ceux qui prétendent droit à
la succession et les créanciers fondés en titre exécutoire, ou autorisés par le président ou le juge de paix.

398. — L'article 931 prescrit d'y appeler le conjoint
survivant, les présomptifs héritiers, l'exécuteur testa-
mentaire, les légataires universels et à titre universel
et les opposants.

399. — Cette double disposition a donné naissance à une question souvent soulevée devant le président et très controversée. Le légataire universel a été envoyé en possession. Suivant une première opinion, les personnes indiquées à l'article 909, c'est-à-dire notamment les héritiers présomptifs, ont concurremment avec le légataire universel, le droit de requérir la levée des scellés, et, si les scellés sont levés à la requête du légataire universel, le droit d'y être appelés.

Suivant une seconde opinion, dès après l'envoi en possession du légataire universel, les héritiers non réservataires ne sont plus des ayants-droit à la succession : ils sont donc sans qualité ; ils n'auraient qualité que s'ils étaient en instance pour attaquer le testament ou s'ils manifestaient leur intention de le faire. Il n'est pas douteux que les héritiers réservataires, à raison de leur réserve, auraient ce droit.

Cette seconde opinion tend à dominer (Garré et Chauveau, proc. civ., n° 3114 *bis* ; — quatrième table décennale de Sirey, v° *Scellés* ; — Note sur Paris, 28 janvier 1887 : Sirey, 1889, 2, 30 . Elle pourrait cependant être contestée en texte et en raison ; *en texte :* car en réalité les réclamants sont bien des héritiers présomptifs appelés éventuellement à la succession ; *en raison :* en effet, il est possible qu'à la levée des scellés, on découvre un testament révocatoire, qui anéantisse le droit du légataire universel ; les héritiers n'ont-ils donc pas un intérêt considérable à assister à cette opération.

Il faut ajouter que la question peut se poser aussi, quoique plus rarement, pour le droit et requérir l'apposition des scellés, si le légataire universel était envoyé en possession avant l'apposition des scellés.

400. — Aux termes de l'article 930, il ne sera pas nécessaire d'appeler à la levée des scellés les intéressés

demeurant hors de la distance de cinq myriamètres :
mais on appellera pour eux, à la levée et à l'inventaire,
un notaire nommé par le président.

§ 8. — **Compétence générale du président.** — **401.**
Toutes les questions qui pourront s'élever ainsi pendant
les opérations du juge de paix, seront tranchées par le
président par ordonnance de référé sur procès-verbal.
On a cependant voulu restreindre cette compétence aux
cas d'urgence rentrant de droit commun dans les attributions du juge des référés (Sirey, quatrième table décennale, v° *Scellés*, n°s 17 et suiv.). C'est un peu une question
de mots, car il y a toujours urgence en ces matières :
mais la compétence spéciale du juge des référés résulte
suffisamment de l'ensemble des articles qui, chaque fois
qu'une difficulté est prévue, en renvoient la décision au
président du tribunal.

§ 9. — **Choix des notaires et experts.** — **402.**
L'article 945 prévoit le cas de désaccord des parties sur
le choix du notaire, du commissaire-priseur ou de l'expert ; c'est alors le président qui les nomme d'office.

II. — Inventaire

403. — Les articles 941 à 944 traitent de l'inventaire.
L'inventaire peut-être requis par ceux qui ont droit de
requérir la levée des scellés (art. 941). Même controverse
que relativement à la levée des scellés.

404. — L'article 941 contient la même disposition que
l'article 931 relatif à la désignation par le président d'un
notaire qui représente les intéressés demeurant hors de
distance légale et ceux qui sont absents.

405. — L'article 942 § 9 porte qu'au cas de désaccord,

le président désigne la personne entre les mains de laquelle sera faite la remise des effets et papiers.

406. — L'article 944 contient enfin une disposition générale sur la compétence du président, en cette matière. Si, lors de l'inventaire, il s'élève des difficultés, ou s'il est formé des réquisitions pour l'administration de la communauté ou de la succession, ou pour autres objets, et qu'il n'y soit déféré par les autres parties, les notaires délaisseront les parties à se pourvoir en référé devant le président du tribunal ; ils pourront en référer eux-mêmes, s'ils résident dans le canton où siège le tribunal ; dans ce cas, le président mettra ses ordonnances sur la minute du procès-verbal.

Le plus souvent, les réquisitions ont pour objet la nomination d'un administrateur provisoire ; il y a urgence à y procéder, lorsqu'il s'agit d'un commerce à continuer. Alors, l'ordonnance précise les pouvoirs de l'administrateur. Voir au mot *succession* (n° 424).

SÉPARATION DE BIENS

I. — Autorisation par ordonnance. — 407.

II. — Faillite : sort des dépens exposés par la femme : controverse. — 408 à 411.

I. — Autorisation par ordonnance.

407. — Aux termes de l'article 865 (proc. civ.), la femme doit se faire autoriser par ordonnance rendue sur requête, à former sa demande en séparation de biens.

C'est une ordonnance de pure forme qui n'est jamais refusée et qu'une réforme de la procédure civile pourrait sans inconvénient supprimer. La loi ajoute, il est vrai, que le président peut faire à la femme des observations ; mais quelles peuvent être ces observations, alors qu'il est imposssible qu'il sache si la dot de la femme est ou non en péril !

II. — Faillite : sort des dépens exposés par la femme : controverse.

408. — Depuis longtemps une grave controverse est soulevée sur cette question et divise les auteurs et la jurisprudence. Le syndic doit-il être condamné aux dépens envers la femme demanderesse ? Si non, la femme n'a en réalité aucun recours pour ces dépens, puisque le mari est présumé insolvable.

Dans nombre de tribunaux, on admettait de jurisprudence constante la solution favorable à la femme, comme plus juridique. Trois arrêts de la Cour de cassation du 11 novembre 1895 ont fait prévaloir le système contraire. La question n'en conserve pas moins une grande importance, soit au point de vue pratique, soit au point de vue doctrinal. Aussi se bornera-t-on à transcrire, d'abord les motifs d'un jugement de Châteauroux dans le sens de l'opinion favorable aux droits de la femme ; puis les motifs contraires de la Cour de cassation ; et enfin un second jugement de Châteauroux se plaçant sur un terrain un peu différent de celui des arrêts de cassation.

409. — Jugement de Châteauroux, du 13 mai 1895 : « ... En ce qui concerne les dépens ;

« Considérant que la femme B..., demande la condamnation solidaire de B..., et du syndic de sa faillite « en tous les dépens ;

« Que le syndic, en demandant acte de ce qu'il s'en

« rapporte à droit sur la demande en séparation de
« biens, conclut à ce que les seuls frais pouvant rester
« à la charge de la faillite, soient ceux faits par lui-même
« dans l'intérêt de la masse des créanciers, les dits
« frais devant être employés en frais de syndicat :
« qu'il demande que tous les autres frais soient mis à
« la charge du mari et employés comme accessoires de
« la créance de la femme ;

« Que la demanderesse se prévaut de ce qu'elle a
« devant elle deux défendeurs à titre égal, quoiqu'en
« ces qualités différentes, la faillite étant l'un d'eux et
« succombant au regard d'elle ;

« Que le syndic explique qu'étant donnée sa double
« qualité de représentant du failli et de la masse des
« créanciers, il n'a agi, dans l'espèce, qu'en la première
« de ces qualités ; que la faillite aurait pu intervenir ;
« qu'elle n'avait pas intérêt à le faire et qu'il l'a prouvé
« en déclarant s'en rapporter à droit ; que c'est dès lors
« le mari seul, complété par son représentant légal, et
« non la faillite, qui a figuré comme défendeur et doit
« supporter les dépens exposés par la femme ;

« Considérant qu'aux termes de l'article 443 du Code
« de commerce, à partir du jugement déclaratif de fail-
« lite, toute action mobilière et immobilière ne pourra
« être suivie ou intentée que contre les syndics ; que le
« tribunal pourra seulement recevoir le failli partie
« intervenante ; que ces prescriptions sont la consé-
« quence de ce principe que le failli est dessaisi de l'ad-
« ministration de ses biens ;

« Qu'il importe de remarquer que le dessaisissement et
« le transport des actions au syndic, sont absolus
« d'après les termes de l'article 443 précité ;

« Qu'il paraît donc que c'est par erreur que la doctrine
« la plus générale y fait exception pour certaines actions
« dites personnelles et admet que ces actions sont exer-

« cées valablement par ou contre le mari seul, sans le
« concours des syndics ;

« Qu'il s'agit d'actions où le failli figure comme père,
« mère, fils ou parent, actions en séparation de corps
« divorce, désaveu de paternité, plainte en adultère,
« poursuites criminelles ou actions analogues ;

« Qu'assurément, dans des actions de cette nature,
« en raison même de leur caractère personnel, il est
« nécessaire que le failli soit appelé personnellement ;
« mais qu'il est inexact de dire que la faillite puisse s'en
« désintéresser ; qu'elles peuvent se résoudre en des
« dommages-intérêts, tout au moins en une condamna-
« tion aux dépens qui en réalité est fondée sur le prin-
« cipe des dommages-intérêts, qui constitue une répara-
« tion du préjudice causé par un procès téméraire ;

« Qu'il est impossible de soutenir que la faillite soit
« désintéressée : que détentrice des deniers du failli, elle
« devra faire l'avance des frais : que le mari étant con-
« damné aux dépens, et même dans la thèse du syndic,
« cette créance aura droit à une répartition au marc le
« franc ; qu'il paraît difficile de créer deux catégories
« de demandeurs contre le syndic obtenant une con-
« damnation aux dépens, à savoir, ceux qui auront un
« droit absolu contre la faillite, de façon à se faire payer
« avant tous créanciers de la masse sur les deniers de
« la faillite, et ceux qui, pour ces mêmes dépens, ne
« pourront venir qu'au marc le franc, comme accessoire
« de leur créance ;

« Qu'il importe de remarquer que le failli est dessaisi
« de l'administration, mais non de la propriété de son
« actif ; que toute condamnation obtenue contre lui a pour
« gage cet actif et est rendu contre le syndic qui le
« détient ;

« Qu'enfin il est de toute évidence que la faillite a inté-
« rêt à figurer dans ces instances, même personnelles,

« qui, par la résistance ou les prétentions indues du
« failli, pourraient donner lieu à des frais ou à des répa-
« rations importantes ;

 « Considérant que vainement on oppose la disposition
« de l'article 1166 du Code civil qui interdit aux créan-
« ciers l'exercice de toute action attachée à la personne
« de leur débiteur ;

 « Qu'en effet l'article 1166 vise la situation d'un débi-
« teur qui demeure investi de toute sa capacité; qu'il était
« naturel, alors, que la loi n'ouvrit aux créanciers, et
« concurremment avec lui, que l'exercice des actions
« purement pécuniaires ;

 « Que tout autre est l'état du failli qui est dessaisi de
« l'exercice de tous ses droits, dont l'actif est sous la
« main d'un représentant légal de ses créanciers ;

 « Considérant que, s'il en est ainsi, et si la disposition
« de l'article 443 est absolue, il est inadmissible et arbi-
« traire de dédoubler les deux qualités du syndic ; de
« dire qu'il pourra, dans telle ou telle action, représen-
« ter le failli, sans représenter la faillite ; que cette divi-
« sion est contraire à la nature des choses, la faillite
« étant intéressée dans toute action où figure le failli ;
« qu'elle est arbitraire ; que le syndic n'a pas deux qua-
« lités jointes par l'effet des circonstances, tel qu'est
« l'ascendant tuteur, pouvant se trouver agir à la fois
« en son nom propre et en sa qualité de tuteur ; que le
« syndic a été créé avec sa double qualité ; qu'elle est
« indivisible en lui, qu'il la garde et ne saurait, à volonté,
« dépouiller l'une pour garder l'autre ;

 « Considérant que ces principes sont a fortiori appli-
« cables à l'action en séparation de biens qui, dans l'opi-
« nion générale, a tout au moins un caractère mixte; que
« si le failli doit y être appelé, parce qu'elle touche à
« l'exercice des droits du mari dans l'association conju-

« gale, elle intéresse surtout les intérêts péc .iaires des
« époux et de la faillite ;

« Qu'elle a pour but de modifier les conventions pécu-
« niaires des époux ; qu'elle est le préliminaire de l'action
« de la femme en paiement de ses reprises et va rendre
« exigible les créances résultant pour elle de son con-
« trat ; qu'enfin elle aura pour conclusion une condamna-
« tion aux dépens ;

« Que soutenir qu'une action de cette nature est sans
« rapports avec des intérêts pécuniaires et que la faillite
« y est indifférente, constitue une erreur évidente ;

« Que, dans l'espèce, le syndic le reconnait implicite-
« ment en demandant l'emploi de ses dépens en frais
« privilégiés de syndicat ;

« Considérant que le syndic a relevé la distinction de
« la créance *de la* masse et de la créance *dans la masse,*
« la première étant une créance personnelle à la masse,
« qu'elle doit payer intégralement ; la seconde étant la
« créance contre le failli, qui subit, comme les autres,
« la répartition au marc le franc ;

« Considérant que cette distinction ne fait que conforter
« la prétention de la demanderesse ;

« Que toute créance née contre le failli seul, avant la
« faillite, fait partie de la masse ;

« Qu'il en est autrement des créances nées contre la
« faillite, par suite d'un contrat quelconque ;

« Que la créance résultant d'une condamnation aux
« dépens prononcée contre le syndic, a ce dernier carac-
« tère ; qu'elle est issue du contrat judiciaire formé entre
« les parties litigantes ; que c'est donc une créance *de la*
« *masse* et non *dans la masse ;*

« Considérant que l'opinion contraire créerait contre
« la femme une inégalité qui n'est pas dans l'esprit de la
« loi, si les dépens exposés par elle contre le syndic

« étaient moins favorisés que la créance de dépens de
« tout autre créancier ;

« Que, sans doute, dans une action ordinaire, la fail-
« lite peut avoir à se reprocher d'avoir combattu à tort
« la demande du tiers, alors que, dans la demande en
« séparation de biens, tout acquiescement est impossible
« et inefficace ;

« Que le caractère de l'action non susceptible d'ac-
« quiescement n'enlève pas à la condamnation du défen-
« deur ses effets ordinaires, et que, dans des affaires de
« cette nature, il serait mal venu à soutenir qu'il s'en est
« rapporté à droit, que l'acquiescement lui est interdit
« et qu'en conséquence, il doit être exempt de tous
« dépens ;

« Considérant que vainement, en reconnaissant la
« double qualité du syndic, on a voulu, dans quelques
« décisions, faire une sorte de ventilation des dépens, le
« syndic devant les uns comme représentant du mari les
« autres comme mandataire de la masse des créanciers ;

« Que cette division est impossible et cette ventilation
« inadmissible ;

« Qu'il ne s'agit pas, en effet, d'un intérêt pécuniaire
« divisible, le mari défendeur et la masse succombant
« chacun pour une quote part ;

« Que l'objet de l'action, la séparation de biens, est
« indivisible ; que l'un et l'autre défendeur succombe
« pour le tout, sans division, sans proportion possible ;

« Considérant que la jurisprudence antérieure du tri-
« bunal doit donc être maintenue ; que la modification
« proposée n'aurait d'autre effet que de sacrifier aux
« intérêts de la masse les droits de la femme du failli,
« droits que la loi a voulu sauvegarder, et de créer à la
« femme demanderesse contre le failli une situation
« moins favorable que celle de tout créancier obtenant
« un jugement contre les syndics ;

« Par ces motifs...., condamne solidairement B..., et
« le syndic de sa faillite à payer à l'administration de
« l'enregistrement les dépens exposés par la femme ; dit
« que le syndic est autorisé à employer en frais de syndi-
« cat, tant les dits dépens que ceux par lui exposés. »

410. — Voici les motifs de l'un des trois arrêts de
cassation visés (Sirey, 1896, 1, 37):

« Attendu que l'instance en séparation de biens formée
« par la dame Brousset a été suivie par elle conjointement
« contre son mari le sieur Brousset et contre le syndic
« de la faillite de ce dernier ; que, dès lors, chacun des
« deux défendeurs doit être condamné aux dépens, en ce
« qui le concerne, sans que les dépens dus par le mari
« puissent être mis à la charge de la masse, sans venir à
« contribution ;

« Attendu que si la séparation de biens est indivisible,
« les défendeurs avaient des intérêts distincts et que
« rien ne s'oppose à ce que les dépens soient divisés ;

« Attendu, d'autre part, qu'il n'y a entre les défendeurs
« aucune solidarité soit légale, soit conventionnelle, et
« qu'il n'est allégué contre eux aucune faute commune
« dont chacun d'eux serait responsable pour le tout.... »

411. — On rapportera, en dernier lieu, un autre jugement de Châteauroux du 4 février 1896, qui admet, tout
en le discutant, le système de division de la Cour de
cassation, mais pratique d'autre façon cette division.

« En ce qui concerne les dépens, considérant que la
« femme G..., conclut que, conformément à la jurispru-
« dence ancienne, consacrée encore récemment, du tri-
« bunal, les deux défendeurs, le sieur G..., et le liqui-
« dateur judiciaire soient condamnés solidairement aux
« dépens ;

« Que le liquidateur judiciaire invoquant deux déci-
« sions récentes de la Cour de cassation, demande, au

« contraire, que le tribunal repousse le principe de la
« condamnation solidaire ;

« Considérant que le principe sur lequel se fondent les
« arrêts invoqués, est que, si l'objet de l'instance est
« indivisible, il en est autrement des dépens ;

« Qu'assurément cette affirmation est incontestable et
« qu'elle doit être la base de toute décision en la matière;
« mais que si l'on est conduit, en suivant la théorie des
« dits arrêts, à rejeter le principe de la solidarité, la
« difficulté consistera précisément à fixer les bases de
« la division des dépens, alors qu'il est reconnu que
« l'intérêt en litige est indivisible; que c'est pour ce
« motif qu'en présence de la difficulté, sinon de l'impossi-
« bilité, de fixer ces bases, l'une des décisions soumises
« à la Cour de cassation avait partagé les dépens par
« moitié ; qu'on ne saurait se dissimuler que cette
« détermination a un caractère essentiellement arbi-
« traire ;

« Considérant qu'il apparaît cependant que sur le ter-
« rein de la divisibilité, il serait possible d'établir sur
« une autre base la division des dépens ;

« Qu'il a été établi dans les décisions antérieures du
« tribunal que l'action en séparation de biens a un carac-
« tère mixte ; que, si le failli doit y être appelé, parce
« qu'elle touche à l'exercice de ses droits dans l'asso-
« ciation conjugale, elle atteint surtout les intérêts pécu-
« niaires des époux et de la faillite; qu'elle a pour but de
« modifier les conventions pécuniaires des époux; qu'elle
« est le préliminaire de l'action de la femme en paiement
« de ses reprises et va rendre exigible la créance résul-
« tant pour elle de son contrat de mariage ; qu'enfin
« elle aura pour conséquence une condamnation aux
« dépens ;

« Qu'il est donc incontestable que si, au point de vue
« strict de la procédure, le mari et le syndic sont deux

« défendeurs à titre égal, le syndic est cependant, en fait,
« le principal contradicteur ; que le plus souvent le mari
« ne constitue pas avoué ; que, s'il est représenté, il l'est
« pour la forme par l'avoué du syndic, dans le seul but
« d'éviter des frais de signification, ou de défaut profit
« joint ;

« Qu'il est donc exact de dire que l'action de la femme
« est surtout dirigée contre le syndic ou le liquidateur
« judiciaire ; que c'est contre lui que sont faits les frais
« qu'elle expose ; qu'on ne doit donc faire supporter au
« mari que les seuls frais que sa présence motive, c'est-
« à-dire en fait, et dans une instance sans contradiction
« réelle, telle que l'instance actuelle, le coût de la copie
« de l'exploit introductif d'instance qui lui est remise ;

« Par ces motifs..., condamne le sieur B..., en qualité
« de liquidateur judiciaire, aux dépens envers la femme
« G..., à l'exception du coût de la copie de l'exploit intro-
« ductif d'instance remise à G... ; condamne G..., au
« paiement du dit coût ; dit que le liquidateur est
« autorisé.... etc. »

SERMENT JUDICIAIRE

I. — Serment décisoire

412. — Les articles 1358 et suivants du Code civil règlent ce qui concerne le serment judiciaire.

Une observation importante doit se placer ici relativement au serment décisoire ; elle a souvent lieu d'être faite par le président au cours des procédures ; c'est que le serment décisoire peut être déféré en tout état de cause, mais ne peut jamais l'être à titre subsidiaire.

Le principe même du serment décisoire s'y oppose. Le déférer à titre subsidiaire, c'est demander au tribunal d'examiner d'abord les moyens invoqués et d'apprécier si la demande est ou non établie ; par exemple, le demandeur assigne en paiement d'une somme ; le défendeur prétend ne pas la devoir ; le demandeur lui défère le serment, c'est-à-dire que le défendeur, en jurant qu'il ne doit rien, aura gain de cause. Si le tribunal juge d'abord les moyens invoqués, ou bien il appréciera que le demandeur ne fait pas de preuve et le déboutera ; alors le serment est inutile, il ne pourrait être que supplétoire ; ou bien il décidera que la demande est établie, et alors il est évident que le serment n'a plus d'objet.

En un mot, la délation de serment écarte tous les moyens ; le tribunal n'a plus à les examiner ; il n'a qu'à admettre ou rejeter la délation de serment. Elle ne peut donc être un moyen subsidiaire.

418. — Le tribunal a à examiner les termes du serment ; il faut que les termes en soient clairs et catégoriques.

Le jugement n'a qu'à énoncer la demande, à faire mention de la délation de serment, à dire que le fait à affirmer est pertinent ; il ordonne, en conséquence, que le serment sera prêté à telle date et il réserve les dépens.

Il est bon de ne pas faire prêter de suite le serment. Dans la chaleur des débats, la partie ne peut reculer en présence de l'adversaire. Il faut fixer un certain délai pendant lequel elle a le temps de se calmer et de réfléchir à la gravité du serment. Il est rare d'ailleurs, il faut le reconnaître, qu'il ne soit pas prêté.

Par le jugement suivant, le tribunal donne acte du serment prêté et, en conséquence, donne gain de cause à la partie qui l'a prêté et statue sur les dépens.

II. — Serment supplétoire

414. — Tout autre étant le serment supplétoire, tout autres sont les règles qui le régissent. La loi (art. 1366 et suivants) suppose, en effet, que la demande n'est pas pleinement justifiée et qu'elle n'est pas cependant dénuée totalement de preuves. L'affaire doit donc être examinée à fond et le tribunal apprécie s'il doit ajouter le serment supplétoire, comme dernier élément de preuve.

Aussi le jugement doit-il contenir une sorte de décision conditionnelle ; par exemple, il condamne le défendeur à payer la somme réclamée, mais à charge d'affirmer par serment, à l'audience du...., que... ; le jugement statue aussi sur les dépens.

Un jugement ultérieur, qui n'est qu'une sorte de procès-verbal, donne acte du serment prêté.

Si le serment n'était pas prêté, le premier jugement tomberait par la constatation du refus de prêter le serment.

III. — Procédure

415. — Les articles 120 et 121 (Proc. civ.) sont relatifs à la prestation du serment judiciaire et au lieu où il peut être prêté, en cas d'empêchement légitime. L'article 1035 s'y réfère expressément.

STATISTIQUE CIVILE

416. — Chaque année, le compte rendu de la justice civile est rédigé sur les imprimés remis à cet effet. Cette statistique est dressée au greffe.

A la dernière page, se trouvent deux colonnes destinées aux observations, l'une du président, l'autre du procureur de la République. Ce sont surtout des observations comparatives avec les années précédentes. Cette statistique doit être adressée à la Cour avant le 15 avril de chaque année.

SUCCESSIONS

I. — Article 770 du Code civil : formalités de publicité

417. — La matière des successions fournit surtout l'occasion d'examiner des questions de droit civil et des questions de fait. Cependant quelques dispositions peuvent intéresser au point de vue de la forme et de la pratique quotidienne.

L'article 770 du Code civil est relatif à l'envoi en possession demandé par les successeurs irréguliers. Le jugement qui ordonne les mesures de publicité préalable est rendu sur requête, après conclusions du ministère public et en chambre du conseil.

418. — D'après l'article 770, le jugement doit ordonner « trois publications et affiches dans les formes usi- « tées. »

Voici, à ce sujet, comment s'exprime une circulaire ministérielle du 1ᵉʳ juillet 1893 : « Les trois publications « ont lieu par voie d'insertion dans un journal d'annon- « ces judiciaires de l'arrondissement ou du département. « L'apposition des affiches est faite selon le mode usité « pour les affiches dont l'apposition est prescrite par la « loi civile ou par le Code de procédure civile. A ces for- « malités de publicité imposées aux successeurs irrégu- « liers, l'instruction des 23 janvier 20 février 1806 en a « ajouté une autre à l'égard de l'Administration des « domaines. Un extrait du jugement donnant acte à

« cette administration de sa demande d'envoi en posses-
« sion doit être inséré au *Journal Officiel*. »

La circulaire précise donc bien. A l'égard de tous successeurs irréguliers autres que l'Etat, le jugement prescrit trois insertions dans un journal local et trois affiches aux lieux qu'il détermine. Si la requête est
présentée par l'administration des domaines, il prescrira
en outre l'insertion au *Journal Officiel*. La circulaire
insiste, au § 5, pour que cette dernière formalité ne soit
appliquée qu'au regard de l'Etat (*Bulletin du minist.*,
1893. p. 147 et 148).

En ce qui concerne les affiches, Chauveau et Glandaz
disent (formule n° 958), que si l'importance de la succession l'exige, le tribunal peut prescrire l'affiche dans tous
les lieux énoncés à l'article 699 (Proc. civ.).

II. — Vente de meubles sans prendre qualité

419. — L'article 796 du Code civil porte que, s'il existe
dans la succession des objets susceptibles de dépérir ou
dispendieux à conserver, l'héritier peut, sans prendre
qualité, se faire autoriser à les vendre dans les formes
légales, aux enchères et après affiches et publications.

Aux termes de l'article 986 (Proc. civ.), requête est, à
cet effet, présentée au président du tribunal civil dans
le ressort duquel la succession est ouverte. Il indique
l'officier public chargé de la vente.

Il est rare que cette requête soit répondue dans un
sens négatif. On pourrait cependant élever objection de
ce que les délais pour faire inventaire et délibérer
seraient expirés.

Souvent on demande en même temps au président
d'autoriser à procéder à la vente sur les lieux où se trou-

vent les effets (voir sur la *saisie-exécution*, ce qui a trait à l'article 617, n° 365). Il sera utile d'ordonner l'appel de toutes parties intéressées.

III. — Vente d'immeubles dépendant de succession bénéficiaire

420. — L'article 806 du Code civil se réfère à la vente de ces immeubles. Suivant l'article 987 (Proc. civ.) l'héritier présente, à cet effet, requête au président du tribunal civil de l'ouverture de la succession ; communication au ministère public ; rapport d'un juge. Le jugement est le plus généralement rendu en chambre du conseil ; mais cette question est controversée (voir Chauveau et Glandaz, sous la formule 1009).

IV. — Vente de meubles dépendant de succession bénéficiaire

421. — L'article 805 du Code civil porte que l'héritier ne peut vendre les meubles de la succession que par le ministère d'un officier public, aux enchères, et après les affiches et publications accoutumées. De ces termes de l'article 805 on a tiré la conséquence que l'héritier bénéficiaire n'était pas astreint à demander l'autorisation au président du tribunal. Telle est l'opinion de Chauveau et Glandaz (remarque à la suite de la formule 962 et en tête de la formule 1008). Bertin (ordonn. sur req., n°° 103 et suivants) développe l'opinion contraire. L'opinion la plus rationnelle est peut-être celle de de Belleyme (t. 1er page 365), qui reconnaît que la loi n'exige pas l'autorisation, mais estime que c'est avec raison que l'usage est de demander l'autorisation qui couvre ainsi l'acte de l'héritier bénéficiaire. Il n'est pas douteux qu'en présence des conséquences de l'acceptation pure et simple, et tant

que le législateur n'aura pas établi le principe que toute
acceptation est de droit faite sous bénéfice d'inventaire
et demeure telle, l'héritier bénéficiaire devra se montrer
d'une extrême circonspection.

V. — Administrateur ou curateur au bénéfice d'inventaire ?

422. — Cette matière de la succession bénéficiaire a
encore soulevé une question qui offre un intérêt de pratique, et dont l'examen doit trouver place ici.

Un héritier bénéficiaire présente requête pour exposer
que, ne se trouvant pas sur le lieu de l'ouverture de la
succession, il ne peut administrer ; il demande au tribunal la nomination d'un curateur au bénéfice d'inventaire.
Le tribunal ne doit-il pas plutôt désigner un administrateur provisoire avec pouvoirs définis. Voici les raisons
qui militent en faveur de cette seconde opinion.

L'article 996 (Proc. civ.) contient l'institution du curateur au bénéfice d'inventaire ; mais il ne vise que le cas
où l'héritier bénéficiaire a une action à intenter contre la
succession. Il l'intente alors contre les autres héritiers,
et, s'il n'y en a pas, ou si elle est intentée par tous,
l'action est dirigée contre un curateur au bénéfice d'inventaire. Cette espèce est évidemment différente de celle
dont il s'agit : l'analogie n'est que lointaine.

C'est donc avec raison que la jurisprudence reconnaît
aux tribunaux le droit de désigner un administrateur
judiciaire ; c'est en vertu du principe général posé au
mot *puissance paternelle* (n° 302), que, dans tous les cas
analogues, il y a lieu à nomination d'un administrateur
judiciaire.

Dans une espèce, l'un des héritiers habitait le Chili ;
l'administration commune était impossible. La Cour,
réformant, désigne l'un des héritiers comme adminis-

trateur provisoire ; elle établit le droit, pour les tribunaux, de prendre toute mesure provisoire, notamment
par analogie avec les articles 112 et 131 du Code civil,
au cas d'absence (Caen, 22 février 1879. Sirey, 1880, 2,
237).

Dans une autre espèce, l'héritier bénéficiaire était
mineur ; la tutrice avait des intérêts opposés à ceux de
la succession, et enfin elle avait fait, au nom de l'héritier, abandon de biens, conformément à l'article 812 du
Code civil ; le mineur se trouvait désintéressé. C'est un
créancier qui provoque la nomination d'un administrateur. La Cour établit que, si l'administration appartient,
en principe, à l'héritier, les tribunaux peuvent, à titre
d'exception, la confier à un tiers, lorsqu'ils reconnais-
sent que cette mesure est exigée par l'intérêt des parties
et l'impossibilité d'agir suivant le mode ordinaire (Douai,
13 août 1855 ; Sirey, 1856, 2, 342).

On peut encore consulter un arrêt de Metz du 13 juillet 1865 (Sirey, 1866, 2, 29). L'arrêtiste fait remarquer
qu'au surplus, l'administrateur n'a que les droits qui lui
sont expressément conférés.

Demolombe n'admet pas que les tribunaux aient le
droit de dépouiller l'héritier bénéficiaire du droit d'administrer que lui donne l'article 803 (Success., t. 3e,
n° 226). Il paraît cependant admettre (n° 239), qu'au cas
de fraude ou de faute grave de l'héritier, les créanciers
auraient le droit de provoquer cette mesure. Cette concession porte une atteinte grave au principe lui-même ;
car tout le monde reconnaît que ce ne peut être qu'une
mesure exceptionnelle.

MM. Aubry et Rau paraissent partager l'opinion de
Demolombe (t. 6, page 450, § 618).

423. — La nomination de l'administrateur devrait
être demandée par requête présentée au tribunal par

l'héritier. S'il y a plusieurs héritiers, ils présentent une requête collective. Si l'un d'eux était contraire à cette mesure, il semble qu'alors il faudrait procéder par assignation à son égard.

424. — L'article 944 (Proc. civ.) suppose qu'il s'agit de mesures urgentes, telles que la gestion d'un fonds de commerce : on agit alors en référé. Dans l'espèce dont on vient de parler, l'urgence apparaît moins, et ce n'est pas un pouvoir limité, mais un droit d'administration s'étendant à toute la succession (voir au mot *scellés, inventaire*, n° 406).

VI. — Succession vacante

425. — Les articles 811 et suivants du Code civil, 998 et suivants du Code de procédure contiennent ce qui a trait à la succession vacante, à la nomination et aux pouvoirs du curateur à cette succession.

L'examen des magistrats portera surtout sur les dates, de façon à rechercher si les délais pour faire inventaire et délibérer sont expirés.

426. — On a souvent constaté avec regret que les formalités imposées au curateur absorbaient tout l'actif qui souvent même était insuffisant pour permettre de les remplir. Aussi, lorsque l'actif est presque nul, a-t-on quelquefois inséré dans le jugement la dispense pour le curateur de faire inventaire, en y suppléant par la confection d'un état dressé par lui et certifié par le maire. On peut assurément contester la régularité de cette formule, mais elle a l'avantage de rendre possibles les opérations du curateur et de couvrir sa responsabilité par l'autorité du jugement, alors que tout le monde a intérêt à la restriction, dans la limite du possible, des formalités légales.

VII. — Du partage par attribution intéressant des mineurs

427. —Les articles 817 et 840 s'appliquent aux formes du partage où sont intéressés des mineurs. Les formes légales sont obligatoires dans les partages où ils figurent. Ne peut-on pas cependant les faire participer valablement à des partages par attribution ? Cette question est traitée au mot *minorité et tutelle* (nº 257).

VIII. — Vente de meubles au cas de l'article 826

428. — Aux termes de l'article 826 du Code civil, chacun des cohéritiers peut demander sa part en nature des meubles et immeubles de la succession ; néanmoins, s'il y a des créanciers saisissants ou opposants, ou si la majorité des cohéritiers juge la vente nécessaire pour l'acquit des dettes et charges de la succession, les meubles sont vendus publiquement en la forme ordinaire.

Dans la formule nº 963, Chauveau et Glandaz ajoutent un troisième cas, c'est celui où les héritiers ne s'entendent pas sur le partage en nature. Il est certain qu'on peut admettre cette extension de l'article 826 ; car les héritiers se trouveraient en présence d'une situation dont ils ne pourraient sortir (Adde de Belleyme, t. 1er, page 366; Bertin, *ord. sur req.*, nº 1042).

Les articles 945 et suivants (Proc. civ.), règlent la procédure. L'autorisation est accordée sur requête par le président qui désigne l'officier public chargé de la vente.

L'article 947 prévoit également, ainsi qu'on l'a dit au cas de la vente prévue par l'article 796, l'appel en cause de certaines parties ; en principe, tous les intéressés doivent être appelés.

L'article 948 appelle le président à statuer en référé sur les difficultés qui pourront s'élever.

429. — En ce qui concerne le calcul de la majorité des héritiers, les uns comptent par tête, les autres, par la quotité des lots (Dalloz, art. 826, n° 4 ; Rép. v° successions, n° 1689 ; Demolombe, success., t. 3°, n° 650). La question est délicate : il semble cependant que le texte suppose plutôt qu'on compte la majorité par tête ; on est toutefois d'accord pour ne compter les héritiers qui viennent par représentation que pour une tête.

Demolombe fait aussi remarquer que la vente ne peut être demandée par la majorité, que s'il y a nécessité d'y procéder pour payer les dettes.

IX. — Si l'article 826 est applicable au partage de la communauté

430. — La disposition de l'article 826 est-elle applicable au cas de partage d'une communauté ? Les héritiers du mari peuvent-ils demander la vente à l'encontre de la femme ?

Pour soutenir la négative, on a invoqué d'abord la disposition de l'article 1474 du Code civil qui pose le principe du partage en nature. On peut répondre que le principe général est aussi posé par l'article 826 ; mais, que l'article 1476, en renvoyant pour le partage de la communauté, aux règles du partage de succession, a implicitement visé la seconde partie de l'article 826.

On a dit aussi que l'article 826 serait applicable au cas où il se trouve des créanciers saisissants ou opposants ; qu'il ne le serait pas au cas où il s'agit du paiement des dettes, parce qu'alors, la femme représentant la moitié, les héritiers ne feraient pas la majorité. C'est exact, si l'on n'admet pas le mode de compter la majorité par tête ; mais c'est en même temps reconnaître en principe que l'article 826 est applicable au partage de la communauté, ce qui paraît l'opinion la plus exacte.

Consulter sur cette question Dalloz, sur l'article 1476, n°⁸ 20 et 21 ; Dall., Rép. v° *contrat de mariage*, n° 2313 ; Chauveau et Glandaz, sur la formule 963, note 1ʳᵉ, *in fine*.

X. — Baisse de mise à prix et homologation de liquidation sur requête

431. — On controverse la question de savoir si, en matière de licitation, lorsqu'il s'agit de demander une baisse de mise à prix, on doit procéder par conclusions à l'audience et jugement en audience publique, ou par requête et jugement en chambre de conseil. Cette dernière opinion paraît plus conforme aux textes, l'article 973 (proc. civ.) renvoyant expressément à l'article 963 ; cette procédure entraîne aussi moins de frais. En ce sens Boucher d'Argis, v° *licitation*, n° 18 ; en sens contraire Chauveau et Glandaz, formule 975 : Carré et Chauveau, proc. civ., sur l'art. 973, tome 5, 2ᵉ partie, pages 1542 et 1543.

Dans certains tribunaux, lorsque l'homologation d'une liquidation n'est pas contestée, elle est demandée par requête présentée par toutes les parties ; le jugement est rendu en audience publique ; suivant Chauveau et Glandaz, il est rendu en chambre du conseil (formule 990). Ce mode de procéder est également économique.

XI. — Désignation de l'expert chargé de la prisée

432. — S'il y a désaccord entre les parties pour le choix de l'expert chargé de la prisée, lors de l'inventaire, c'est le président qui, en référé, fait la désignation (art. 935, proc. civ.). Suivant Chauveau et Glandaz (formule 943, note 5), le juge des référés ne peut confier ce mandat qu'à un huissier ou au greffier de la justice de paix. Bonnier (proc. civ. n° 1554) ne paraît pas admettre cette restriction : « Il est fait choix dit-il, par les inté-« ressés, et, en cas de désaccord, par le président du « tribunal, d'un ou de deux notaires, et d'un ou de deux « experts pour procéder à l'inventaire, au fur et à « mesure de la levée des scellés. » C'est un référé sur procès-verbal.

XII. — Compétence pour taxer les honoraires du séquestre judiciaire

433. — Quelle est la juridiction qui a qualité pour fixer les honoraires d'un séquestre judiciaire ?

En un sens, on peut dire qu'il s'agit d'une sorte de taxe de frais de justice, analogues à ceux des gardiens de saisies; qu'ainsi la taxe serait faite par le juge taxateur; que l'opinion qui admet le tribunal comme compétent et statuant sur requête du séquestre, se trouve tomber un peu dans l'arbitraire, lorsqu'il s'agit de déterminer quels seraient les modes de recours contre cette décision.

Il semble cependant que l'opinion contraire domine. D'abord il ne s'agit pas proprement d'appliquer un article du tarif. En outre, les frais sont souvent fort considérables; il s'agit d'une pure appréciation de fait qui a le caractère d'une véritable décision, et il est naturel que le juge taxateur décline sa compétence. Même en droit, on peut dire qu'il ne s'agit pas de taxe proprement dit, mais de salaire de mandataire à déterminer : peu importe que le mandat émane de la justice. Quant au mode de recours, il semble que par analogie avec la taxe, et par la force même des choses, il pourrait y

avoir opposition contradictoire devant le tribunal, la
decision première n'étant pas contradictoire; et, suivant
le chiffre, appel de ce second jugement devant la Cour.

XIII. --- Rôle du juge commissaire à une vente judiciaire

434. — Il reste, sur ces matières, à dire quelques
mots du rôle de juge commissaire à une vente judiciaire.

Suivant une certaine théorie, il aurait une sorte de
délégation du tribunal et pourrait, comme lui, rendre de
véritables décisions.

Cette opinion e t certainement erronée. Il y a délégation du tribunal, mais délégation limitée à l'exécution
de la vente. Sa fonction est analogue à celle du notaire
commis. Il a charge de faire exécuter le jugement qui
ordonne la vente. Il peut donc repousser une demande
de sursis : il ne pourrait pas l'admettre, ni modifier le
cahier des charges, par exemple, abaisser la mise à
prix. Il ne peut que donner acte des diverses déclarations. Il peut se conformer à une décision qui serait
unanime et consentie par des parties majeures et capables. S'il y avait lieu, il pourrait renvoyer séance
tenante, devant le tribunal.

XIV. — Minimum d'enchères

435. — Dans certains tribunaux, le juge commissaire,
au début de chaque adjudication, fixe un minimum
d'enchères. C'est irrégulier : il ne le peut pas plus que
le tribunal. C'est une sorte d'atteinte portée à la liberté
des enchères. Tout au plus pourrait-on prendre le consentement de toutes les parties, si elles sont capables.
Cette fixation est toutefois utile, ayant pour objet d'empêcher la lenteur excessive des enchères, à raison de

mises à prix insignifiantes. Le seul moyen de procéder régulièrement serait de faire cette fixation au cahier des charges.

Voir aussi au mot *audience civile*.

TAXES

436. — On renvoie au mot *audience civile* (n° 117) l'examen des questions relatives à l'opposition à la taxe des dépens.

On ne traite pas de la taxe des avoués, notaires ou huissiers, parce que ce sont des matières très spéciales et que ces questions ne peuvent trouver place dans ces notes sommaires.

Il faut ajouter que, le plus souvent, si le président s'intéresse aux questions de taxe, et doit intervenir, lorsqu'il se soulève quelque question importante, il abandonne, avec raison, cette partie du travail judiciaire aux juges, et plus spécialement, si c'est possible, aux jeunes juges, qui y trouvent une occasion de pénétrer dans les détails de la procédure.

TESTAMENT

I. — Ouverture du testament olographe ou mystique

§ 1er. — **Compétence. — 437.** — L'article 1007 du Code civil prescrit que tout testament olographe sera, avant d'être mis à exécution, présenté au président du tribunal civil de l'arrondissement dans lequel la succession est ouverte. Le testament sera ouvert, s'il est cacheté. Le président dressera procès-verbal de la présentation, de l'ouverture et de l'état du testament dont il ordonnera le dépôt entre les mains du notaire par lui commis.

438 — On le voit, la loi attribue compétence, et compétence exclusive au président de l'arrondissement où la succession est ouverte. En fait, il arrive quelquefois que l'ouverture et la description sont faites par le président d'un autre tribunal. D'ordinaire cette dérogation est motivée par l'éloignement et la difficulté de transmettre le testament au magistrat compétent. On paraît d'accord pour décider que les formalités édictées par l'article 1007 ne sont pas prescrites à peine de nullité, et, en effet, cette opinion est fondée. Toutefois il ne faut pas perdre de vue les dispositions de la loi et on doit s'y conformer, à moins qu'une réunion de circonstances telles que l'éloignement considérable et le peu d'importance de la succession ne constituent, en quelque sorte, un état de force majeure qui autorise cette méconnaissance de la loi. Car enfin la loi est formelle, et la question de nullité est discutée.

§ 2. — Justification du décès. — 439. — Souvent on s'est préoccupé de savoir si et dans quelle forme devait se faire la justification du décès. L'article 1007 étant muet à cet égard, voici quelle est la pratique la plus ordinaire et qui paraît devoir être suivie sans inconvénient. Si le testament est apporté par un notaire, sa qualité est une présomption qu'il s'est assuré du décès et le magistrat n'exige pas de lui d'autres justifications que sa déclaration. Encore sera-t-il utile que le magistrat l'interroge sur ce point de façon à surseoir à l'ouverture en cas de doute.

Si, au contraire, le testament est présenté par un simple particulier, le président devra exiger qu'il produise un extrait de l'acte de décès. Il est arrivé que, même au regard d'un notaire, on a dû procéder ainsi, par exemple, au cas de décès d'un militaire ou d'une personne se trouvant dans un pays éloigné, décès dont la nouvelle n'est parvenue que par dépêches ou par des lettres privées dont la sincérité n'est pas hors de doute.

§ 3. — Procès-verbal : description. — 440. — L'article 1007 ne s'explique pas davantage sur le détail de l'opération confiée au magistrat.

Il doit d'abord constater la présentation qui lui est faite : cette partie du procès-verbal est signée par la personne qui a fait la présentation.

Il ouvre ensuite, s'il y a lieu, le paquet qui lui est remis.

Il est incontestable qu'il n'a pas à apprécier les imperfections du testament, si caractérisées soient-elles. Il faut cependant que l'écrit soit un testament, c'est-à-dire un acte de dernière volonté. S'il s'agissait d'un papier insignifiant, le président aurait à apprécier en quelles mains il doit en ordonner la remise.

441. — Quant à la description même du testament, elle doit être aussi complète que possible : indication du nombre de lignes que contient chaque page, des renvois, interlignes et ratures, des blancs et de tout ce qui n'est pas l'écriture normale de l'acte de disposition. On doit faire mention de la date et de la signature. La même description doit s'appliquer à l'enveloppe et à toutes les annexes du testament.

Relativement au testament lui-même, la pratique est variable. Une chose essentielle est d'abord la mention *ne varietur*, avec la date de la description et la signature du président. Chaque pièce, enveloppe ou autre, doit aussi être signée *ne varietur*. On procède diversement en ce qui concerne le surplus de ce qui doit être fait sur le testament et les pièces jointes. Dans certains tribunaux, on bâtonne les blancs et on entoure d'une ligne d'encre tous les contours de l'œuvre écrite, de façon qu'un mot ne puisse y être intercalé ou ajouté. Dans d'autres, on se borne à la signature et date *ne varietur*. Ce dernier mode de procéder paraît préférable. Il est possible que l'écriture du testament soit contestée, et alors, ces divers bâtonnages ou raies contournantes peuvent changer un peu l'aspect général de l'œuvre du testateur ; il peut lui-même avoir bâtonné quelques blancs : on ne pourra plus reconnaître son œuvre. Comment d'ailleurs craindre des altérations, alors que le testament ne sort de la main du magistrat que pour entrer dans le dépôt et sous la garde du notaire ! Enfin on peut ajouter que la loi ne prescrit rien de tel.

§ 4. — Dépôt. — 442. — La description terminée, le président ordonne le dépôt du testament en l'étude d'un notaire. S'il est présenté par un notaire, le choix du président se trouve dicté par la volonté de la personne, testateur ou bénéficiaire, qui a confié l'acte au notaire. Si c'est un particulier qui a fait la présentation, le magistrat recherchera toutes circonstances qui seront de nature à fixer son choix.

443. — Si c'est le notaire qui a présenté le testament, qui en reçoit le dépôt, et s'il est présent, le procès-verbal constate qu'il reconnaît l'avoir reçu, et alors il signe le procès-verbal. Sinon le testament reste aux mains du greffier qui le remettra lui-même au notaire chargé du dépôt ; le greffier figurera alors à l'acte de dépôt dressé par le notaire.

§ 5. — **Testament mystique. — 444**. — L'article 1007 prescrit les mêmes formalités en ce qui concerne le testament mystique ; mais, en outre, l'ouverture ne pourra se faire qu'en présence de ceux des notaires et des témoins, signataires de l'acte de suscription qui se trouvent sur les lieux, ou eux appelés.

II. — Envoi en possession

§ 1er. — **Compétence. — 445**. — Article 1008. — Dans le cas de l'article 1006, c'est-à-dire lorsque le testateur n'ayant pas laissé d'héritiers à réserve, le légataire universel est saisi de plein droit, ce légataire, si le testament est olographe ou mystique, sera tenu de se faire envoyer en possession par une ordonnance du président, mise au bas d'une requête, à laquelle sera joint l'acte de dépôt du testament.

La compétence est, encore dans ce cas, dévolue au président de l'arrondissement où la succession est ouverte. L'article 1008 est dominé par le principe de compétence posé dans l'article précédent. Elle doit être plus strictement observée, car on ne se trouve plus aux prises avec les difficultés pratiques résultant de l'obligation de transporter le testament.

§ 2. — **Examen du président**. — **446**. — Le magistrat doit rechercher d'abord s'il est compétent.

Deux pièces lui sont présentées : l'acte de notoriété constatant que le défunt n'a pas laissé d'héritiers à réserve, et l'acte de dépôt dressé par le notaire ; à la suite de l'expédition de cet acte, se trouve, comme annexe, l'expédition de la pièce déposée, c'est-à-dire du testament.

L'acte de notoriété permettra au président de constater sa compétence à un second point de vue ; si, en effet, il existait des héritiers à réserve, c'est à eux que l'article 1004 attribue la saisine ; c'est à eux, par conséquent, que le légataire universel devra demander la délivrance, et non au président du tribunal.

Si les héritiers à réserve avaient renoncé, le légataire universel devrait s'adresser au président, conformément à l'article 1008.

447. — L'expédition du testament permettra au magistrat d'apprécier si le requérant a bien reçu un legs universel. On ne peut, sur ce point, que s'en référer aux principes du Code civil sur le caractère du legs universel. Il faudra qu'il y ait réellement vocation éventuelle à la totalité de l'hérédité. S'il y avait doute, il aurait à apprécier si le doute est motivé sur des raisons assez graves pour justifier le rejet de la requête. On peut poser en principe que le simple doute serait insuffisant ; il faudrait prononcer l'envoi en possession, sauf aux intéressés à faire valoir leurs moyens contre la qualité du légataire universel prétendu.

448. — Une difficulté de fait se présente au cas où les légataires universels ne sont pas désignés nominativement ; par exemple, le testateur a institué légataires

universels les enfants du sieur X... son frère; quels sont
ces enfants ? Le magistrat devra se faire justifier de la
qualité des requérants, soit par l'extrait d'un intitulé
d'inventaire, soit par un acte de notoriété ; cet acte
pourra faire partie de l'acte de notoriété relatif à la non
existence d'héritiers à réserve ; on y indiquera, en
outre, la filiation des requérants et leur qualité à
demander l'envoi en possession.

449. — Il est constant que le président n'a pas, en
principe, à se préoccuper des nullités qui peuvent apparaître dans le testament; alors du moins que le débat
n'est pas contradictoire entre le légataire universel et
les héritiers, hypothèse qui fera l'objet d'un examen
ultérieur. Y a-t-il un testament apparent ? Y a-t-il un
légataire universel apparent ? Telles sont les deux seules
questions que devra se poser le magistrat dans cette
partie de son examen, et en l'absence de contradiction

§ 8. — Opposition à envoi en possession. — 450. —
Mais il peut arriver que les héritiers aient l'intention de
demander la nullité du testament et de s'opposer à
l'envoi en possession. Voici quelle est la forme, quels
sont les principes de cette procédure qui se présente
quelquefois.

451. — Les intéressés, dans la prévision d'une
demande d'envoi en possession par le légataire universel
institué, déclarent former opposition à cette demande
éventuelle. L'acte ne peut être signifié au président personnellement; il lui est signifié dans la personne du
greffier qui doit en remettre de suite la copie au président. Il sera bon que, soit le greffier, soit les magistrats
soient avisés de cette opposition, de crainte qu'en
l'absence du président, il ne soit fait droit à la demande
d'envoi en possession au mépris de l'opposition.

452. — Lorsque la requête afin d'envoi en possession est présentée au président, il rend, à la suite de la requête, une ordonnance qui peut être ainsi formulée : « Nous président, vu la requête qui précède : considé- « rant que les sieurs..., se présentant comme héritiers « naturels du sieur X... ont par exploit de l'huissier..., « en date du..., signifié au greffier de ce tribunal, « déclaré former opposition à l'envoi en possession « demandé par le requérant : qu'en l'état, il y a lieu d'ap- « peler préalablement les dits opposants ; disons que « les opposants ci-dessous nommés, savoir les sieurs..., « seront à la diligence du requérant, et par simple som- « mation, appelés devant nous en notre cabinet, au « palais de justice, le..., heure de.... Fait à..., le.... »

La décision qui est rendue entre les intéressés, est alors une véritable décision contradictoire, soumise à l'appel, (Bourges, 4 janvier 1897 : *Gaz. du trib.* du 10 mars 1897).

453. — En ce qui concerne l'appréciation du magis- trat, voici, à titre d'exemples, l'extrait de deux décisions refusant l'envoi en possession. (Châteauroux, 13 juin 1890).

Voici d'abord les motifs principaux de la première :

« Considérant que le président, investi par l'article « 1008 du Code civil, du droit d'envoyer en possession le « légataire universel institué par testament olographe « ou mystique, en l'absence d'héritiers réservataires, « ne peut, ni faire droit à la requête sans examen, ni « trancher les difficultés qui sont soulevées sur la vali- « dité, soit du testament, soit du legs universel ;

« Qu'il doit en premier lieu, rechercher si le testateur « ne laisse pas d'héritiers à réserve et si le testament « a été régulièrement déposé ;

« Qu'il doit vérifier, en second lieu, si le testament a

« l'apparence matérielle et extérieure d'un testament
« régulier :

« Qu'il doit, en troisième lieu, rechercher si, dans ses
« termes matériels, il paraît contenir un legs universel ;

« Que si ces conditions extérieures lui paraissent
« remplies, il doit faire droit à la requête, les parties
« intéressées conservant tout droit de contester devant
« les tribunaux la validité du testament, soit en la
« forme, soit au fond ;

« Que, si elles lui paraissent faire défaut, il doit refu-
« ser l'envoi en possession, le légataire universel pré-
« tendu conservant de même son droit de faire établir
« la régularité du testament et l'existence du legs univer-
« sel à son profit, malgré le refus d'envoi en possession ;

« Considérant que si le testament olographe déposé
« paraît bien contenir un legs universel au profit de la
« demoiselle D..., il est constant que ledit testament est
« écrit sur une feuille de papier timbré partagée en deux
« fragments, à la suite d'une section latérale ; que sur la
« première partie, se trouve le corps du testament lui-
« même et une partie de la date ; tandis que la seconde
« comprend seulement la suite de la date et la signature du
« testateur ;

« Que de cette constatation il résulte que le testament
« présente, au point de vue matériel, une défectuosité
« consistant en ce qu'une partie de la date et la signa-
« ture sont séparées du corps du testament ;

« Que si la demoiselle D..., conserve tout droit de faire
« établir la validité du testament et du legs universel
« cette particularité matérielle n'en constitue pas moins
« une circonstance de nature à faire obstacle à l'envoi en
« possession sollicitée ;

« Par ces motifs, disons qu'il n'y a pas lieu, quant à
« présent, à envoi en possession, tous droits et moyens
« respectivement réservés. »

454. — Dans la seconde espèce, le testateur avait omis le mot *institué*; il avait dit : « Je soussigné..... pour « mon héritier universel, mon petit neveu, X... »

Voir aussi l'arrêt de Bourges précité du 4 janvier 1897.

Il a été dit que les intéressés ont alors le droit d'interjeter appel devant la Cour. Si l'ordonnance a été rendue sans que les intéressés aient fait opposition et y aient été parties, ils auraient, semble-t-il, le droit d'y former opposition Cassation, 3 avril 1895; Sirey, 1895, 1, 221). Cette matière est d'ailleurs très controversée et il y aura lieu de se reporter au mot *recours contre les ordonnances* (n°ˢ 309 à 313).

§ 4. — De l'héritier à réserve institué légataire universel. — 455. — Lorsque c'est un héritier à réserve qui est institué légataire universel, est-il tenu de demander au président l'envoi en possession ?

En fait, et le plus souvent, il le demande. Est-il tenu de le faire ? Et s'il n'y est pas tenu, le président est-il obligé d'ordonner un envoi en possession qui n'a pas de raison d'être ?

Aux termes de l'article 1004, les héritiers réservataires sont saisis de plein droit de tous les biens de la succession et le légataire universel est tenu de leur demander la délivrance. C'est avec raison qu'on a distingué deux choses, la saisine de droit et la saisine de fait, ou autrement, la propriété des biens et l'exercice de ce droit de propriété.

Dans l'hypothèse de l'article 1004, cette double saisine appartient à l'héritier réservataire; par la délivrance, il la transmet au légataire universel pour les biens compris dans le legs.

Suivant l'article 1006, s'il n'y a pas d'héritiers à réserve, le légataire universel est saisi de plein droit par la mort du testateur, sans être tenu, en principe, de demander la délivrance. Il a donc encore la double saisine de droit et de fait.

Vient ensuite l'exception de l'article 1008 ; si le testament est olographe ou mystique, il est tenu de demander l'envoi en possession au président. Remarquons la portée de cette disposition : le légataire universel, même dans ce cas, a la saisine de droit ; il est investi du droit de propriété ; mais le testament n'offrant pas les garanties du testament authentique, la loi ne lui donne pas de plein droit la jouissance, la *possession*, la saisine de fait ; le président du tribunal vérifiera l'apparence matérielle du titre et lui conférera cette possession, il l'enverra en possession.

Si telle est la théorie du Code sur la matière, il est évident que l'héritier réservataire institué légataire universel n'a pas à recourir à l'ordonnance d'envoi en possession, puisque, par l'article 1004, il est investi de plein droit de la saisine totale, propriété et possession. Ainsi a jugé un arrêt de cassation du 25 mars 1889 ; (chemin de fer P. L. M. c. Fromentin.)

Pour insister dans l'obtention de l'ordonnance, on a donné deux motifs. D'abord l'héritier réservataire renonçant est censé non existant, et il y a lieu, dans ce cas, à l'application de l'article 1008 ; or, dit-on, en se présentant comme légataire universel, l'héritier renonce implicitement à sa qualité de réservataire.

A quoi on peut répondre qu'il s'agit là d'une pure subtilité de droit. Il est saisi de plein droit ; donc il n'a pas à demander l'envoi en possession. Il ne renonce pas réellement, puisqu'il recueille ; seulement il le fait à un double titre.

On a dit, en second lieu, que ce qui abonde ne vicie pas, ce qui est exact ; mais la mesure sollicitée étant absolument sans intérêt, on ne voit pas pourquoi le magistrat ne pourrait pas baser son refus sur le défaut d'intérêt

TITRES AU PORTEUR: PERTE

456. — La loi du 15 juillet 1872 règle les formalités à observer par le propriétaire de titres de cette nature qui les a perdus.

L'article 2 prescrit une notification à l'établissement débiteur; notification qui contiendra toutes les indications utiles sur l'identité des titres, leur acquisition et leur perte; l'acte contiendra, en outre, élection de domicile dans la commune ou siège l'établissement, et opposition au paiement du capital et des intérêts ou dividendes.

L'article 3 porte que, lorsqu'il se sera écoulé une année depuis l'opposition, sans qu'elle ait été contredite, et que deux termes au moins d'intérêts ou de dividendes auront été mis en distribution, l'opposant pourra se pourvoir auprès du président du tribunal civil du lieu de son domicile, afin d'obtenir l'autorisation de toucher les intérêts ou dividendes échus ou à échoir, au fur et à mesure de leur exigibilité, et même le capital des titres frappés d'opposition, dans le cas où le dit capital serait ou deviendrait exigible.

L'article 4 parle des garanties que l'opposant doit fournir, avant de toucher les intérêts ou dividendes, notamment la présentation d'une caution.

L'article 5 traite des garanties à fournir pour toucher le capital.

L'article 6 dit qu'il sera statué en référé s'il s'élève des difficultés relativement à la présentation de la caution. Le juge compétent est celui du domicile de l'établissement débiteur.

L'article 7 porte qu'en cas de refus d'autorisation, l'opposant pourra saisir par voie de requête, le tribunal

civil de son domicile, lequel statuera, après avoir entendu
le Ministère public. Le jugement produira le même effet
que l'ordonnance.

Enfin l'article 11 parle de la notification qui devra être
faite au syndicat des agents de change de Paris, pour
prévenir la négociation ou la transmission des titres.

457. — Cet exposé sommaire étant fait, il suffit de
dire que le président aura à apprécier si les formalités
nécessaires ont été remplies ; il vérifiera tout spécialement si le délai de l'article 3 est expiré.

458. — Voici une ordonnance rendue relativement à
des titres d'une compagnie de chemins de fer :

« Nous, président, assisté du greffier ; vu la requête
« qui précède ; vu les originaux de deux exploits du
« ministère de..., huissier à Paris, en date du..., conte-
« nant opposition à la Compagnie de..., et au syndic des
« agents de change près la Bourse de Paris ; la dite oppo-
« sition se référant aux titres dont il est fait mention
« dans la requête ci-dessus ; vu le certificat délivré par
« la Compagnie sus-dite, en date du..., constatant que
« l'opposition n'a pas été contredite, et que, depuis la dite
« opposition, il a été mis en distribution deux semestres
« au moins d'intérêts sur les titres qui en font l'objet ;
« vu les dispositions de la loi du 15 juin 1872 ; autorisons
« le sieur X..., à toucher les intérêts ou dividendes
« échus ou à échoir des titres ci-après..., au fur et à
« mesure de leur exigibilité, et même le capital des dits
« titres, dans le cas ou le dit capital serait ou deviendrait
« exigible ; disons que cette autorisation n'est accordée
« qu'à la charge par le sieur X..., de se conformer aux
« obligations imposées par la loi précitée et spéciale-
« ment par les articles 4 et suivants. Fait à..., le... »

Signature du président et du greffier.

TABLES

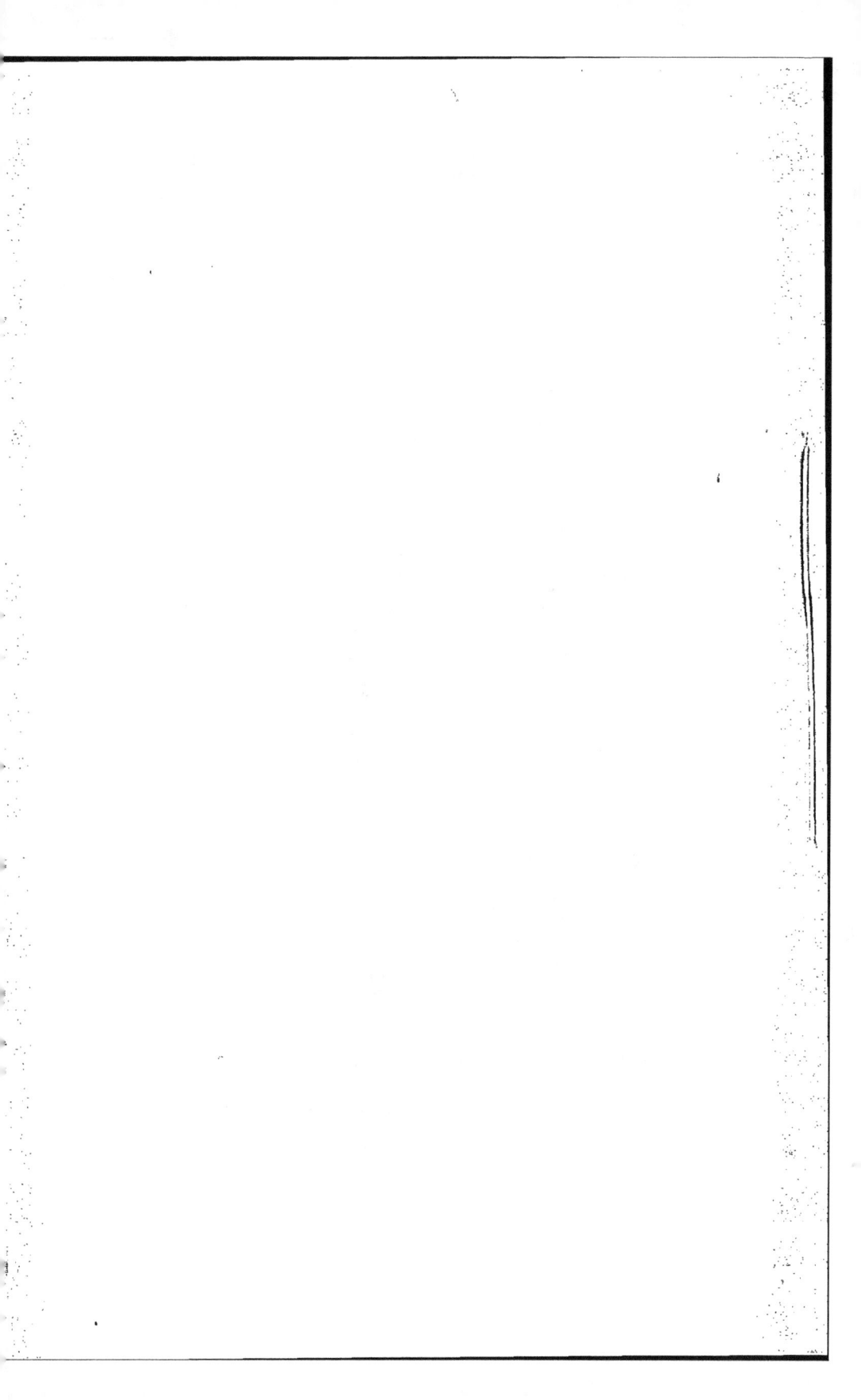

TABLE ANALYTIQUE

TABLE ALPHABÉTIQUE

A

Crimes à l'audience. — V. *Audience; police.*

Cumul des peines. — Contraventions : l'art. 365 inapplicable, 121.
— Lois pénales postérieures au Code pénal, 122. — Lois pénales
antérieures, 123. — Délits contraventionnels, 124. — Amendes en
matière de contributions indirectes, etc., 125. — Loi sur la pêche
fluviale, 126. — Délits forestiers, 127. — Résumé de la théorie proposée, 128. — Mode d'application de l'art. 365, 129.

D

Décès. — *Décès d'un locataire insolvable;* succession vacante;
quid du mobilier, 374.
  Décès d'un notaire; charge des minutes; ordonnance; controverse sur l'art. 61 de la loi de ventôse an XI, 262.

Déchéance de la puissance paternelle. — Résumé des textes;
procédure; formule, 305 à 307.

Déconfiture. — S'il peut être nommé un séquestre dans ce cas; et
par qui; controverse, 168.

Défaut. — Témoins défaillants en matière correctionnelle, 141.

Défaut profit-joint. — Le jugement définitif par défaut n'est pas
signifié par huissier commis, 102.

Délai. — Délai de comparution en matière de référé, 317. V. *Assignation à bref délai; ventes judiciaires.*

Délais pour faire inventaire et délibérer. — Référé; héritiers
défendeurs se trouvant dans les délais; recevabilité du référé, 355.

Délégation. — Pour recevoir un serment, 415. — V. *Commissions
rogatoires.*

Délégation du substitut ou du juge suppléant. — Délégation
près d'un autre tribunal; indemnité de déplacement, 278.

Délits à l'audience. — V. *Audience, police.*

Délivrance d'actes. — Délivrance d'expéditions ou copies d'actes
aux parties; formes, 169.
  Délivrance d'expéditions ou copies d'actes à des tiers; concilia-
tion de l'art. 23 de la loi du 25 ventôse an XI et des art. 846 et
suiv. (Proc. civ.); controverse, 170. — Compétence du prési-
dent, 171.
  Délivrance de copies d'actes imparfaits ou non enregistrés, 172.
  Délivrance de seconde grosse d'actes; procédure; compétence,
173 à 175.
  Délivrance de seconde grosse de jugements; procédure, 176. —
Jugements des tribunaux d'exception, 177.
  L'art. 844 inapplicable aux testaments, 178.

Dénonciateurs. — Témoins en matière correctionnelle, 141.

Dépens. — En matière d'aliments; solidarité; proportion, 18. —

L

M

N

Q

R

S

TABLE DE RÉFÉRENCE
DES TEXTES LÉGISLATIFS

Code Civil

Art. 41. — N° 6.
70. — 11.
99 à 101. — 7 à 15.
113. — 1 à 4.
136. — 1 à 4.
192. — 310.
205 et suivants. — 17, 18.
219. — 145.
229. — 16.
234, 235. — 180.
236. — 182, 201 à 204.
237. — 181.
238. — 185 à 199, 201 à 204.
239. — 89.
241. — 206.
242. — 201 à 204.
247. — 200.
263. — 310.
310 — 208 à 211.
374. — 308.
376 à 378. — 303, 304.
389. — 302.
417. — 310.
452. — 258.
466, 467. — 257.
494 à 496. — 247, 248.
513. — 249.

770. — 417, 418.
796. — 419.
797. — 335.
802. — 258, 421.
806. — 420.
809. — 310.
811 et suiv. — 425, 426.
819. — 311.
820. — 387.
821. — 394.
826. — 311, 428 à 430.
1001. — 455.
1006. — 455.
1007. — 330, 437 à 444.
1008. — 445 à 454.
1153. — 98.
1305. — 256.
1358 et suiv. — 412, 413, 415.
1366 et suiv. — 414, 415.
1384. — 136.
1476. — 430.
1961. — 168.
2118. — 297.
2183. — 298.
2185. — 298.
2201. — 299.

Code de Procédure civile

Art. 8. — N° 251.
10. — 71.
11. — 80, 82.
12. — 80.
16. — 213.
44 à 47. — 314.
63. — 251.
72. — 24 à 30.
85, 86. — 99.
87. — 70, 80.
88. — 70.

89. — 71 à 73.
90. — 76, 77.
91. — 80 à 82.
92. — 86.
120, 121. — 4, 5.
145. — 97.
138. — 114.
142 à 145. — 115, 116.
153. — 102.
156. — 158 à 160.
191. — 166.

Code de Commerce

Code d'Instruction criminelle

Code Pénal

Code Forestier

Lois, Décrets, Ordonnances & Circulaires

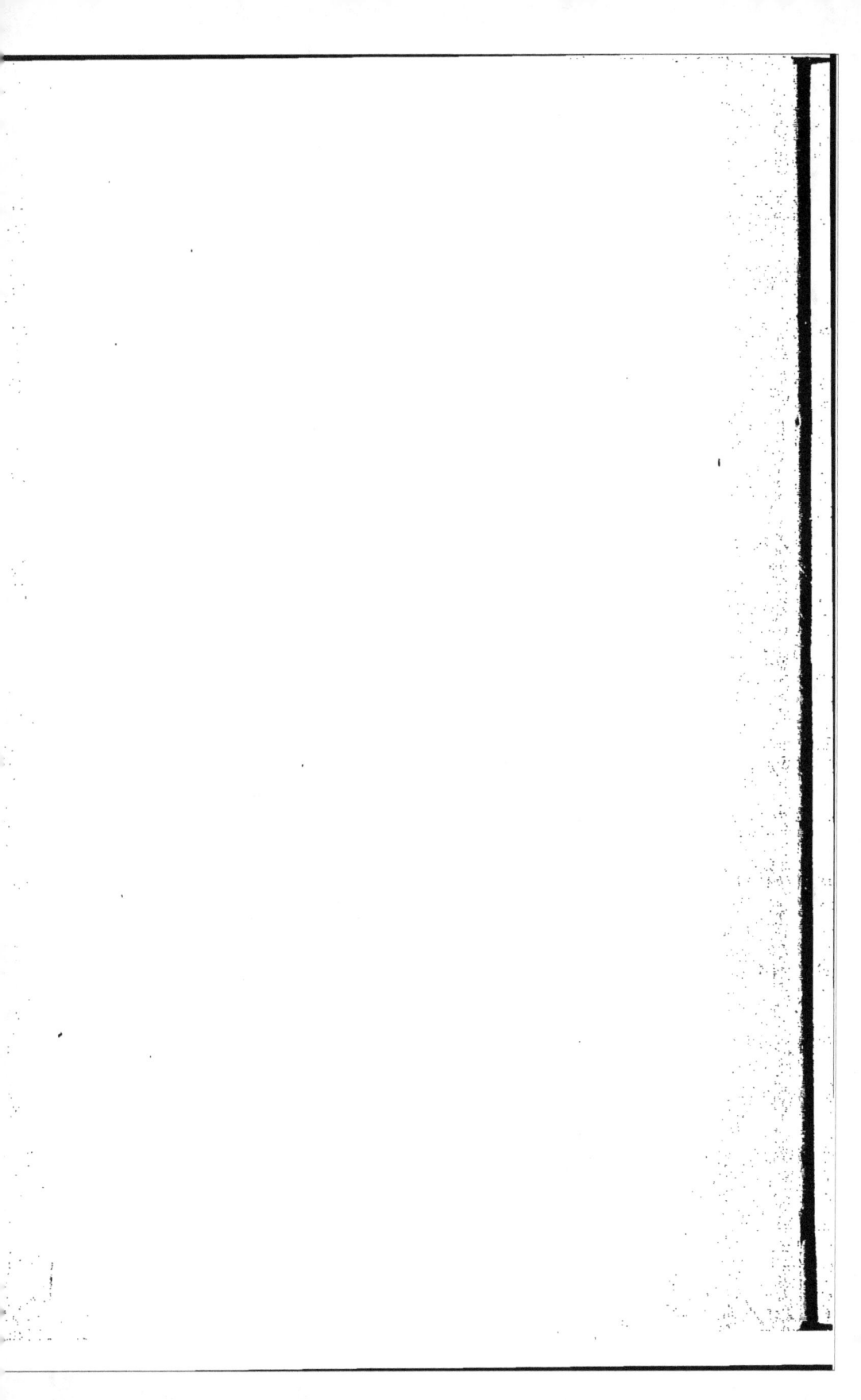

ERRATA

Page 6, ligne 10 : *lire* n° 7, *au lieu de* n° 1.

Page 24, ligne 14 : *lire* en une seule liste.

Page 38, ligne 12 : *lire* rapporté dans le journal, *au lieu de* reproduit dans le journal.

Page 41, ligne 12 : *lire* créanciers privilégiés et hypothécaires, *au lieu de* créanciers privilégiés hypothécaires.

Page 52, ligne 15 : *lire* appel du jugement, *au lieu de* appel de jugement.

Page 55, ligne 25 : *lire* peines correctionnelles, *au lieu de* peine correctionnelle.

Page 59, ligne 18 : *lire* observation préliminaire, *au lieu de* observations préliminaires.

Page 65, ligne 26 : *lire* être contestée.

Page 69, ligne 9 : *lire* n° 114, *au lieu de* 111.

Page 80, ligne 26 : *lire* l'exposé du fait, *au lieu de* l'exposé de fait.

Page 111, ligne 6, *lire* si l'instruction a lieu, *au lieu de* si l'instruction a eu lieu.

Page 111, ligne 21 : *lire* Elle peut cependant se présenter. On décide, *au lieu de* Elle peut cependant se présenter ; on décide.

Page 179, ligne 27 : *lire* dans la forme des ordonnances de référé, *au lieu de* dans la forme des audiences de référé.

Page 182, ligne 27 : *lire* le commentaire de M. Tissier.

Page 185, ligne 20 : *lire* dépendent, *au lieu de* dépendant.

Page 193, ligne 14 : *lire* observation générale.

Page 198, ligne 10 : *lire* voix délibérative.

Page 203, ligne 19 : *lire* des décrets.

Page 232, ligne 7 : *lire* paraphe *au lieu de* paragraphe.

Page 232, ligne 5 : *lire* surenchère *au lieu de* surenchères.

Page 239, ligne 17 : *lire* de juges, *au lieu de* des juges.

Page 243, ligne 32 : *lire* à ceux du tuteur, *au lieu de* à ceux de tuteur.

Page 245, ligne 6 : *lire* dans l'espèce de Châteauroux.

Page 298, ligne 31 : *lire* à doubles frais, *au lieu de* à double frais.

Page 300 : ligne 16 : *lire* cette condition n'est pas nécessaire, *au lieu de* cette revendication n'est pas nécessaire.

Page 309, ligne 18 : *lire* successions.

Page 312, ligne 32 : *lire* et est rendue.

Page 314, ligne 6 : *lire* rendre exigibles.

Page 321, ligne 14 : *lire* sans prendre qualité.

Page 334, ligne 4 : *lire* 445 à 455.

Châteauroux. — Typographie et Lithographie P. MELTZHEIM

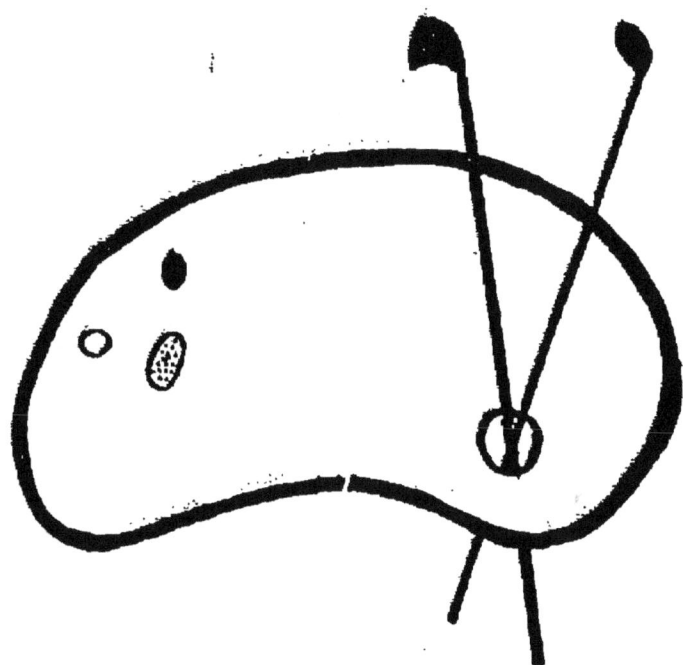

ORIGINAL EN COULEUR
NF Z 43-120-1

www.ingramcontent.com/pod-product-compliance
Lightning Source LLC
Chambersburg PA
CBHW061104220326
41599CB00024B/3910